Modern War: A Very Short Introduction

VERY SHORT INTRODUCTIONS are for anyone wanting a stimulating and accessible way in to a new subject. They are written by experts, and have been published in more than 25 languages worldwide.

The series began in 1995, and now represents a wide variety of topics in history, philosophy, religion, science, and the humanities. The VSI library now contains more than 300 volumes—a Very Short Introduction to everything from ancient Egypt and Indian philosophy to conceptual art and cosmology—and will continue to grow in a variety of disciplines.

Very Short Introductions available now:

Available soon:

For more information visit our website
www.oup.com/vsi/

Richard English

MODERN WAR

A Very Short Introduction

OXFORD
UNIVERSITY PRESS

OXFORD
UNIVERSITY PRESS

Great Clarendon Street, Oxford, OX2 6DP,
United Kingdom

Oxford University Press is a department of the University of Oxford.
It furthers the University's objective of excellence in research, scholarship,
and education by publishing worldwide. Oxford is a registered trade mark of
Oxford University Press in the UK and in certain other countries

© Richard English 2013

The moral rights of the author have been asserted

First Edition published in 2013

Impression: 1

Published in the United States of America by Oxford University Press
198 Madison Avenue, New York, NY 10016, United States of America

British Library Cataloguing in Publication Data

Data available

ISBN 978–0–19–960789–1

Printed in Great Britain by
Ashford Colour Press Ltd, Gosport, Hampshire

For Maxine, Jasmine, and Arabella

Contents

Acknowledgements

Scholarly research and writing are not solitary endeavours, even for the fundamentally eremitical. It is a pleasure to record my own debt to those people who have made work on this book both possible and pleasurable. Colleagues and students at the University of St Andrews and (before that) at Queen's University, Belfast, provided intellectual stimulation and valuable comradeship. Scholars who invited me to deliver lectures on political violence over recent years, and audience members who engaged with my arguments when I did so, have greatly enriched my thinking on the subject of modern war. I am especially grateful to my hosts and interlocutors at the London School of Economics, Georgetown University, the University of California, San Diego, the University of Oxford, the Olympia Summer Seminars in Greece, the University of Copenhagen, the Oxford Literary Festival, the University of Birmingham, and the University of Glasgow. Invidious though it might be to list individual names, I owe particular debts to Roy Foster, David Eastwood, Louise Richardson, Charles Townshend, Adam Roberts, Harvey Whitehouse, Eli Berman, John Anderson, Gillian Duncan, Hilda McNae, Karin Fierke, Bruce Hoffman, Bruce Hunter, and Andrew Gordon. At OUP, Luciana O'Flaherty, Emma Ma, and Matthew Cotton combined rigour, insight, professionalism, and graciousness in a highly impressive manner; and the various

Reader Reports obtained by the Press were sharp-sighted and beneficial. But my most precious debt remains, as always, to Maxine, Jasmine, and Arabella and so to them—as ever—I dedicate what I write.

List of illustrations

Introduction

I have written this book with three central aims in mind.

First, it is intended to provide an accessible, authoritative introduction to the important and painful subject of modern war. The plan is to do this by answering a series of inter-linked and difficult questions. Definition: what is modern war? Causation: what causes modern wars to begin, why do people fight in them, and why do they end? Lived experience: what has the experience of modern war involved? Legacies: what have modern wars achieved?

Second, the book adumbrates a particular argument about the answers to these questions, based on the depressing disjunction between what we so often assume and think and claim about modern war, and its historical reality. What is frequently assumed to be modern in war evaporates on close interrogation. The alleged causes for wars beginning and ending often fail to match the actual reasons behind these developments, and the reasons for people's fighting in such wars often differ both from the ostensible claims made by or about such people, and also from the actual reasons for the wars occurring in any case. Much of what we expect, celebrate, commemorate, and remember regarding the experience and achievements of modern war bears only partially

1

overlapping relation to historical reality, and wars' actual achievements greatly diverge from both the ostensible and the actual aims and justifications behind their initial eruption. Meanwhile, most of our attempts to set out prophylactic measures and structures against modern war have seemed (and continue to appear) frequently doomed to blood-spattered failure.

More catechism than chronicle, this book is therefore one which possesses a cumulative argument, and an argument engaging with large-scale historical and political issues. But it is also a book which, third and most briefly, suggests some possibly valuable approaches towards important future research in the field. *Modern War* is more about generating, than attempting to conclude, thoughtful debate. In particular, its argument that future scholarship should radically depart from the current instinct towards separating terrorism from war in our analysis, is one which is intended to jolt life into wider assessments of various kinds of politically motivated violence.

Overall, I hope that readers will simultaneously gain from all three aspects of the work—the introductory, the argumentative, and the agenda-setting—and that this book-length essay will stimulate further thought, study, argument, disagreement, research, and writing on the topic.

Previous books of mine have, in various ways, dealt with violent historical and contemporary conflicts (*Armed Struggle*; *Irish Freedom*; *Terrorism*); like them, this one has been produced as a work of political history. As such, it regards it as axiomatic that we cannot understand modern war without simultaneously understanding much else (including matters of nationalism, the state, religion, economics, and empire). War remains both the most dangerous threat faced by modern humanity, and also one of the key influences determining and shaping politics, economy, and society in the modern period.

As Michael Howard has pointed out, the history of war is 'more than the operational history of armed forces', involving as it does 'the study of entire societies. Only by studying their cultures could one come to understand what it was that they fought about and why they fought in the way that they did'; and, as scholars such as Vivienne Jabri have suggested, we cannot fully understand war if we divorce it from social relationships and from questions of power and community. War and politics are especially linked, politics being central both to the causes of and to the effects or achievements of war. In all of these senses, modern war is societal, involving and having powerful implications for social action.

Moreover, I argue that war and its associated phenomena can only be properly comprehended if we examine them through historical lenses. In the words of the greatest ever writer on the subject, Carl von Clausewitz (see Figure 1): 'Examples from history make everything clear, and furnish the best description of proof in the empirical sciences. This applies with more force to the Art of War than to any other'. I recognize that no single discipline—and certainly no single academic—can command the whole subject of war now in its entirety, given the multiple disciplinary contributions and literatures that have developed. Yet, though it also draws on a wide range of disciplinary literatures (political science, international relations, sociology, philosophy, anthropology, economics, theology, psychology, literary studies, law), *Modern War* is very much the work of a political historian, and as such it is written with a view to balancing the unique and contingent and localized with wider questions of family resemblance between cases; with a commitment to interrogating first-hand sources and explanatory models alike with intimacy and scepticism; with a clear eye towards the importance of chronology, the danger of anachronism, and the need to beware crude epoch-demarcation; and with a preference for the context-specific and the complex over the generalized, the inevitabilist, and the mono-dimensional.

3

1. Carl von Clausewitz, 1780–1831

Chapter 1
Definition

> Massacres of boys! That indeed is the essence of modern
> war. The killing off of the young
>
> H. G. Wells, *Mr Britling Sees It Through* (1916)

Understanding the nature and dynamics of war is arguably one of
the most important of scholarly and political challenges, and a
book on such a subject should therefore begin with definitional
precision. So what, in essence, is 'war'?

The *Shorter Oxford English Dictionary* offers various possibilities,
including 'hostile contention by means of armed forces, carried on
between nations, states, or rulers, or between parties in the same
nation or state; the employment of armed forces against a foreign
power or against an opposing party in the state'; 'a contest
between armed forces carried on in a campaign or series of
campaigns'; 'actual fighting; a battle, engagement'; 'the kind of
operations by which the contention of armed forces is carried on;
fighting as a department of activity, as a profession, or as an art'.
This helpfully identifies important elements (mutual enmity, the
role of armed groups, the practice of actual fighting), as does the
Chambers C20th Dictionary definition of war as 'a state of
conflict: a contest between states, or between parties within a
state (civil war) carried on by arms: any long-continued struggle'.

Brilliant students of the subject have offered subtler, yet still very incisive, definitions. In Michael Howard's compelling description, war is 'a great socio-political activity, distinguished from all other activities by the reciprocal and legitimized use of purposeful violence to attain political objectives'. Clausewitz himself crucially defined war as 'an act of violence intended to compel our opponent to fulfil our will'.

As hinted in the definitions above, there exist many different *types* of war, sometimes overlapping with one another: inter-state war, civil war, revolutionary war, imperial war, counter-terrorist war, religious war, anti-colonial war, and so on. And even each of these sub-categories is itself open to considerable change over time, within this deeply Protean phenomenon.

Drawing on such ideas, let us for the purposes of this book suggest that war involves heterogeneous, organized, mutual enmity, and violence between armed groups, on more than a minor scale, carried out with political objectives, possessing socio-political dynamics, and focused on the exerting of power in order to compel opponents. (To complicate issues helpfully, some scholars have suggested that 'warfare' represents a sub-set of war itself, with warfare involving the practical carrying on of war, the actual fighting within it.)

If 'war' is problematic, then defining 'modern' might be judged more difficult still. War possesses very deep historical roots, as those familiar with the Bible know well, and if (as suggested by Sidebottom) 'ancient' war is considered to have existed 'between about 750 BC and AD 650' then it might seem important to find a way of defining what distinctively 'modern' war involves by way of contrast. Here too, however, the target of acceptable definition can seem elusive.

For when *does* 'modern' war actually begin? People have argued for a variety of major fault lines in the history of war, some focusing on changes between the mid-sixteenth and mid-seventeenth centuries, others on a longer period between 1500 and 1800, and others again on a specifically late-18th-century moment. Such variation might, perhaps, encourage scepticism about whether we can identify any particular moment at which 'modern' war emerged; close reflection on definitions of what is supposedly modern in war might possibly reinforce such a sceptical view.

For if 'modern' is taken to mean 'now existing', 'of or pertaining to the present and recent times; originating in the current age or period' (as in the *Shorter OED*), then it possesses little analytical value except in a chronological sense, as something which blandly frames a manageable and delineated period of human experience. Since both war and the date of reflection are constantly changing, one might as well—in this sense—use the terms 'recent' and/or 'contemporary' rather than modern. This is an important point, since there exists a danger that attributing inherent qualities or dynamics to 'modern' war involves a solipsism of the present. Will a scholar in the 26th century really allow our own past two hundred years, for example, to own the term 'modern'? (And such a future scholar might well consider us to have moved from solipsism to excessive narcissism by the time they found us claiming that our era was in fact *post*-modern.) Should we therefore decide that there is no sense of modern war which is justifiable and defensible except to imply something which is recent and/or contemporary?

Again, there are those who might suggest that the continuities existing across any historical fault line are so striking that ideas of 'modern' and 'pre-modern' war are just illusory anyway, and that change is too incremental and messy—and inheritances from the past are simply too great—to allow for effective epoch-delineation. So can we be confident that there is any clear fault line between the modern and the pre-modern in war, given the historical existence of such strong continuities across eras?

Some have suggested that the notion of technological change allows for a more definitive idea of what modern war encompasses. A strong case can be made that, in Martin van Creveld's phrasing, 'war is completely permeated by technology and governed by it'. The 16th-century gunpowder revolution clearly made a huge difference in terms of the mechanics of potential destruction, as did the 19th-century development of artillery. Similarly important was the creation—also in the 19th century—of extensive railway networks: this innovation allowed for transformed possibilities in moving troops around (evident in the 1861–5 American Civil War, for example). Weapons, materials, and forces themselves could be moved faster, with more effective communication, and much greater coordination, allowing for a far larger scale of operation than had previously been possible. The siege of Sevastopol in the mid-1850s during the Crimean War reflected the enlarged scale of warfare which was now rendered possible, the Allies firing 1,350,000 rounds of artillery ammunition during the engagement.

Clearly, there is no doubt that technological change has altered war very strikingly at times; as Paul Hirst pointed out, 'The *Dreadnought* of 1905 would have been all but incomprehensible to a sailor from the *Victory* of 1805' (see Figures 2 and 3). Even more dramatically, the development of nuclear weapons (pioneered by the United States) shaped late 20th-century superpower thinking about strategy; a terrifying stalemate emerged, in which these awful weapons were judged too mutually destructive to use after the Second World War. But do such technological changes necessarily mean that one can identify a moment at which the 'modern' was inaugurated in war? It might rather be that there have emerged a series of irregularly, incrementally advancing aspects of much war-related technology. The tank, the computer, the radio, the machine gun, the aircraft, or the nuclear bomb could all be seen to have had a *potentially* decisive effect. But it is not easy to prove that technological change made war in 1850 more different from what it had been in 1750,

THE "VICTORY" AT PORTSMOUTH.

2. *HMS Victory, c.*1805

3. *HMS Dreadnought, c.*1905

than it was from what it was to become by 1950; or that the shift from 1950 to 2050 will need to be judged any less definitive.

Do tactics and scale help us to a greater extent? Again, there have been very clear continuities over surprisingly long periods. Close-quarter fighting remained on the battlefield in the early 19th century as it had been in the early sixteenth. And, while some might see large standing armies as definitive of modern war, their creation lay in the late 17th century; Wallenstein apparently possessed more than 100,000 men in the 1620s; and even the Persian army invading Greece in 480 BC had in it very large numbers of men. Even in terms of mass casualties, the picture is far from clear, when we set the blood-stained cataclysms of the First and Second World Wars in a comparative context which takes into account the proportion of existing world population killed or maimed in earlier conflicts.

Is there perhaps an *administrative* moment when the modern emerges in war? The effective professionalization of war in the 19th century certainly represented a major shift, with the more centralized, territorially powerful states of that period enjoying a capacity to direct and mobilize on a new basis. And if there is one leading contender for the prize of defining the modern moment in war, it perhaps is the ideological change which lay behind the making of so many latter-day states: namely, the emergence of nationalism as such in the late 18th century. I have argued elsewhere (in my book, *Irish Freedom*) that the essence of nationalism lies in a particularly powerful interweaving of the phenomena of community, struggle, and power, and that the emancipation derived from the intersection of equality, popular sovereignty, and freedom helped to create in the 18th century a new phenomenon (nationalism) on the foundations of a prior, powerful, and often constraining proto-nation.

The implications of this for our understanding of war are potentially profound, and they probably offer us the most meaningful basis for suggesting something inherently different about 'modern' war beyond its mere recentness.

For if there was one epochal transformation which produced genuinely, distinctively modern war, something qualitatively different from what had come before, then it is probably the French Revolution and the associated emergence of nationalism. The Revolution produced a nation capable of organizing self-consciously *as such* for war—effectively, for a national war, with a national economy geared towards this end and with forces which related to the struggle in a qualitatively different manner.

Mechanically, recruitment could now be effected on both a different scale and with a different type of soldier: there were more people involved, and their engagement in the process of war could be seen as possessing a new kind of commitment, given their equal share in the sovereignty which overarched their struggle. With mass mobilization and sustained professional militaries on a national basis, a new kind of armed force—a national force of potential patriots, with a national-political duty and freedom, on the basis of collective national resources—could be produced.

Napoleon's introduction in 1793 of the *levée en masse* effectively introduced conscription, decreeing that until the enemies of France had been expelled from the country, all of the nation's unmarried men and childless widowers between the ages of eighteen and twenty-five could be drawn into military service (Figure 4). By 1794 he therefore had over a million men in arms, a truly unprecedented European military force and systematic mobilization. This had both an ideological and a practical dimension: there was the need for more soldiers, but also a need to reflect the claim that the state embodied the general national and communal will, and to express this in the most practical manner. The June 1793 constitution in France gave all French

4. Napoleon Bonaparte, 1769–1821

men (there remained then what would now seem unacceptable gender limitations) the right to vote, and imposed on them all the duty of military service. In practice, of course, not all men would serve: not all Frenchmen became soldiers, and not all countries immediately introduced conscription (history does not step forward in a synchronized line like the Arsenal back-four of the early 1990s). But the idea of a different relationship between the individual and military commitment, communal loyalty, and duty had been established, with very powerful implications for the nature and scale and management of much subsequent—and distinctively modern—war.

Similarly, when the Prussian conscription law of 1814 decreed that defence of the country was a universal obligation, it represented both a national requirement (should the state require your services) and also a means of unifying the nation. This dual quality—both reflecting and reinforcing the change towards nationalism as a determining human force—lies at the heart of what might be seen as the most distinctive feature of an expressly modern form of war. Arguably, indeed, the character of war had changed fundamentally and enduringly. Nor were such changes merely European; Mehmet Ali, Viceroy of Egypt, introduced conscription in the 1820s, along with a military staff college in 1825.

There are more oblique ways, perhaps, of trying to define what is inherently distinctive about modern war. The historian might, for example, suggest that what most separates it from previous periods is the utterly different range, extent, weight, and type of evidence which we possess in relation to the phenomenon. To write about the early-21st-century Iraq War, as opposed to the kind of war on which Thucydides so brilliantly focused, is arguably to engage in a different species of analysis, because of the respectively so different kinds of source-lens through which one can and must view the objects of study.

Yet again, there are scholars who have parcelled the history of war into further sub-units which threaten somewhat to undermine the importance of 'modern' war, as such, in any case. Those adhering to a four-generations paradigm, for instance, set out a strong case for notions of war as divided into the First Generation (horse and musket, Napoleonic wars), the Second Generation (rifle and railway, from the American Civil War until the First World War), the Third Generation (blitzkrieg/fast-manoeuvre warfare), and the Fourth Generation (asymmetric warfare, deploying information technologies; insurgent-focused, involving political-economic-social networks as well as the military; evident in the 21st-century wars in Afghanistan and Iraq). Has a recent Revolution in Military Affairs (RMA), indeed, rendered much 'modern' war redundant? Proponents of such an idea suggest that, in a post-Cold War context, information technology has transformed war in ways which leave many types of conventional military force near-obsolete, as intelligence-gathering, sophisticated communications systems, the deployment of small forces, and the use of precision-directed weapons have replaced their prior centrality.

Yet others again have espoused a 'new wars' thesis, suggesting that during the 1980s and 1990s there emerged a new kind of organized violence, effectively a new kind of war. The latter supposedly involved a blurring of the line between inter-state/ inter-group violence, crime, and large-scale human rights abuses; these 'new wars' were presented as emerging against the background of a dislocating globalization, and as bearing a strong imprint from international, transnational, and diasporic influences; they were more concerned than were previous wars with identity politics, rather than with goals of an ideological or territorial kind; they were also supposedly fought differently, with violence being more deliberately and definitively directed against civilians; they were differently financed, in a less centralized and more criminalized manner, and they were characterized by the fragmentation of the state. New wars represented, in leading advocate Mary Kaldor's phrasing, 'a mixture of war, crime, and human rights violations'.

I myself am sceptical about how new such wars actually were and are. There is nothing historically new about large-scale, war-time violence deliberately targeted against civilians; nor are crime, or violence organized by criminals in warfare, new aspects of modern war (regrettably); it is also true that identity politics have long formed a part of modern war, well before the 1980s; and—to the historically minded—the fragmentation of state authority in war settings is a very familiar sight. Moreover, a powerful body of other scholarly work now supports such scepticism (including that contained in Malesevic, and in Strachan and Scheipers).

So where do all these countervailing arguments about 'modern' war leave us? It still seems to me that an historically decisive change did occur in the long late 18th-century moment, one which was of such high importance that it makes sense to speak afterwards of something distinctively new and effectively modern about war. I have alluded more than once already to the great Carl von

Clausewitz (1780–1831), the Prussian soldier-philosopher whose posthumous classic, *On War*, presented the phenomenon as comprising three key elements whose interaction determined its enduring character: these were violence, chance, and politics. Clausewitz sagely pointed to the manner in which 'friction' (the difficulties and obstacles which in practice, contingently, and often in unanticipated and unintended manner resisted one's purpose, and made the seemingly easy very difficult to accomplish) produced the lived outcome of conflict. He asserted that war, properly understood, was a rational instrument of national policy—a military means to a political end: 'War is a mere continuation of policy by other means', 'a political instrument', 'an instrument of policy'; 'War can never be separated from political intercourse'.

As noted, Clausewitz presented war as involving coercive power on an enduring basis:

> If our opponent is to be made to comply with our will, we must place him in a situation which is more oppressive to him than the sacrifice which we demand; but the disadvantages of this position must naturally not be of a transitory nature, at least in appearance, otherwise the enemy, instead of yielding, will hold out, in the prospect of a change for the better.

But, for our discussion of the modern, it is also telling that he considered the French Revolution (against whose forces he had himself fought) to have inaugurated an era in which a different relationship existed between the individual and war: war could now truly be rational, instrumental, *and also national* in a way which meant that its organization was on a different basis, and that its fighters related to it in a more integral manner, than had previously been the case. With the emergence of modern nationalism, modern war was born; and if one genuinely did consider the intersection of equality, sovereignty, and freedom to determine one's political world, then fighting for the nation changed the nature of war historically.

'Modern war', therefore, can be defined as heterogeneous, organized, mutual enmity and violence between armed groups, on more than a minor scale, carried out with political objectives, possessing socio-political dynamics, and focused on the exerting of power in order to compel opponents; it is located in the post-French Revolutionary era of nationalism, during which the interwoven dynamics of national community, struggle, and power have determined a particular form of violent conflict.

'Strategy' and 'tactics' must be tied together in definition, I think, so we will define the former as the art of using military means to achieve specific political ends and policy objectives, and the latter as operating at a lower level: tactics constitute the detailed, day-to-day choices involved in using organized, armed forces in line with strategic aims. Thus defined, tactics involve the operationalizing of strategy. As so often, Clausewitz puts it best: 'tactics is the theory of the use of military forces in combat. Strategy is the theory of the use of combats for the object of the war', and 'the employment of the battle as the means towards the attainment of the object of the War'.

Chapter 2
Causation

> History teaches that somewhere behind every war there are
> always a few lies used as justifications... Somewhere behind
> every war there are always a few founding lies.
>
> Mark Kurlansky, *Non-Violence* (2006)

What causes modern wars to begin? Clearly, no single answer or
model can successfully account for the contingent commencement
of all of them. The various kinds of war under scrutiny might—
across category (civil war, inter-state war, revolutionary war, and
so on), location, time period, scale—require very different types of
explanation; and the body of data one decides to analyse can
determine the kind of answer that one is likely to reach in terms of
the causation behind the violence. Yet, historically, certain central
themes do suggest themselves as potentially significant and
repeated and, while wars have had myriad origins, we will
consider here the often inter-linked roles of nationalism, the state,
empire, religion, and economics. This reflects our earlier
observation that the proper understanding of modern war will
relate it to wider forces of politics and society, recognizing that
there is far more than the merely military involved.

Does nationalism cause war? There are those who assume that it
frequently does, on the ground that ancient national hatreds

provide a fuel which people find it hard lastingly to resist burning. But there are brilliant scholars, such as David Laitin, who dispute this popular view, pointing out that the vast majority of neighbouring ethnic groups do not, for example, resort to violent conflict. Perhaps, therefore, there is little necessary connection between ethnic or national difference and the generation of warfare. We might, as Nobel-Prize-winning psychologist Daniel Kahneman has pointed out, be falling victim here to the availability heuristic: the tendency to abstract general arguments from an unrepresentative sample of salient, highly noticeable, easily remembered cases. We notice and report when national or ethnic groups resort to war and bloodshed; it is far less noticeable when (as in the far larger number of cases) they coexist peacefully with one another.

But even if there is no automatically causal relationship between nationalism and war (and I think that there is not), rival nationalisms do frequently appear to be at least involved in war's creation; and I think it is possible to explain some of the dynamics which have led, on historical occasion, from the nationalistic to the commencement of war. The thing to focus on is what it is in the causation of war which it specifically takes nationalism to explain, and that means that we have to be very clear about this most important of modern phenomena: to consider closely the definition and dynamics of nationalism itself. We will return soon to the practical implications of this for modern war; but it is necessary first to examine this most important phenomenon—nationalism—in a little detail, in order to grasp what is really happening (and why) when many wars commence.

There are difficulties enough in defining the words 'nation' (a body of people thinking themselves a distinct group characterized by shared descent, history, and culture), 'national' (something distinctively characteristic of a nation), and 'nationality' (the fact of belonging to a nation, or the identity or feeling related to it).

Defining 'nationalism' itself is an even more complex process, but my own scholarly argument has been that the true definition and explanation of nationalism lie in a particular interweaving of the politics of community, struggle, and power.

The nationalist idea of community—arguably our most powerful yet—resonates with many of humanity's deepest instincts and needs: towards survival, security, protection, and safety; towards the fulfilment of economic and other practical needs; towards necessary belonging and, in particular (for our inherently sociable species), a belonging to stable, coherent, meaningful, lastingly special, and distinctive groups.

For this process of belonging to work, we require shared means of communication between members of the group, things that provide the basis for durable agreement, coherence, interaction, integration, and trust. These can take various forms, and are often enough very practical as well as possessing emotional or psychological value. They include *territory*: the attachment to our own special place, to a land on which we work, on whose resources we rely, and from whose distinctive features we derive emotional and practical sustenance. To the centrality of place and national homeland might be added the pivotal communal feature of the *people* themselves. There are practical dimensions here, since community with those around us is required for our survival. But there are psychological rewards also, because the ennobling of our own special people allows for enhanced individual self-worth, fulfilment, purpose, and meaning.

Nationalists often take this further with notions of communal *descent*. As members of the same nation, so the assumption goes, we are linked by blood. This may be only partly true (since national groups are not hermetically sealed units of descent, but tend rather to be much more hybrid phenomena); but, as such, it is clearly not entirely untrue. The people to whom you are born, frequently do determine your national identity; and you are indeed more likely to be related by blood to more members of your own nation than you are to those of another.

Through much of this, wider linkages of *culture* represent another means of communication and another explanation of why nationalist community so appeals. This can involve a distinctively shared language, but also metaphorical languages of religion or music or sport or diet or value, which allow for shared interaction and trust and meaning within a national group. And the key feature here is our own national culture's perceived specialness.

Tied in with shared culture is often a reliance on a sense of shared *history*. This group to which we belong is a lasting one; it has gained worth through its historic achievements and legacies, and has purpose and direction in its imagined future. If national history has reached a low point, then we are united in a sense of the powerful need for historic redemption. There is potentially great appeal in such historical stories, containing compelling lessons and morals.

And so the national community tends also to have an *ethical* dimension. Our group is not merely typical in what it embodies, but is characterized rather by superior moral claims, values, purposes, and obligations. A darker feature of nationalist community—but again one which both defines and explains its appeal—is to be found in the idea of *exclusiveness*: what you specially are, implies and requires a category of what you are definitely not. If my national culture and history define who is within my community, then they also define who is outside, beyond, and excluded from it. And this too can appeal to many people: in telling a tale of good-versus-evil, and in providing great comfort and moral certainty at the same time.

National communities do not require all of these features—shared attachments to territory, people, descent, culture, history, ethics, and exclusivism—but they do require some of them, and the emotional and practical logic within each of these features helps to explain the existence, durability, appeal, and pervasiveness of such communal, national groups.

Yet nationalism involves more than membership of such self-conscious community. It also involves struggle: collective mobilization, activity, movement towards change and a programmatic striving for goals. Such goals can vary, including sovereign independence, secession from a larger political unit, the survival or rebirth of national culture, the realization of economic advantage for the national group, and much more throughout history. And, again, overlapping motivations can be detected. There is the central urge towards self-preservation; the practical pursuit of material interests; the longing for dignity, prestige, or meaning; the explicable response to threats (actual or perceived); the urge to avenge past wrongs and to rectify group grievance.

In all of this, nationalist struggle involves the putting right of what is perceivedly wrong in the present; and, in all of this, there is also an individual engagement with the organized pursuit of communal goals, with communal advantage benefiting the individual nationalist in ways which help to explain nationalism's enduringly wide appeal.

If the rewards for the individual are magnified by involvement in nationalist collectivity here, then it is also worth noting the dual allure of nationalist struggle. There is the instrumental appeal (struggle as a means of achieving worthwhile and necessary goals). But there is also the attraction inherent in struggle itself (with its psychological rewards, and with its conferring upon individual and group alike of the very qualities so sought, prized, and cherished by the nationalist movement).

How do nationalists pursue such struggle? Sometimes through violence (in wars of national liberation, expansion, or annexation, deeply relevant to the themes of this book); sometimes through electoral and party-political process; sometimes through cultural campaigns; sometimes through the embedding of national ideas in repeated rituals and routines, and in the emblems built into national life and place.

But nationalism is about, not merely community in struggle, but also and centrally about questions of power. Power is what is so frequently sought by nationalists (very often in the form of a state which matches the nation); and the deployment of power in pursuit of nationalist objectives defines—and again, I think, helps to explain—nationalist activity. It might even be suggested that, at root, nationalism is really a politics *of* legitimizing power. Nationalists tend to assume the nation to be the appropriate source of political authority, and therefore to seek power for their own distinctive national community. The legitimacy of national power involves the attractive prospect of those in power in your community being like yourself, coming from your own national group, and representing your own interests and values and preferences and instincts.

And nationalist ideas about power focus on the vital notion of sovereignty. Indeed, much of the appeal of nationalism lies in this attachment to the idea of the national community possessing full sovereignty over itself as a free and independent unit. All people within the nation share equally in the sovereign power which makes decisions for the group, and so any law derives ultimately from your own authority. Central to nationalism's appeal is this very idea, that by sharing equally in the power which governs us, we are made truly, lastingly free. As nationalists, we give consent to our national rulers and to their possession of sovereign power; and such individual attachment to the idea of popular national sovereignty seems to make a certain sense because we, as individuals within the national community, have an equal share in the sovereignty through which decisions are made for us. As such, we are supposedly liberated.

This is why state power and self-determination lie so close to the heart of nationalist histories and politics around the world, and why freedom is so closely associated with nationalism in so many people's minds and struggles. But if power is the objective and the explanation of so much nationalist struggle, then power too lies at the heart of what it is that nationalists actually do, in their day-to-day and year-to-year activities. Power is deployed by nationalist communities in their pursuit, achievement, and maintenance of objectives; power is used as leverage in nationalist campaigns for the righting of wrongs, for the winning or defending of freedom or culture; power can be wielded in violent, propagandistic, intimidatory, administrative, verbal, literary, state, sub-state, and many other forms of persuasion and coercion. This involves widespread mobilization rather than merely individual acts; and the attraction of wielding such power helps to explain the durable appeal of nationalism as part of one's way of life.

So community, struggle, and power offer the interwoven definition and explanation of nationalism and its extraordinary dominance in politics and history. It is not that we cannot find other means of identifying and belonging, or of pursuing change and acquiring power. The point is rather this: that the particular interweaving of community, struggle, and power in the form of nationalism, offers far grander opportunities than do these other means. The family cannot offer the scale of interaction to provide for our necessary exchange or safety; even a very powerful job will tend not to allow for access to the kind of serious, sustained power available through nationalism; and sub-national cultural enthusiasm— whether for region, or football team, or whatever—will not allow for such large-scale, durable, all-inclusive possibilities for getting what we deeply want, as will the national.

Indeed, nationalism has an absorptive quality, which allows it to subsume and incorporate and gain further strength from other areas of our life in ways which seem to strengthen them too. The family offers comfort and meaning and belonging, but is protected by the power of the national community; the interests of the business are defended and furthered by the nation; sporting enthusiasm or musical pride gain distinction and exaltation through their national dimensions. While feminism, socialism, or religion can all appeal very powerfully, none of them can absorb the nation in the way that nationalism can absorb them. In so many people's eyes, despite its many failings, nationalism has seemed to offer a better set of possibilities than its rival kinds of world view.

Now, if community, struggle, and power do between them explain nationalism, what then is the relation of this to the causation of war? I think the link is often absolutely vital. If the intensity of individual and collective commitment to national community is explicable in terms of the precious priorities involved (security, survival, social meaning, distinctiveness), then the rational and emotional force towards protecting such community from enemy threats might seem supremely compelling and ethically demanding, even through war. The elements of precious territory, people, culture, and proud history—reinforced by a driving sense of ethical rectitude and exclusivist assumption—make for a repeatedly powerful cocktail in potential conflict situations, and can provide the basis for thinking of, and actually, going to war.

The inherent and instrumental aspects of the appeal of nationalist struggle also help to explain why resorting to the awfulness of war might seem to so many people to be reasonable and appealing. Movement towards achieving what is necessary through the only possible (violent) methods—whether the necessary involves material or other gain or acquisition from others, or the protection or securing of power for people representative of yourself—again makes sense of the dynamics of otherwise seemingly strange nationalist imperatives towards vile blood-spilling. At its root, there often lies the central allure of the intersection of sovereignty, equality, and freedom: its pursuit, and its defence once achieved,

24

have often seemed to legitimate and necessitate warfare through modern history—effectively, to give a purpose to war.

Nationalism allows therefore for those simultaneous processes of causation which are instrumental, rational, emotional, expressive, and intuitive. The viscerally, vengefully destructive and the calculatingly calibrated can coexist within this capacious framework, and they have often done so in practice. Grievance-driven nationalism, and its communal, struggling dynamics, between them do explain the impulse so often towards the generating of war.

None of this is to say that nationalism automatically or inevitably produces war, or that the process involves nationalism alone. But the causal possibility has been too evident throughout modern history for it to be ignored, not least because of the ethical power which nationalist claims frequently possess—that national and state boundaries should be congruent with each other, for instance. And it is complemented by the fact that nationalism emerges from and reinforces forms of large-scale organization and identification which can also facilitate the emergence of war in the modern era. With a participatory sense of military obligation, it was possible on a national basis to establish standing armies; as alluded to earlier, the French Revolutionary fault line is significant in regard to the modernity of war, and conscription is emblematic here in relation to the capacity for such warfare to be waged in practice: spectacularly, between 1800 and 1815 Napoleon drafted over two million men.

There is also a justificatory level to the relationship between nationalism and war's emergence. Even if one were sceptical about the causal case laid out above (that the dynamics of large-scale community, struggle, and power at work in nationalism have on occasion been the contingent basis for the generation of specific wars), there is no doubt that nationalism has been used powerfully in many instances to *justify* and mobilize support for going to war.

Indeed, the often-noted paradox of nationalisms' ubiquity and their simultaneously local uniqueness provides an unrivalled opportunity for the near-global, yet also the locally particularistic, legitimation of going to war.

This justification can be cast in very particular terms indeed— defending specific communities, distinctive ways of life, individual towns, villages, and cultures—and the fact that the nationalistic has so often been earlier embedded in such a way as to make it seem utterly natural, can make it appear less jarring to fight, kill, and die for its cause. Although it is very often the actual, rather than the imagined, community for which one goes into combat, the extensive reach allowed for by that greater association renders modern war far more easily initiated. Ideological legitimations rarely come more powerful than the nationalistic, nor do they often have as wide a reach: wrongs to be avenged, threats to be averted, honour to be upheld, just demands to be pursued—all have historically been evident in the stories we have told ourselves in justification of our contingent bellicosity.

Such justifications might only partly overlap with the genuine, historical causes behind the war, but the part played can none the less be decisive, giving a pervasive and plausible rationale to which so many people can subscribe. Moreover, such a process only works when nationalistic claims resonate with what many in the relevant nation consider to be authentic and powerful, rather than factitious. Nations may be invented but—as with other inventions—their creators are constrained by the ingredients available to them, and by the inherited limitations upon the ways in which these ingredients will interact with each other and with individuals in community.

This is not to say that nationalism causes wars in any necessary or crude or simple way. Stathis Kalyvas's important work powerfully cautions against any casual assumption that pre-war loyalties might serve as a neat explanation for why civil wars, for example, begin, or for why people fight in them once they have done so. Often, local dynamics trump the alleged master division in a civil war conflict, the local rather than the national determining and defining what actually takes place in the context of such wars.

But amid the terrible range of different wars in the modern era, there can be little doubt that nationalism has frequently played some causal role, and nor is it impossible to detect rational calculation behind this on occasion. Even admitting Kalyvas's cautionary argument, national self-determination does still appear to be one of the major causes for modern civil wars. And, as noted, it is not hard to see why: nationalism holds an explicable, very deep appeal, and rival claims about boundaries and which 'self' should do the 'determining' have generated some of the most salient modern conflicts. Moreover, the fusing of the national and the bellicose can become deeply, enduringly interwoven into particular culture and memory. Bismarck, the mythical father of the German nation-state, was one whose lasting influence drew together very intimately the martial and the proudly nationalistic.

One subtle argument about why, in settings of contested self-determination, regimes do decide to fight in wars has been offered by Barbara Walter, who claims that states frequently have rational bases for fighting would-be seceders, in order to deter future insurgency against the integrity and forces of the existing state. To fight against challengers, rather than to grant them what they demand, is to build a reputation for toughness—a reputation which might then put off potential challengers in the future by demonstrating the high and violent costs to be paid for rebelling. Considered strategically (with strategy being the art of using military means to achieve specific political ends and policy objectives), with an eye to possible future challengers who possess similar grievances, it might be judged rational to fight rather than to yield, especially when such instincts are reinforced by political pressures from other sections of one's own constituency, and by ideological commitments, and by historical inheritances, and by economic considerations and the importance of holding on to valuable resources.

Interwoven with nationalism, in many instances, has been the role of the state. Despite some robust challengers from above and from below, states remain central to the explanation of international relations, international order, and international politics, and their drive towards both survival and power often seems very clear. In this sense, states might be seen as reinforcing the tendencies alluded to above regarding nationalisms, as the instinct towards defence, expansion, and rivalrous competition contributes towards generating actual warfare. Threatened, hedged in, facing threats to their sovereignty, and fearing imminent danger, states have often engaged in what Hobbes would have considered a pre-emptive, yet ultimately defensive, first strike against their enemies. Why do states go to war in the modern period? This Hobbesian, pre-emptive, defensive, self-preserving, first-strike aggression offers one important answer. State rulers might frequently be wrong about the extent of the threat which they actually face (possessing, as they do, imperfect information); and they might be misguided in thinking that pre-emptive aggression forms their best defence anyway. But the mismatch between perception and historical reality has been at the heart of much of the story of modern war.

Does the precise *nature* of the modern state cause war? The vast literature on the phenomenon has carried within it lasting battles over definition, and attempts to separate functional from structural definitions of 'the state' will probably fail: serious consideration of what the state is, in terms of institutional structures, will necessarily involve interrogation of the intended, perceived, or actual functions of the different bodies involved, and the reverse is equally true. For our purposes here (and consistent with a definition which Charles Townshend and I offered in an earlier book on the issue), the state will be considered 'an independent political society (within a system of other such societies), recognized as exercising sovereignty over a given territory, and vindicating that sovereignty in the face of external and internal challenges; a political entity with the power to regulate individuals and organizations within its territory, successfully claiming a monopoly on legitimate force and recognized by its population as legitimate; an organization (or co-ordinated and relatively centralized set of organizations) with military, legislative, administrative, judicial, and governmental functions; and a political entity relating fundamentally to the maintenance of order within its territory and to the business of government, with the latter role involving institutions marked by their public and impersonal quality'.

Now each of these elements can be seen to provide some occasion or basis for violent conflict: to achieve or protect independence and sovereignty against rivals; to alter or sustain territorial boundaries; to enforce regulatory or coercive rights (or to resist them); to uphold or subvert order maintenance; and to express a failure of collective legitimation. Moreover, the very qualities of the modern state also make modern war more feasible, whether in terms of an intersection with popular, national engagement, or in terms of the practical capacity for organization and sustenance of the actual violence. The ability to carry out war in the modern period, and on the large-scale, organized, sustained basis that has (regrettably) been so possible, depends upon the mechanical apparatus of the state. As Sinisa Malesevic has suggested, some of this involves the intersection of state bureaucracy with organized coercion, and relies on the money-raising, centralized, organizational capacities possessed. In reality, the possibility of mass, effective mobilization depends in substantial measure upon the modern state.

Yet counter-arguments can be offered too. If states make modern war possible then the reverse might also be claimed: that it was war which made possible the modern state, and that the causal path is historically not, therefore, straightforward or unilinear. If rulers required finance in order to prosecute war, then raising taxes from the population became alluring, and organization towards the modern state and its bureaucracies ensued.

More importantly, reflection on our definition of the state explains why so often this formation has worked historically *against* war's generation too. Consensually-based legitimacy within accepted territorial boundaries; the autonomous political expression of the interwoven nationalist goods of equality, sovereignty, and freedom; the provision of stability and order and protection; the sustained basis for economic organization and success; legal and administrative structures which help to avoid enduring chaos; the sustenance of impersonal structures which allow for maximal opportunity among the wider population—all of these goods have been effectively ensured by many modern states, helping to render less likely the eruption of violent conflict.

Indeed, in terms of the production of *civil* wars, it has been powerfully argued that the key variable is precisely the weakness or otherwise of the state. Where a state is (in David Laitin's words) 'unable to provide basic services to its population, unable to police its peripheries, and unable to distinguish law abiders from lawbreakers', then such weak states are more likely to prompt the emergence of civil war. If we want to prevent civil war, such arguments suggest, what we need are strong states, able and keen to enforce the rule of law effectively. On such readings, it is state failure, rather than anything necessarily inherent in the state as such, which actually prompts war to start.

This is not to suggest that states are inherently oriented towards peace, but rather to caution against an assessment which leans too far towards associating the nature of the state with the production of war. There have been and remain cases where the perceived mismatch between nation and state has generated violent conflict; and there have historically been many arguments (classically

Marxist ones among them) which have presented the necessity of the violent overthrow and takeover of the state as part of its true historical trajectory. In practice, this has often involved revolutionary movements attempting to usurp by force the power of those states which have politically and violently oppressed them. In his excellent study of the Cold War version of this phenomenon, Jeff Goodwin stresses the political dynamics involved, focusing valuably on state actions, practices, and structures and the ways in which these sometimes form, shape, or prompt their anti-state revolutionary enemies. When states sustain an unpopular cultural, economic, or social order; when they exclude mobilized groups from power or resources; when they use repressive violence against their opponents; when they lack effective policing or infrastructural capacity; and when they embody corrupt or arbitrary rule—then, Goodwin argues, revolutionary movements can be and have been created and shaped in response. Of course, such state-centred perspectives alone cannot explain everything, and nor does Goodwin claim that they do. But these dynamics of state action and reaction, and the problem generated when mobilized groups are denied sufficient space for political efficacy and non-violent change, have historically played their part in generating revolutionary, insurgent war.

Does the nature of the international state *system* also sometimes cause wars to commence? Contingent failures of diplomacy, and the domino effect of alliances, might be seen as contributing to the brutal narrative here. But has the nature of the system within which such contingencies emerge determined the degree of their unfortunate likelihood?

Some subtlety is required here. In a brilliantly revisionist critique, Professor David Lake has argued that, contrary to International Relations scholarly orthodoxy, the international system is far from purely anarchic, and far from lacking in authority structures. In fact, he asserts, the hierarchical authority (legitimate, rightful

31

rule) of some states over others (mutually accepted by the dominant partner and the subsidiary partner in the hierarchy) provides the clue to understanding much in the way of state action and interaction in the modern era, including warfare. There exists a relational, self-enforcing, and asymmetrical power contract or bargain between states, between the ruler and the ruled, regarding security and economics. So dominant State A provides subordinate State B with beneficial political order (the protection of people, property, territory, and so forth), and in turn receives from State B a duty of compliance with its commands, as well as the right to rule. Subordinate State B provides State A with legitimacy, compliance, and the right to rule (and State A will also benefit from international order, of course), and in turn receives order (protection of person, property, and the like being effectively maintained). Both parties therefore think themselves better off in this relationship than they would be without it, and to benefit mutually.

What does this analysis of state relationships mean for our understanding of modern war? It perhaps explains why some states do in fact go to war (State A doing so in order to aid subordinate State B, to come to State B's assistance in a dispute as its protector and defender; State B joining a conflict in order to join the dominant state, and necessarily following it into war). So the USA, since the mid-20th century, has enjoyed hierarchy over many subordinate states, with great effect on its subordinates' respective relationships to warfare. But this paradigm also helps explain why states have *not* gone to war or militarily intervened, since these mutually beneficial, internally peaceful hierarchies often render such clashes self-damaging by contrast. Lake's thesis asserts the existence of a subtler mechanism for control and state relations than the assumption of simple coercion, while avoiding the ahistorical assumption of utterly contingent anarchy.

Hierarchy might be seen as a kind of decaffeinated form of empire, and long before modern wars erupted—as far back at least as Sparta's 5th-century BC struggle to challenge the Athenian empire in the Peloponnesian War—the relationship between empire and the creation of violent conflict has been a difficult one to disentangle. Wars have been fought to create empires, to augment them, to defend them, to subvert them, and to prevent someone else from having them. These processes can be fuelled by an aggressively expansionist ideology (communism, fascism), and can also be clothed in comforting self-justifications which only partly overlap with real motivation and cause, empires often being justified on the supposedly legitimizing grounds of bringing benefits to the receiver, whether a species of religious faith, or economic advantage, or civilization, or progress, or democracy, or human rights. As so often, the relationship between rationalization and underlying reason is messy here rather than neat. And the different and rival tellings of war will rarely vary as sharply as they do when apologists for an empire, and those ruled under the imperium, respectively take to the podium.

The British Empire, to consider one powerful example, emerged and expanded through a mixture of trade and war; to protect its trading operations, it was necessary to defend them against rivals. War could not sustain empire on its own; collaboration and many complex motives for acquiescence were required for that. But it did play its part in generating and defending imperial power. Likewise, as hinted earlier, and as argued strongly by Barbara Walter, there might be a compelling logic in imperial rulers deciding to fight rather than to cede power to their subjects, since the signalling of a willingness to resist one challenger might be taken to represent a necessary statement in prevention of the disintegration of imperial integrity, something arguably evident in the UK's response to the Boers during 1899–1902, and in 1916–22 revolutionary Ireland (and within the context that well over four hundred million people lived under British rule at the start of the First World War). Inter-imperial rivalry can form the decisive impetus towards war (as in Crimea in the 1850s); wars of liberation represent another element of the pattern (Palestine

1946–8, Indo-China 1947–53 and 1964–75, Kenya 1953–8, Algeria 1955–62, Cyprus 1959–60, Aden 1967–9, and so on); while the actual break-up of empire can lead to post-imperial warfare also, as in the case of Indian-Pakistani conflicts in the post-British era.

India and Pakistan have fought each other three times since the partition of 1947, the first occasion prompted by the issue of the largely Muslim Kashmir region in the first place joining India rather than Pakistan. India was utterly resistant to Kashmiri self-determination, and the Kashmiri problem has remained a painful one between the two great states. The 1947–8 war was followed by a cease-fire line which held, with minor changes after the 1965 war, until the 1971 war—at which point another line was established. Post-imperial, boundary-related conflict here involved also, therefore, the politics of state integrity, and the force of rival, religiously-inflected nationalisms. And the problem has continued to endure: in 1989 a separatist uprising began in Kashmir; India was furious at this violence and at alleged Pakistani support for the separatists behind it; for its part, Pakistan was angry about supposed human rights violations by Indian forces against Muslims.

I am not claiming either that imperial urges on their own explain the emergence of wars, nor that the ambiguous economic and other benefits of empire have been such as to make imperial advantage worth the effort and cost of warfare anyway. But the dynamics and legacies of empire—albeit interwoven with some of our other major forces—have helped to explain the onset of many wars.

The Kashmiri illustration also highlights another major potential causal force behind the generation of war, namely that of religion. Professor Richard Dawkins, in Lennonist manner, has suggested that the absence of religion would have allowed for the removal of many wars—from the Crusades, to Indian partition, to Israel-Palestine, to the former Yugoslavia, to Iraq, and beyond. The deployment of religious arguments in order to justify or legitimize war, and the idea that an historically active God is on your side in a conflict, have certainly persisted well into the modern period, and holy wars have possessed a variety of religious and denominational flavours. The Irish Civil War of the 1920s reflected a strongly held conviction by many that the cause of Irish republicans was deeply interwoven with Christian commitment. The IRA's Chief of Staff was clear in 1923, for example, about the nobility of an Irish Republican Army Volunteer 'offering his life and sufferings to God for the Republic of Ireland'.

But does such evidence necessarily suggest that Professor Dawkins's argument is correct, that religion is in itself a fundamental cause of war? One counter-argument is that religion is no more a fundamental cause for war than are other major human forces, and that human institutions and ideologies each have the capacity to be vehicles for or legitimators of violent conflict. Are churches, religious leaders, or politicians who use religious argument any more guilty of utilizing ideology for violent purpose than others (leaders of secular political parties, or secular people deploying arguments about democracy or human rights or justice or freedom)? Moreover, it should also be stressed that opponents of war have themselves often drawn on religious teachings, traditions, and beliefs.

A more subtle counter-argument seems to me to have even greater force, and it concerns the difficulty of mechanically separating out major religions from other elements of human society, in such a way as to suggest that if one removed 'religion', then this would have the kind of eirenic effect anticipated by Professor Dawkins. Any serious understanding of durable religions must be based on a recognition that, of necessity, these religions are simultaneously social and political as well as theological forces. Indeed, the idea of a major religion which is not intimately and influentially interwoven with questions of power, identity, economy, and authority within wider society, is one which could only be subscribed to by those who do not understand religion. It might well be that religious belief gives impetus towards some conflicts erupting, and some definition of them once they have done so, and this is an important enough claim to make (though it is worth here noting how often this involves rival forces using exactly the same texts and sources to justify opposing causes, which should caution against too mechanical a reading of supposedly religious causation).

Some have argued that a religious cause, with its numinous transcendence, allows for a more intense commitment, exhilaration, and apotheosis than do secular forces, thereby making bellicosity more likely. I am not persuaded that this is the case (when religion is compared, for instance, with extraordinarily heady quasi-religions such as nationalism). It seems to me that religious belief can contribute powerfully to arguments for war, interwoven with other (secular) impulses, without which the religious causation would be utterly insufficient; as Alan Wolfe has put it, 'Political religion is always two-faced, as much a force for such earthly goals as national solidarity or anti-colonial resistance as it is preoccupied with piety and purity'.

Those earthly goals often fall within the realm of economics, and economic impulsion—at group and also at individual level— towards an engagement in war has often been very strong. Although it is nowhere near as simple as that the 'have-nots' engage in warfare in order to grasp from the 'haves', states pursuing economic dominance, and individuals seeking direct economic advantage, have alike been drawn towards conflict partly for these reasons. For some who have engaged in modern war, such desire for economic, material benefit has clearly been a very important and even decisive motivation. At times, indeed, war has offered a chance for people to legitimate what would in other circumstances be seen more straightforwardly as self-serving crime.

The preceding argument of this chapter has reflected how far *Modern War* reaches beyond military history as such, and how strongly major societal and political forces are interwoven with one another when considered in relation to the causation of war. What causes modern wars to begin? No single pattern, but rather five key elements, have been considered. The nationalist politics of community, struggle, and power have provided momentum towards, capacity for, and justification of the starting of wars. Pursuit of sovereign statehood, and defence of it against various threats, have between them occasioned many conflicts; organized relationships between states have propelled them towards modern wars on occasion; and the failure of ordered states has also played its part in generating bloodshed. Imperial rivalry, and the establishment and aggrandisement and defence of empires, have likewise prompted conflict. Religious commitment has provided certainties which have contributed towards warfare, and has offered powerful rationalizations for it too. And economic imperative has, at various levels, generated conflict.

In much of this, the high-sounding, ostensible reasons offered by protagonists in explanation of war can be seen only partially to match the reality of causation, something evident when we consider how such multi-levelled multi-causation has worked in detailed historical practice.

So in what ways did the eruption of the First World War illustrate the themes set out above? When Bosnian-Serb teenager Gavrilo Princip killed Archduke Franz Ferdinand (heir to the Habsburg throne of Austria-Hungary) and his wife Sophie during their visit to Sarajevo on 28 June 1914, there could already be heard echoes of our complex causal framework. Princip was a member of Mlada Bosna (Young Bosnia), a nationalist-terrorist group which crossed religious divisions (Muslim, Catholic, Orthodox) and which was

37

united instead by opposition to Austrian rule and by a desire for pan-Yugoslav unity. Behind them, Serbia (in turn backed by its protector, Russia) had been supportive of such nationalistic, terroristic, anti-Habsburg groups in Bosnia-Herzegovina; for its part, Austria-Hungary was not willing to let the Serbs eat away at their empire because, if the trend were not stemmed now, then worse would follow and disintegration ensue if the Slavs were allowed to enjoy impunity.

So nationalistic commitment, hostility to empire, contingent international alliances between states, and a desire to thwart rebellious violence early in its cycle, all appear already in this non-inevitable tale (as so often, a tale in which it is state response to terrorism, rather than terrorist violence itself, which most decisively changes history).

Following the Sarajevo assassinations, Germany backed Austria in taking a very harsh line with Serbia for its terrorist sponsorship, and in July 1914 the Austrians delivered a demanding ultimatum to Serbia; Serbia rejected it, and Austria declared war 28 July. Then state military mechanisms and commitments took over. On 30 July Tsar Nicholas mobilized all Russian troops (Russia backing and defending Serbia, a fellow Slavic state for which it acted as patron). On 1 August the mobilization order was given in Berlin, war being declared on Russia; German troops crossed into Belgium on 3 August, with Germany declaring war on France on the same day. The UK did not want the Low Countries to be in enemy hands (fearing dangerous, rivalrous threats to its own power and security and interests), and issued an ultimatum demanding assurances that Belgian neutrality be respected. These having been ignored, Britain declared war on 4 August 1914. So a series of (hierarchical) inter-state relations, a set of state imperatives and fears and ambitions, and a nationalistic set of commitments, played part of the decisive role in expanding Balkan antagonisms into cataclysmic world war.

None of this seems to me to have been inevitable. The pre-war arms race maybe made the conflict more likely, but arms races do not necessarily lead to conflicts. More specifically, Austria-Hungary's ultimatum to Serbia on 23 July stated that the Serbs had tolerated subversive groups against the Dual Monarchy and it demanded acknowledgement of Serb involvement, as well as calling for a set of other concessions including the dissolution of anti-Habsburg secret societies. This ultimatum was deliberately pitched so that it could not be agreed to, thereby offering a pretext for Austria-Hungary's declaration of war. The Serbs in fact agreed to most of the demands which had been made, but not to all of them, and the support of Germany for Serbia, and of Russia for Austria-Hungary, made a vital difference to that central, dyadic antagonism.

Thus a local flame burned into a world conflict between the Central Powers (Germany, Austria-Hungary) and the Entente Powers (Britain, France, Russia), with Bulgaria and Turkey entering the war on the side of the former, and Serbia, Belgium, Portugal, Rumania, Greece and—eventually—Italy and the USA siding with the latter.

Closer inspection of state motivation clarifies further the causal pattern which we have discussed. Germany (not least the insecure, deeply ambitious Kaiser Wilhelm II) wanted to be a world power, possessing a strong sense that it might have to go to war in order to achieve this hegemonic status; the Germans also felt relatively weak and vulnerable (losing the arms and naval races), and therefore saw the attractions of a pre-emptively ignited war, before their position became yet weaker: 1914 might be a more propitious moment to fight France and Russia than would a later date. By strongly supporting Austria-Hungary, the Germans knew that they were risking a war; but it was a war which they thought they would win. Encircled, trapped by the Triple Entente of France, Russia, and Britain, this powerful state saw war as a means towards securing, defending, and extending national power decisively.

Britain brought with it a competitive hegemonic ambition in relation to Germany, and saw real danger in the Germans defeating France and Russia and achieving greater relative power as a consequence. Recognizing German ambition towards grand imperial status as a world power, and the possibility of German control of western Europe if the Russians and French were defeated, Britain aimed to sustain its own position as the foremost, wealthiest nation in the world.

This is not to dismiss the justifications which were offered on different terms. Some in Britain did genuinely see a fight between Prussian militarism and democratic freedom as self-legitimating. And the Belgian pretext was not entirely empty. True, both Germany and Britain had been signatories to an 1839 Treaty guaranteeing Belgian neutrality; and Irish nationalist voices could legitimately protest that British concern for the rights and freedoms of small nations was somewhat illusory when it suited London for it to be so. But when the Germans invaded Belgium in 1914, though their atrocities were certainly on occasions exaggerated for propagandistic effect, this was the exaggeration of a practice of atrocity which did have a strong basis in fact. The German army *did* behave brutally towards many Belgian civilians, killing well over 5,000 during their march through the country, and destroying villages and towns as they proceeded.

Yet, despite the serious claim of defending Belgian neutrality, the central British aim was to prevent German aggrandisement and rivalry, and to protect the long-term security of Britain's empire. Moreover, as Avner Offer has pointed out, the fact that so much of British economic life did take an overseas, imperial form, had necessitated a strong navy, and had therefore accentuated fears of rivalry from Germany in this regard; so this had heightened the likelihood of British military action in response to German self-aggrandisement. In this sense, empire did indirectly help lead Britain to war in 1914.

French motivation for going to war was substantially defensive, against a genuine German threat and a longstanding German enemy. France could not allow Russia to lose in war to Germany without thereby facilitating German hegemony over Europe. Bound by treaty to help Russia in such circumstances anyway, the French priority was to ensure that Germany was not able to dominate Europe, and additional benefits (such as regaining Alsace and Lorraine) reinforced this impulsion.

For its part, Russia possessed a huge empire, with a population of some 164 million in 1914, and with associated needs for prestige maintenance in international relations. The Russians could not really abandon Serbia to being humiliatingly crushed by Austria-Hungary, without abandoning the Slav cause (with which they felt a strong affinity, and for which they acted as protector). So claims that they were fighting for the interests of their fellow Slavs, and to defend their ally, France, were not entirely false.

Austria-Hungary could legitimately claim that, in going to war, it was protecting its historic empire from disintegration (a disintegration favoured by its old adversary, Russia). There was an understandable anxiety that, if nothing was done about Balkan nationalism and pan-Slavism, then imperial dismantling might follow.

To be sure, original motivations could become overwhelmed and amended as the dynamics of the war sped forward, and most had anticipated a shorter conflict than was bloodily to emerge in fact. But we do have here a complex set of historical circumstances which offer detailed echoes of our pattern of war's historical creation, as rivalry between intensely nationalistic states and rivalrous empires saw them jolt towards war, desirous of protecting economic and sovereign interests and rights and to prevent the expansion of competitors' power.

Within all this, the contingent role of the individual could be crucial, as in later conflicts. The cascade towards the Second World War would have been utterly different (perhaps impossible) without the part played by Adolf Hitler; but less world-dominating figures also reflected the vital role of the contingently personal, the idiosyncratic, and therefore the jagged, messy, and unpredictably complex. Mussolini's 1937 assertion (quoted by Simon Ball) that England was 'a nation which thinks with its arse' neatly exemplifies the personalized angles from which decisive leaders can sometimes view war-related matters, just as his capricious inconsistency and pathetic tendency towards pursuit of the heroic further complicated patterns of bellicose behaviour in this period.

There has been a trend in recent decades away from inter-state war: as Kalyvas has pointed out, of the 118 armed conflicts between 1989 and 2004, only seven have been inter-state; and (as Jeremy Weinstein has recorded) during the 1990s, over 90 per cent of deaths in war took place in internal, rather than inter-state, conflicts. But the broad pattern we have discussed for the 1914 case remains pertinent, I think, despite this. The 1991 Gulf War saw a quasi-imperial power (the United States of America) decide that an economically important region of the world required the halting of the aggrandisement of an antagonistic state (Saddam Hussein's Iraq), over the infringement of national sovereignty (with Hussein's August 1990 invasion of Kuwait), and the protection of an oil-rich ally (Saudi Arabia) in the process.

Through all this, does the (now fashionable again) idea of human nature offer hermeneutical help? Is there, to be blunt, something in our nature as humans which causes, and explains the causes of, war? Recourse to evil itself does not really help, since it is hard to reconcile either the notion of a pervasive human instinct for evil, or an inherent human goodness, with the extraordinary variety of individual and group actions over time and across place in relation to violence. Put starkly, if human nature is so elastic as to allow for so many variations in our responses and decisions about war, then its explanatory power seems attenuated as a result.

It remains hard not to categorize, for example, Nazi war-time brutality as evil. But does describing something as 'evil' help us any better to understand and explain why so many normal people did such abnormally awful things? Professor Alan Wolfe's emphasis on 'political' evil is valuable here, I think. Wolfe defines 'political evil' as 'the wilful, malevolent, and gratuitous death, destruction, and suffering inflicted upon innocent people by the leaders of movements and states in their strategic efforts to achieve realizable objectives', and he identifies four contemporary species of political evil: 'terrorism, ethnic cleansing, genocide, and a reliance on means such as torture to fight back against evil'. All four can be considered relevant to modern war, and Wolfe's argument is subtle, precise, and thoughtful. He argues (regarding human nature) that we need a 'moralistic realism': unrealistic goals are of little value, but state policies—in terms of their foreign dealings, for example—require a moral dimension. According to this view, a combination of morality and practical, honest realism is what is needed in responding to the evil elements of human politics, in war as in other areas of endeavour.

* * *

'Well, what are *you* going to the war for?' asked Pierre.

'What for? I don't know. Because I have to. Besides, I am going…'
He stopped. 'I am going because the life I lead here—is not to my taste!'

Leo Tolstoy, *War and Peace*, vol. i (1865)

Born in 1828, writing in the 1860s, and dying before the First World War had inaugurated 20th-century catastrophic warfare, Tolstoy—himself a soldier—here captures something of the uncertain complexity of individual combatant motivation. It might comfort states to maintain that their soldiers' war-time motives have neatly matched the ostensible reasons given by the state itself for having gone to war. The historical reality has repeatedly been, however, that states' given reasons for fighting wars represent only partially adequate explanations for their soldiers' actual engagement in those brutal conflicts. This is not to deny the frequent effectiveness of ideologies and institutions in operationalizing and sustaining individual participation, by making it seem natural, just, appropriate, necessary, or even inevitable for the individual to take part in warfare. We have seen the role of nationalism here already; and discursive and institutional continuities do indeed often help to reproduce war again and again. But to explain why states go to war, and why soldiers actually take part in warfare, is to explain two different (albeit partly overlapping) phenomena.

The explanation for people fighting turns out to comprise a many-layered set of processes and decisions and impulses, involving the rational, the visceral, the coercive, and the habitual all contributing variously to our blood-spattered phenomenon. People may indeed have several reasons and motivations towards fighting and then continuing to fight, and it might be helpful to disaggregate them here into the ostensible, the individually instrumental, and the emotional.

Ostensible explanations involve the reasons given for the commencement of the war in question, whether the defence of national freedom, the pursuit of other ideological goals, the righting of wrongs against a particular community, or whatever. However sceptical one might be about state or national or communal justifications for war-time violence, there is no doubt that, for example, nationalism and allegiance to national rights and freedoms have indeed played their part in motivating people to fight and die on occasion in practice. I myself doubt that ideological motivation runs as deep as war-time speeches and propaganda, or post-war commemoration, often tend to imply. But soldiers *are* sometimes ideologically motivated, and people do on occasions actually fight for their beliefs. Though the UK popular response was complex, there was not a shortage of initial zeal in Britain at the start of the First World War: more than a million men enlisted by the end of 1914; more than 2.2 million had enlisted by September the following year. On such a scale, the argument that enthusiasm was purely because one's friends joined up risks a certain circularity, and it seems unavoidable on the evidence to conclude that widespread nationalist commitment, and a strong desire to defend the nation, played a part in motivating individuals to enlist.

Nor does this rule out the simultaneous attraction offered by another layer of motivation: the individually instrumental. People's involvement in military forces and their bellicose activities once in them can be prompted alike by a need or desire for a job, money, career opportunities of various kinds, the allure of professionalism as such, and also the possibility of prestige, social or sexual advantage, and the direct acquisition of goods during wartime. Economic necessity and social goods can be as important as fighting to defend your nation (as Adrian Gregory has put it, 'Economic distress had always been the British Army's best recruiting agent'). Likewise, another form of necessity can come into play: if people are conscripted, and then coerced into fighting once in uniform, then the space for choice about whether to fight can be very restricted and has been so historically on many occasions in the modern era. The January 1916 British Military Service Act conscripted all single men between eighteen and forty-one years of age: in such circumstances, the costs of not fighting might seem to outweigh the benefits. So the banal issues of salaries and vanity and greed and unavoidable obedience play their part.

So too do the emotions in other ways again, and while it is hard to segregate the instrumental from the visceral, it is worth stressing that excitement, adventure, and personal loyalty often seem important in making people decide to fight. There is now a strong scholarly basis for believing that small-group intimacy of attachment, solidarity, and mutual loyalty plays at least as large a role in motivating soldiers actually to fight (and to keep on fighting) as does a larger-framed factor such as nationalist ideology; First World War 'Pals' battalions provided a frequently poignant example and—as hinted already—it is often the actual rather than the imagined community which jolts people into fighting and dying. One's friends, local community, and local loyalties can be the decisive elements here, as can honour, pride, a desire for glory, comradeship, solidarity, a zeal to protect the precious, and also a vengeful, hate-filled striking back at enemies once the game is afoot. The contingently relational matters here, as the perceived or historical actions of one's enemies generate reaction in an antiphonal sequence, defining and driving people's war-time acts as they do so; war can possess a self-sustaining dynamic, once begun. As Paul Preston has brilliantly demonstrated, during the 1936–9 Spanish Civil War prior enmities, but also a desire to avenge enemy actions which had been carried out during the war itself, both played their part in stimulating combatants actually to fight.

It would be naïve to assume uniform commitment to fighting, even once the guns have started firing. Some oppose the fight, while others quietly go along with it, doing the minimum, being opportunistic, and not putting their shoulder forcefully to the war-machine wheel. And, for those who do engage sincerely, there can exist layered, multiple, simultaneous motivations even at the individual level—so much so that those not involved can have a sense of missing out on what is central, as fictionally depicted here in relation to the Second World War, and Philip Roth's ineligible Bucky Cantor: 'Time and again it seemed as if everybody had gone off to war except him. To have been preserved from the fighting, to have escaped the bloodshed—all that someone else might have considered a boon, he saw as an affliction. He was raised to be a fearless battler by his grandfather, trained to think he must be a hugely responsible man, ready and fit to defend what was right, and instead, confronted with the struggle of the century, a worldwide conflict between good and evil, he could not take even the smallest part'.

The reasons for people's commitment are always context-specific. Why did people actually fight in the Vietnam War? Most Western attention has focused on the US forces, but motivation for enlisting and fighting in the National Liberation Front (NLF)/Viet Cong (VC) is equally revealing, and depends also on a reading of local nuance. It does not seem that people joined primarily because of an ideological commitment to communism. As Tovy has pointed out, the peasants who joined up seem more to have been motivated by a combination of family loyalty (following family members into the NLF/VC), by a desire to improve their economic situation and standard of living, by the pursuit of revenge for prior violence (by the French, the South Vietnamese government, or the United States), by the appeal of Vietnamese unificatory nationalism, and also by the straightforward appeal of adventure. That the Communists offered the presumed best route towards these goals meant that the ideological and these other impulses were overlain, interwoven. But, just as with the multiple reasons for young Americans to fight against them, the NLF/VC carried mixed rationalizations for their own violent engagement.

* * *

In human behaviour few events are more difficult to predict than the course and duration of a war

Geoffrey Blainey, *The Causes of War*

Having reflected on why modern wars begin, and on why people fight in them once they have started, let's now turn to the question of why they have ended. Sheer victory offers combatants the most alluring reason, whether on the basis of decisive battles and

47

superior tactics; or of brilliant and charismatic leadership, better preparedness, or greater psychological resolve; or of overwhelming superiority in terms of numbers of people, technological sophistication, firepower, discipline, morale, and economic resources. Clearly, these elements can combine. The 1861–5 American Civil War saw the technological, numerical, and industrial superiority of the North eventually win out against the South; but psychology also played a part, as the latter had less will than did their opponents for the prospect of a long war of appalling attrition. The 1870–1 Franco-Prussian War saw the Prussians mobilize far more rapidly than the French, and this faster mobility did facilitate victory—but so also did better, prior Prussian training, and in May 1871 France had to agree to the humiliating terms of the Treaty of Frankfurt as a consequence.

Yet wars frequently end far more messily and much less crisply than this, and superior technology is not necessarily the decisive element in determining their duration. War's conclusion often emerges very blurredly, with a far from smooth shift from war to peace. Not only do some military fronts drag on while others reach a conclusion, but it can be difficult even after war has ended to achieve full peace anyway, as the latter can remain compromised by painful remnants of war. One often finds, historically, a kind of low-grade and deeply flawed peace, within which lie the seeds for potential, future warfare. Post-war peace is rarely promptly absolute.

Stalemate-induced, compromise endings can be relevant here, as is the issue of what happens to former combatants. Where there have been determined efforts to reintegrate former fighters, then some success (messy and unsatisfactory though it tends to be) can prove possible—the case of former KLA (Kosovo Liberation Army) members in Kosovo perhaps providing an example. But relationships tend, understandably, not to have been healed, attitudes towards former enemies remaining unaltered or worsened by conflict, with what preceded the violence living on sullenly after its conclusion. So, as Shirlow et al. have shown, the long, late-20th-century war in Northern Ireland ended without those who had been involved in violent groups on rival sides tending to change their fundamentally hostile readings of former adversaries from the opposing community.

What of patterns evident from even more serious conflicts than the late-20th-century Ulster crisis? At 11am on 11 November 1918 the First World War formally ended, the Paris Peace Conference then beginning on 18 January 1919, and resulting in the triumphant but flawed Treaty of Versailles. In part, Allied victory followed a successful spring 1918 offensive, in which the weight of forces during March–June proved decisive (France, Britain, the USA, Portugal, Belgium, and Italy all being involved). Here, the scale of men and economic power available to the Allies ultimately drowned the Central Powers. So, despite the Germans arguably having been more efficient in mobilizing and fighting with their resources, they were defeated partly for the huge and simple reason of the scale of the resources set against them. But contingency, rather than sheer inevitability, played its part in this process: ill-judged German provocation brought the USA into the conflict (the latter declaring war on 5 April 1917), and the injection of new resources thus made available was staggering. By the start of 1918 there were a million US troops in France, and in 1918 itself American troops were arriving in France at the rate of 150,000 per month. The boost here to resources, but also to morale, was deeply significant and near-overwhelming. For the Germans, years of suffering, shortages of food, mutiny in the armed forces, and domestic strikes, between them sapped the strength of the cause, and reserves of troops were exhausted by 1918.

When the Second World War ended on 14 August 1945 there had again been an issue of overwhelming numbers and resources, with the USA and USSR helping to drown the German opposition. The Allies enjoyed far larger reservoirs of resources, economically and militarily, than did the Axis powers; ultimately, Germany was defeated when militarily bashed into submitting, when economically devastated, and when occupied brutally by its adversaries.

But leadership too had played its part, Churchillian charisma being complemented by Hitlerian errors (spectacularly, in the case of invading the Soviet Union in 1941). Historians will tend to stress the importance of contingencies, even down to the role of an individual's ability, formation, decision-making, and career. It remains hard to see that Britain's Second World War success and even survival would have been quite as they were had Churchill not been quite who he was, with his very distinctive combination of boldness, ambition, inspiring eloquence, intuition, insight, and dominant dedication (Figure 5).

More broadly, three years of planning had gone into the D-Day landings of 6 June 1944, just as considerable bravery contributed to their success at the time. And—even as recorded in pacifist Frances Partridge's diary account, written from a largely quiescent and bohemian Wiltshire—it could be seen that the last stage of the War was 'shaping to some vast Wagnerian finale'. The Second World War in Europe officially ended on 8 May 1945 with German unconditional surrender to the Allies. The USA, the Soviet Union, the UK, and France took over formally in Germany with the Berlin Declaration of 5 June, and brutality marred this victory over evil. Regarding the Russians at this stage of Allied victory and the occupation of Germany, British commander Bernard 'Monty' Montgomery—himself far from squeamish, and someone who viewed life as 'a stern struggle'—was stark in the bleakness of his assessment:

> From their behaviour it soon became clear that the Russians, though a fine fighting race, were in fact barbarous Asiatics who had never enjoyed a civilization comparable to that of the rest of Europe. Their approach to every problem was utterly different from

5. Sir Winston Churchill, 1874–1965

ours and their behaviour, especially in their treatment of women,
was abhorrent to us.

A bizarre German resilience was also evident at the end. Professor
Ian Kershaw's brilliant monograph on the demise of Hitler's
Germany in 1944–5 asks the troubling question of why, with
defeat so obvious and imminent during those years, many
Germans not only fought loyally on, but engaged in continued
brutality against internal enemy groups. Holding out until May
1945 ensured the hideous destruction of Germany and its people
(the losses in the Wehrmacht were running at 350,000 *per month*
during the last period of the war), and this perseverative

bellicosity is historically rare. Its causes were numerous, among them Hitler's own refusal to accept surrender or compromise, the crushing effect on opposition of the regime's own terroristic violence, the striking efficacy of certain players in Hitler's team (most notably, Albert Speer), and a genuine, pervasive fear of Bolshevism. But it also included the 'structures and mentalities' of the Nazi order, which sustained Hitler's personalized rule, power, and bureaucratically-upheld regime to the death.

Consideration of the ending of individual, major conflicts might prompt brief reflection on the issue of attempting an end to war itself, or at least attempting to provide for systematic prevention. An historian's instinctive, repeatedly reinforced scepticism makes it hard to resist Paul Hirst's pithy claim that, 'War has a future. There is no danger of universal and perpetual peace breaking out in this century'. In part, this reflects the central Hobbesian problem of the modern (and possibly of any) period, which can be set out in three inter-linked statements: first, people on various sides of a community claim as good or right what is, or seems to be, in their own sectional interest; second, they tend to argue that one opinion (their own) deserves widespread acceptance within the broad community because it is right and good and true; third, in reality, it is not the finally decisive victory of one opinion that we will be likely to witness, but rather the persistence of different, rival, and clashing interests. Our Hobbesian challenge is to devise effective means of preventing these rival interests and views from erupting into blood-spattered warfare.

Despite my fundamental pessimism, I am struck by how much progress has been made in constraining human viciousness, in war as beyond, and it is worth reflecting on this process and on those attempts people have made to strengthen such constraints. Steven Pinker's admirably ambitious attempt to explain why 'violence has declined over long stretches of time' and why 'today we may be living in the most peaceable era in our specie's existence' centres on five historical forces which he argues to have increasingly produced peaceable behaviour, 'five developments that have pushed the world in a peaceful direction': the evolution of a state sustaining the Weberian monopoly on the legitimate use of force within its territory; mutually beneficial commerce and trade; the feminization of cultures, away from more aggressive male instincts; an expansion of cosmopolitanism allowing for greater empathy and sympathy with others; and an upward trend in the application of reason to our affairs. Much of Pinker's decline in violence (relative to population) relates to various kinds of war. Benignly, it is clear that major armed conflicts have diminished in number during the post-1989 period, while the popular view that civilians in war are worse off now than they were previously is almost certainly false.

In broad terms, there does seem then to have been some possibly eirenic value in establishing and sustaining states which enjoy effective control over their territory, as implied by the UK Ministry of Defence in its 2010 paper assessing future challenges, the *Future Character of Conflict*: 'State failure will be one of the dominant, defining features of future conflict....States that cannot adapt to the changing global context will risk collapse, and many such failures will be accompanied by substantial outbreaks of violence.' Likewise, there has been great significance in producing mutually beneficial commerce, and in furthering cultural shifts towards the rational, empathetic, and humanely cosmopolitan, as we try to explain the fact that what Pinker calls 'war-free years' have been growing in number; systems of effective economic cooperation (and peaceful competition) have made war less attractive to many states; in the developed world mutually beneficial economic interdependence has made war much less alluring. Advanced states tend not to see economic rivalry between them as a cause for war (indeed, war would damage the stability of the market system from which most of them gain greatly).

If we are to avoid a sense of hopelessness, then reflection on that potentially catastrophic phenomenon—nuclear war—might paradoxically prove reasonably encouraging. William Walker's deeply thoughtful account of nuclear weapons has pointed out that, while the ongoing and awful threat of nuclear war lastingly endures, much has been achieved since the weapon's creation in the 1940s in terms of restraint in its use. The nuclear order has been Protean and at times fragile, crisis-laden, and confrontational. But nuclear weapons have not been deployed in warfare since 1945 and—given the terrible consequences of their use—this represents a huge achievement. The goal of ridding the world of nuclear weapons remains essentially quixotic. But what Walker himself calls a pragmatic 'logic of restraint' (regarding war, regarding the use of nuclear weapons *in* war, and regarding people's acquisition of nuclear weapons capacity) has provided a solid basis for avoiding disaster thus far. Part of this, of course, has involved comparative success in avoiding wars themselves between major states; and some of that avoidance seems clearly to have rested on the unthinkably annihilating horror of nuclear war, should conflict between nuclear-armed states actually develop. New challenges now will need to be met in a post-Cold War era of nuclear multi-polarity; but the centrality of states to nuclear bellicosity and threat—and the changing dynamics of inter-state, great-power relationships—will probably remain decisive, despite (probably exaggerated) fears of non-state terrorist nuclear violence.

There has, even now, been much less research on peace than there has on war, despite some impressive contributions. But the two phenomena—war and peace—are at times only blurrily separated in historical practice, and the interconnections between them are vital to our understanding of modern war. Even ostensibly peace-loving nations can have deeply bellicose histories: the United States of America has seen its military engaged in campaigns for over half of the years of the country's existence. And to pursue the eradication of war would be as naïve as to pursue human or moral perfection; the effective curtailment of particular wars, or specific war-time brutality, almost certainly depends instead on recognizing our appalling capacity for (and even our historical tendency towards) justifying and practising violent atrocity.

For the prospect of establishing human behaviour along lines guided too closely by idealized blueprints probably exaggerates human capacity for improvement. Amartya Sen's excellent, quasi-Burkean distinction between realization-focused comparison and transcendental institutionalism points one way forward in response. Professor Sen's dichotomy here is between: a focus on people's actual behaviour and influences, one which concentrates on removing or preventing egregious injustice; and an approach based on an identification of perfect justice, and the creation of institutions appropriate to such perfection. The former allows for making things (in our deeply imperfect context) relatively less awful, in arguably more achievable fashion; the latter risks hubris, counter-productive ambition, and often the time-wasting political engineering of supposedly just institutions.

Historians tend to be sceptical about the degree to which messily subversive human behaviour will comply in practice with even the most rationally and benevolently designed institutions and orders, and this rather urges one—as with Sen's argument—towards unsatisfactory but feasible improvement, rather than blueprint-led, arrangement-based efforts at perfectibility. Such scholars will look knowingly at the 1920–46 League of Nations period and its overwhelming ineffectiveness, or at the frequent inoperability of the 1949 Geneva Conventions on the protection of those victims of war who fall into enemy hands.

But even the harshest sceptic should note also that, while the United Nations since 1945 has been unable to prevent wars, the body has offered some basis for collective deliberation and action in crisis, and has at times limited states' recourse to warfare. Its record has been far from wonderful in terms of preventing either inter- or intra-state conflicts, but it has prevented *some*; and it has also done much work—despite many enduring obstacles—to protect civilian populations from war's worst effects. Moreover, there has been a substantial number of international agreements, during the past fifty years, to limit the proliferation and use of weapons, and the effect of these in minimizing awfulness should not be casually dismissed.

In truth, at present, only the United States is in a position realistically to attempt to enforce peace, and the line here between internationally imposed peace and neo-imperialism is not always easy to draw very firmly or clearly. It remains hard to see such interventions as purely humanitarian or altruistic, however beneficial they may be judged by dispassionate observers; it remains equally difficult to identify any other effective actor capable of enforcing peace in political practice.

Traditional wars fought about sovereignty and territory probably still have some life in them yet, with the contingencies of power elites and even of ruling individuals playing a role which would not have been unrecognizable to observers from previous generations of warfare. States have continued to fight each other in recent decades, and although much attention has rightly been focused on civil wars, these are far from being the only kind of major threat of violent conflict which we face and will continue to face.

Yet it is possible to sense a more restricted kind of war in coming decades too. As General Sir Peter Wall, Chief of the UK General Staff, pointed out in 2012, the United Kingdom's plans for its Army in 2020 involve a centrally three-fold purpose (conventional intervention/deterrence, overseas involvement in multinational efforts to prevent conflict from erupting, and domestic preparedness for eventualities such as floods), only one part of which focuses on orthodox war. Attempting to abolish war remains jejune and quixotic; limiting its likelihood remains, on a case by case basis, far more plausible. 'Less violence' might seem a rather weaker ambition that 'non-violence', but it is probably more valuably realistic given the complex causation and likelihood of continuing threats of war.

Hannah Arendt, writing in the summer of 1950, argued that, 'Two World Wars in one generation, separated by an uninterrupted chain of local wars and revolutions, followed by no peace treaty for the vanquished and no respite for the victor, have ended in the anticipation of a third World War between the two remaining world powers'. In fact, that anticipated War turned out to be Cold, and far more peaceful. On the same broad topic, but I think with greater acuity of vision than even the great Arendt, Alan Wolfe has sagely pointed out that, 'When confronted with political evil, we are better off responding to the "political" rather than to the "evil"'. Focusing on the political and the historical—and examining honestly the real, local causes and dynamics—allows for minimizing (perhaps) some specific threats to peace; 'recognizing that evil can have a political character reminds us that politics is, and always will be, the best means of dealing with it'.

Chapter 3
Lived experience

> 'They're trying to kill me,' Yossarian told him calmly.
> 'No one's trying to kill you,' Clevinger cried.
> 'Then why are they shooting at me?' Yossarian asked.
> 'They're shooting at *everyone*,' Clevinger answered. 'They're
> trying to kill everyone.'
> 'And what difference does that make?'
>
> Joseph Heller, *Catch-22* (1961)

The outrageous cynicism of Joseph Heller's famous novel of
Second World War absurdity remains distressingly pungent more
than five decades after its publication. Milo Minderbinder's
economic opportunism in profit-making from the conflict, from
his comrades, and from their suffering, is familiar to anyone
intimate with the details of having a good commercial war in the
21st century: 'Look, I didn't start this war...I'm just trying to put
it on a businesslike basis. Is anything wrong with that?' The
apparently unjust insanity of so many rules and authorities
encasing war and its warriors is repeatedly evoked throughout the
novel: 'Colonel Korn was the lawyer, and if Colonel Korn assured
him that fraud, extortion, currency manipulation, embezzlement,
income tax evasion, and black market speculations were legal,
Colonel Cathcart was in no position to disagree with him'. And
without 'the handy technique of protective rationalization', few

war leaders, soldiers, or armies would find it possible to live with conflict as well as they have done throughout so much of modern history.

Of course, matters remain far more complex and (as McLoughlin has shown) war is enduringly difficult to depict, whether due to its scale or its chaotic and extreme character. In this chapter I want briefly to consider the heterogeneous nature of the experience of war, and to do so under four headings: horror, boredom, exhilaration, and opportunity. This involves a necessary simplification, since people's experience of war will vary so greatly according to the background and assumptions of the person concerned, and the cultural and historical location against which they are undergoing the experience. Geography, social class, gender, age, profession, and historical period between them mean that there can be no uniform accounting for the experience of modern war.

But the place to start has to be with the horror—indeed, the profound terror—of so much of the experience of modern war, and to do so through authoritatively first-hand accounts. This is not always popular. In the words of one long-time, expert observer of war-plagued zones (the journalist, Peter Beaumont), 'it is still regarded as bad form to describe the reality of the everyday horror of conflict. But to understand conflict one must confront what people do when they kill and mutilate'. For it could be argued that the central truth about modern war is its awful, baneful, devastating, and horrific brutality. Much of this also involves extra-combat atrocity such as rape (as in the wars occasioned by Indian partition, or during the defeat of Germany in 1944–5), or torture and extra-judicial murder during war-time (as in the 1930s Spanish Civil War).

The First World War remains perhaps the most tragically vivid illustration of war-related, annihilating horror and, though well-known, its terrifying details deserve explicit statement.

Wilfred Owen's famous poem *Dulce Et Decorum Est* horribly reminds us that chemical warfare has a long history (around a million troops were probably wounded by chemical weapons during the 1914–18 War): 'Gas! GAS!...the white eyes writhing in his face...If you could hear, at every jolt, the blood/Come gargling from the froth-corrupted lungs'. And gas, first deployed by the Germans in 1915, was soon widely used by both sides; results included horrifying burns, serious lung damage, and death by asphyxiation. H. G. Wells's First World War novel, *Mr Britling Sees It Through* (published in 1916), contemporaneously and rightly identified the undoubted 'malignity of warfare', 'the immediate horror of war, the dense cruel stupidity of the business, plain and close'.

Some aspects of the Great War's experience were effectively unbearable for those who went through them, with a haunting, normality-eroding memory long outliving the wretched conflict itself. Wide-angled reflections and statistics rather validate such responses. As Robson has pointed out, of the 410,000 British/ Commonwealth soldiers at Gallipoli in 1915, 205,000 were left killed, wounded, sick, or missing after the encounter. By the spring of 1915 the Austrian army had lost around two million men; for its part, by the end of 1915 the Russian army had lost in the region of four million. By the end of the 1916 battle of the Somme alone, the Allies had lost around 600,000 men, with only tragically minor achievement to show for it; on 1 July 1916 itself, 993 British Army officers and 18,247 from other ranks died in that appalling battle. Not for nothing did the Somme come to be known among British troops as the Great Fuck-Up. Passchendaele—31 July until 12 November 1917—saw German losses of about 200,000 during four months of repeated horror. As Niall Ferguson reminds us, of 557,618 Scots who enlisted in the British Army during the First World War, 26.4 per cent died. John Buchan—himself a Scot—piercingly noted of the War, 'Losses, which a few years before would have seemed cataclysmal, became a matter of course'. And the effect on the killers could be stark at times also, as is captured in a letter from T. E. Lawrence in September 1917:

> I hope when the nightmare ends that I will wake up and become alive again. This killing and killing of Turks is horrible. When you charge in at the finish and find them all over the place in bits, and still alive many of them, and know that you have done hundreds in the same way before and must do hundreds more if you can.

For the War as a whole, the figures remain even more shocking. Not only was the scale of military involvement remarkable (five and a quarter million men served in the British Army during 1914–18, for example); the resultant tallies of dead and injured were monumental, whichever sources and estimates one deploys. Michael Howard records the War dead as follows: Central Powers—Austria-Hungary 1,200,000, Germany 1,800,000, Turkey 320,000, Bulgaria 90,000; Allied Powers—France 1,400,000, Britain 740,000, British Empire 170,000, Russia 1,700,000, Italy 460,000, USA 115,000. Ferguson offers the following estimates of War casualties: total Allied deaths 5,421,000, total Allied wounded 7,025,487; total Central Powers deaths 4,029,000; total Central Powers wounded 8,379,418. In the Second World War, according to Max Hastings, an average of 27,000 people died *each day* during the September 1939–August 1945 period as a result of the conflict.

This horrific viciousness of war could prompt understandable fear, although across many conflicts the latter often seems to have been sharper in anticipation than it was in the midst of conflict. A British marine—quoted in Charles Townshend's invaluable edited volume on modern war, and looking back at the Falklands War—suggested that: 'people were frightened before it began rather than while it was going on'. Fear and panic could also involve those suffering from war as non-combatants, whether bereaved, injured, threatened, or forced to endure refugee status.

Indeed, the deliberate targeting of civilians has formed a major aspect of the experience of modern war. Regarding the Royal Air Force's Second World War bombing of Germany, the Commander of RAF Bomber Command (Sir Arthur Harris) favoured area-bombing—namely, the attacking of German cities—which effectively maximized the chances of hitting industrial targets, but also of causing significant civilian casualties and mass terror. Huge numbers of people were killed and maimed in such terrifying assaults. During July and August 1943 the RAF and US Army Air Force bombed and substantially destroyed the German city of Hamburg, with over 50,000 people being killed. Such was their power, the flames became a firestorm, with people—many of them civilians—being ineluctably sucked into the fires and killed. In the apt words of Michael Howard (who had joined the British Army the previous year), 'war was a thoroughly Bad Thing'. German V-1 and V-2 rockets had also targeted London from 1944—rocket-propelled flying bombs that arrived without warning (Figures 6 and 7).

But these terrifying experiences of the horror of war vary greatly, not only between but also within conflicts. Why are levels of terrible violence so divergent across and within modern wars?

Let's examine two very impressive recent scholarly attempts at solving part of this problem. Tim Wilson's brilliant analysis of early 20th-century national self-determination conflicts in Ulster and Upper Silesia suggests the importance of the nature of the boundary which divides different ethnic or national groups from one another during a war. He argues that the much higher levels and more gruesome types of violence in 1918–22 Upper Silesia (as compared with contemporary Ulster) can best be explained on this basis. In Ulster, religion provided the communal line of division and it did so in a solid, clear way: one was clearly and unmistakably either Catholic or Protestant. By contrast, Upper Silesia was overwhelmingly united in religion, and its people were

6. Damage done by German rockets in London, 1944

7. Damage done by Allied bombing, Hamburg, 1943

divided by the much more ambiguous fact of language (German or Polish). Religion functioned 'as a "hard" dividing line between rival communities in Ulster. Language in Upper Silesia acted in a very different fashion—as a "soft" (that is, permeable) boundary between national camps.' For people could speak more than one language, and the dialect of one language might involve modification into hybridity by contact with another; language therefore represented a far less certain marker of different nationality and of separateness than did the more solid line of religious attachment in Ulster.

Wilson's argument here is that Ulster's more clear-cut religious boundary required less (and less intense and grotesque) violence to maintain it, than was needed to establish communal difference in Upper Silesia, where division was marked by the more fluid, porous, and unstable line of linguistic division. In Ulster, 'where boundaries were already so clear between unionists and nationalists, less violence was needed to maintain division'. The limited task of Ulster boundary maintenance could afford to be less transgressive and bloody than the more ambitious Upper Silesian process of boundary creation: 'In short: atrocity clarified allegiances', and 'not all identity boundaries function the same way in national conflicts'.

An equally brilliant, very different argument regarding variations in levels and types of violence has been offered by Jeremy Weinstein, who suggests that the explanation for some insurgent groups acting abusively, brutally, and violently in conflict with civilian populations, while others engage more harmoniously and consensually with them, lies in the initial conditions of group formation, and especially in the varied endowments and resources available to such groups when they mobilize. According to Weinstein, groups with easy access to material resources tend to attract low-commitment, opportunistic 'consumers' as members—effectively, people keen on short-term gain. Rebel groups which, by contrast, have no such easy access to material or economic resources, draw in more committed, long-termist 'investors' as recruits; they rely on more harmonious engagement with communities, drawing on social resources and connections (shared ethnicity, shared religion) for sustenance; and they deploy violence more restrainedly, discriminatingly, and selectively as a result. The former are less disciplined and more coercive; the latter, more cooperative, and less prone to extreme violence and to self-serving plunder. Although perhaps vulnerable to charges of over-simplifying rebel identities (are people really so neatly classifiable as *either* investors *or* consumers?) and of attributing behaviour too narrowly to rationality alone ('I begin with the assumption that individuals are rational and that their actions reflect deliberate decisions designed to maximize payoffs'), this extremely well-researched, closely focused, comparative argument about political violence powerfully leads us away from an over-concentration on rhetorical self-justifications, and towards a valuable layer of interpretation and explanation for varied strategies and tactics adopted in war (in this case, in civil wars).

Whether or not one is persuaded by their arguments, what Wilson and Weinstein both powerfully articulate is a case for establishing what the key variables actually are when we try to account for greater (or lesser) levels of atrocious violence in war. Moreover, they do this by testing wide-angled arguments and hypotheses valuably against detailed, first-hand knowledge of particular violent contexts.

First-hand evidence can provide nuanced understanding of exactly how individuals themselves calibrated and dealt with their pain. Charles Rodger Walker, born in Montrose in Scotland, served in the British forces in Palestine during 1917–19 (Figure 8). Writing in September 1918 to his mother, he recounted his latest injury, phlegmatically and with a sense of proportion and real pride in success against the enemy:

8. **Charles Rodger Walker, who served in the British forces in Palestine, 1917–19**

Dear Mother,

I have been wounded a second time. At 4.30 am on the morning of the 19th we were lying out in 'No Man's Land' with the infantry about to begin the great attack which you must have heard of by now. I was just in the act of getting to my feet when I felt as if a clod of earth hit me a great whack on the right shoulder. Not feeling any blood, I thought this had really been the cause and I advanced with the others. After we had come through Johnny's barrage and had reached our first objective, the excitement having died down a bit, I made investigations and discovered that a rifle bullet had penetrated my shoulder.... Luckily it did not go very deep and I had it successfully extracted this forenoon... The wound, of course, is more severe than the last which was a mere scratch, but the pain has now greatly lessened, and you need not let the news alarm you.... Well, we have got the old Turk properly on the hop this time, and prisoners come in thick and fast.

(Charles Rodger Walker to his Mother, 21 September 1918, University of St Andrews Library, Department of Special Collections, Ms 38096/15)

And if modern war can be terrorizing, horrific, and painful, it can also be very dull. John Buchan, someone whose view and representation of war are often seen as over-celebratory and rather romanticized, also looked back at the First World War with the reflection that he had 'acquired a bitter detestation of war, less for its horrors than for its boredom and futility'. Nearly a century later, one embedded journalist (Sebastian Junger) referred to US soldiers in Afghanistan in terms of a 'boredom so relentless that the men openly hope for an attack'. The distinguished military historian Michael Howard—who lost many friends to war—delightfully suggested that war, like cricket, consists 'of nine parts boredom to one part terror'. As Clausewitz recognized, inaction formed a large part of the actual experience of war: 'standing still and doing nothing is quite plainly the normal condition of an army in the midst of war, acting, the exception'; this reality remained true even in conflicts as significant and sustained as the Second World War, during which many soldiers did not actually fire their guns. For the broader point must be acknowledged that, much of the time in modern war, soldiers do not fight, and indeed choose *not* to try to kill their enemies. Indeed, war experience can be deeply inconsequential. As Eric Hobsbawm observed:

> The best way of summing up my personal experience of the Second World War is to say that it took six and a half years out of my life, six of them in the British army. I had neither a 'good war' nor a 'bad war', but an empty war. I did nothing of significance in it, and was not asked to. Those were the least satisfactory years in my life.

And boredom can be reinforced and compounded by depressingly persistent discomfort. George Orwell participated in the militia forces during the 1930s Spanish Civil War, writing his vivid, unfussy account of his own experience very soon afterwards. That intimate and proximate record referred to: 'the evil atmosphere of war'; to 'the characteristic smell of war—in my experience a smell of excrement and decaying food'; to 'the lack of sleep which is inevitable even in the quietest kind of war'; and to soldiers being infested with lice:

> Down the seams of your trousers he lays his glittering white eggs, like tiny grains of rice, which hatch out and breed families of their own at horrible speed.... Glory of war, indeed! In war *all* soldiers are lousy, at least when it is warm enough. The men who fought at Verdun, at Waterloo, at Flodden, at Senlac, at Thermopylae—every one of them had lice crawling over his testicles.

'Like everyone about me'—Orwell concluded—'I was chiefly conscious of boredom, heat, cold, dirt, lice, privation, and occasional danger.'

Yet modern war has also involved exhilaration. It can be markedly exciting, as for some of those young men who fought in the Second World War, such as Lieutenant Hans-Otto Lessing: 'I am having the time of my life. I would not swap places with a king. Peacetime is going to be very boring after this!' For some, indeed, there has been a difficulty in giving up the adrenaline-fuelled high when adjusting to post-war civilian life.

And war can also offer a range of opportunities, otherwise less available or even unavailable. Basil Liddell Hart—a soldier in the First World War, and subsequently one of its most significant chroniclers—argued that modern war 'ennobles and brings out the highest in a man's character such as no other thing could' (quoted in Brian Bond's excellent edited volume, *The First World War and British Military History*). For all of its ghastliness, war's beneficent aspects should not be forgotten. Goodness, considerable bravery, kindness, morality, sexual opportunity, precious comradeship, chivalry, heroism, professional achievement and promotion, scientific innovation, and a liberation from quotidian dullness have all been variously evident and facilitated by modern war (as have opportunities, of course, for criminal enterprise, cruelty, and viciousness).

Early in Ernest Hemingway's tragic novel about the First World War, *A Farewell to Arms*, one of the characters observes that, 'There is nothing worse than war.' A handful of pages later, that same character is dead, his last moments spent screaming in terrified agony after a mortar shell has left one of his legs completely, and the other partly and hideously, severed. Like the central figure in his rough-edged novel, Hemingway himself had been a wounded ambulance-driver on the Italian front during the War; and, from Thucydides onwards, observer accounts of war have indeed been necessary and illuminating regarding the very varied lived experience of war. So it should also be noted that Hemingway's central figure, Frederic Henry, spends more time in the novel eating, drinking, and having sex than he does actually fighting. The multifarious nature of the experience of modern war should never be forgotten.

This chapter has tried very briefly to set out some of the complex and varied patterns of that world of experience. It involves different levels (the individual, the small group, the regional, the national), and an extraordinary range of engagement even across one constituency and one conflict.

Chapter 4
Legacies

> The twentieth century was the most murderous in recorded
> history. The total number of deaths caused by or associated
> with its wars has been estimated at 187 million, the equivalent
> of more than 10 per cent of the world's population in 1913.
>
> Eric Hobsbawm, *Globalization, Democracy,*
> *and Terrorism* (2007)

What have modern wars achieved? War, according to Clausewitz,
'is nothing else but a mutual process of destruction', and the
central achievement of modern war has tragically been to destroy.
The devastation of the First World War has already been alluded
to, its human cost alone involving in the region of 8.5 million dead
and 21 million wounded. When set in population context, this can
perhaps appear even more cataclysmic. As Ferguson points out,
the total number of people killed in the First World War as a
percentage of 15–49-year-old available males on each side was 2.7
per cent for the Allied Powers, and an appalling 11.5 per cent for
their Central Power opponents. The Second World War saw
around 55 million people die, more of them civilian than military.
Throughout so much of modern war, mass killing, maiming, pain,
mourning, loss, emotional carnage, and psychological damage
have all been complemented by the physical destruction of
property and landscape. 'There will be no end to clearing up after
the war', as Michael Longley's 'The War Graves' phrases it.

Intra-state conflicts have had utterly shocking effect also, especially perhaps with the emergence of such frequent civil war ('armed combat within the boundaries of a recognized sovereign entity between parties subject to a common authority at the outset of the hostilities', in Kalyvas's formulation). The American Civil War of 1861–5 saw more than three million Americans fight (out of a population of a little over thirty million), while over 600,000 soldiers died in the conflict.

But, accompanying such baneful destruction has been the achievement of complex and sometimes profound political change. If war's effects are bloodily evident on the battlefield or among the victims of the violence, then they also stretch well beyond the actual bloodshed and human damage into the political and the societal. If, as argued in this book, modern war involves violence carried out with political objectives and possessing socio-political dynamics, then assessing historically the politico-social achievements of modern war will be vital. Sometimes, decisiveness can be established, as with 1815 ending the Napoleonic bid for European hegemony, or 1945 finally crushing the Nazi project. In the latter case, the war allowed for the long, subsequent control of Germany by its former adversaries; for the containment of German capacity for military aggression; for a kind of occupied national humiliation of the country at the hands of the USA, USSR, UK, and France; for the extraction of economic reparations (as well as some personal revenge and plunder by occupying forces directed against the Germans themselves); and for de-Nazification to accompany demilitarization (the war against the Nazis having, as Michael Burleigh has pointed out, 'assumed the form of a moral crusade').

War's political achievement can, however, be considerably more ambiguous too. What did conflict in the Mediterranean in the 1930s and 1940s achieve, as rivals (Italian, British, Turkish, French) attempted to rule this intriguing unit of the globe? In the end, the 'struggle for mastery' of the Mediterranean in these years concluded with a situation which was, as Simon Ball aptly puts it, 'not a great victory or a great defeat'; it was a 'blurred' rather than distinct outcome to such violence, whose main beneficiary was not the one, in any case, intended by most of the main players: 'the Italian Empire challenged the British Empire for hegemony, to the ultimate benefit of the American Empire'.

Repeated also—and resonating with our argument about the importance of the national and the state-centric in war's causation—is the fact that modern war has so often generated new national states. The post-Yugoslavian conflicts of the 1990s provide a compelling case study. The 1992–5 Bosnia-Herzegovina war, for example, did witness ghastly destruction of the kind referred to above, with 260,000 people dying, with around two-thirds of the population being displaced from their homes, with the occurrence of very extensive human rights violations (including rape, torture, and execution), and with the war-time collapse of the economy. The systematic slaughter by Bosnian Serbs of over 7,000 Bosniaks at Srebrenica in July 1995 has rightly become infamous; but vicious violence was practised in numerous directions in these wars. People displacement produced hundreds of thousands of refugees. Late on in the brutal, post-Yugoslavian cycle, the 1999 Kosovo war saw around 850,000 people leave or be forced from that territory; again, during these 1990s post-Yugoslavian wars, around 600,000 Serbs became refugees to Serbia from Croatia and Bosnia; very many others simply became missing, lost people—most of them presumably now dead, leaving thousands of terrible, plangent silences.

But, in addition to destruction, what else had been achieved here? Ethnic cleansing had produced far more homogeneous zones of residence, and seven new states had been created: Serbia, Slovenia, Croatia, Bosnia-Herzegovina, Macedonia, Montenegro, and Kosovo. The last of these (Figure 9; inhabited by around two million people) declared independence on 17 February 2008—a gesture by the majority Kosovan Albanian population, sharply rejected by Serbia, and following Kosovan attempts to establish independence in the early 1990s and a cruel, ensuing conflict. Such developments effectively produced an Albanian Kosovo—a positive result for the now-dominant majority, although one which did not necessarily resolve the region's problems. One journalist who had expertly covered the former Yugoslavia since 1991 (Tim Judah) later observed that many of the difficulties facing Kosovo at the start of the 1990s remained essentially the same nearly twenty years later, after all the blood-shedding and destruction of the conflict there. In addition to persisting enmity and division, economic difficulties have certainly remained profound. And yet the Kosovan pursuit of self-determination had indeed seen the region purged not only of Serbian power, but also of many actual Serbs themselves, and of the Serbian imprint on visual, institutional, and physical culture in Kosovo. In essence, most of Kosovo became Albanian; and this represented a desirable change wrought through violence, as far as many in the population were concerned.

So the post-Yugoslav wars did end up with independence for various former Yugoslavian regional groupings, a brutally achieved pattern of neater match between population and dominant regime emerging after the wars; as Wolfe puts it, 'the fact that seven states emerged where there once had been only one conveyed the indisputable message that violence to further the cause of nationhood . . . can be effective'. Despite the horror, some stability and some limited justice had accompanied this ethno-national carvery. So Serbia's non-Kosovo population in 2002 was in the region of 7.5 million, of whom the overwhelming majority was indeed Serbian; yet Slobodan Milošević, Serbia's war-time leader, had fallen from power on 5 October 2000 and died while in custody in The Hague during his trial on 11 March 2003.

Even if not creating new states or nations, war can intensify existing national loyalties, identities, and commitments. There

9. The post–Yugoslavian states

might be nothing automatic or inevitable about this process. But
it has been historically evidenced repeatedly, with strengthened
solidity of shared belonging, shared suffering, shared
achievement, and shared myths of national character,

uniqueness, and moral purpose. And it has often caused the further centralization of the state, for all of the latter's complexity. The first truly 'total' war (that of 1914–18) did see the effective militarization of some societies, the utilization of all possible elements of the state for the war effort, and an emblematic war-time expansion of state power and capacity. Qualifications need to be recognized also, however. True, the United Kingdom saw greater intrusiveness by the state into various aspects of its subjects' lives during the First World War; but even by the early 1920s, for example, the state had largely withdrawn from intervention in the economy again towards pre-war levels and remit.

Political changes to the contours of states have as importantly concerned their power and their relationships abroad. So what, for instance, have wars of decolonization achieved? In the case of the British Empire (the world's largest, to date), the reasons for disengagement were complex: declining economic capacity was crucial, as was the growing perception that the financial and other costs of maintaining the Empire were increasingly outweighing the benefits, in practice. Violence against Britain played a part; but so too—less obviously—did the fear of more violence elsewhere if pre-emptive concessions were not yielded. As so often in military history, the most successful violence was frequently that which did not have to be used.

Military damage to Empire could, of course, come from rivals rather than rebels. Certainly, the greatest threats to the British Empire itself were not anti-colonial rebellions, but rival imperial forces, and it was more the economic cost of fighting those rival empires than the damage inflicted by nationalist uprisings which mortally wounded British imperial hegemony. In Hobsbawm's words, 'The truth is that what brought empires to an end was rarely the revolt of their subject peoples alone'; most post-1945 transfers of power from the British Empire to local successors occurred peacefully and voluntarily, with disengagement owing as much to post-war economic weakness as to revolting colonial nationalists.

Some, such as Barnett, have developed this theme to try to explain British post-war decline on the basis partly of the experiences, choices, illusions, errors, and performance during the Second World War itself: according to such a view, a moral-romantic naivety and idealistic, economically unrealistic approach had been adopted by those running the UK during the war; there had been very poor management in industry, and a national approach which was outdated in methods, technology, leadership, and mentality; compared with its rivals, the UK therefore lacked economic competiveness. This argument has been robustly challenged, but it does demonstrate the potentially organic linkages which can exist between war-time decisions and wider societal legacies.

This involves also the acknowledgement that militaries do not so much have an impact on society but, of course, are themselves society too. So the implications of changing patterns of perceived military necessity can be huge. At the start of the 21st century the British Army contained just over 100,000 men and women; at the end of the Second World War its numbers had exceeded three million. At the start of the 21st century the UK Royal Navy contained fewer than 50,000 people in it; at the end of the Second World War, its number had exceeded 850,000. At the start of the 21st century the Royal Air Force comprised just over 50,000 personnel; at the end of the Second World War, as Thompson's *Imperial War Museum Book of Modern Warfare* also points out, it had contained over a million people. The impact of such changes on the economies of certain regions and classes within the UK, and on Britain's self-image as a people, was considerable.

Many kinds of relationship can be affected. It has often and rightly been pointed out how male an experience war-time combat has tended to be (although the exceptionality of this gender bias has sometimes, I think, been exaggerated: the percentage of classical composers in the modern period who have been women, or of professional boxers who have been female, has also been very low, for example). Argument persists about the reasons for the male orientation of the military, biological and cultural and political theses all having claims to be taken seriously, yet each offering probably only part of an ultimately fuller explanation. Yet modern war has in various key ways made dramatic changes to the gendering of opportunities and relationships. Both the First and Second World Wars witnessed occupational shifts for women (though some did not last far into peace). As the *Oxford Illustrated History of Modern War* points out, in 1914 women represented 23 per cent of the British work force in industry and transport, while in 1918 the figure had risen to 34 per cent. In 1914 women comprised 27 per cent of the British work force in trade and finance; four years later the figure was 53 per cent. Women became indispensable workers during the war, their roles were dramatically altered as a result, and in the 1918 Representation of the People Act women over thirty years of age were granted the vote. Likewise, technical and scientific innovation accompanied (and sometimes outlived in its effects) these shifts in gender opportunity, whether relating to military invention, the pioneering of psychiatry, or revolutions in communications technology.

What of war's economic effects? There are usually those who have a good war, including some within industries or businesses whose trade witnesses growth to accompany the spilled blood. But there is evidence (as in the work of Guidolin and La Ferrara) to suggest that some aspects of modern economic markets—especially in the United States—do actually thrive on the onset of violent conflict—though, of course, the impact is complex and far from uniformly, enduringly benign. Frequently, there is striking economic expansion (as with the US economy during the Second World War) and on occasions people can engage in violent conflict with the specific aim of acquiring direct material advantage, often very brutally. Yet there is economic destruction all too often also, for some sections of many war-ravaged societies, and for some economies as a whole. Eric Hobsbawm's judgement that, 'Britain was never the same again after 1918 because the country had ruined its economy by waging a war substantially beyond its resources', retains its detonating power as an assessment of modern war's baneful capacity in this regard.

Disaggregation within each state and each conflict allows for recognition also of sectional, instrumental, group, or individual advantage achieved. Sometimes war can suit the leadership of a country, party, movement, or organization. And achievements in war-time settings can involve military glory and careers as well as political ones. So the issue of war's achievement, when seen through these multi-levelled lenses, can have various layers of instrumental advantage and benefit and outcome too.

Longer legacies include the achievement or creation of some memories of war. This effect should not be taken for granted: it would be naïve to assume that even the most famous modern wars have left the clearest imprint on later generations' consciousness. Again, as Eric Hobsbawm has pointed out,

> no one who has been asked by an intelligent American student whether the phrase 'Second World War' meant that there had been a 'First World War' is unaware that knowledge of even the basic facts of the [20th] century cannot be taken for granted

and this point applies well to the wider subject of modern war too. For so much is *not* remembered about war, and what has not been changed by wars must be recalled as sharply as what has.

But the memory of war often involves an understandable but hyperbolic and misleading effort to remember necessary and decisive achievement, a brave effort to make sense of all the loss, pain, and sacrifice. In Michael Burleigh's words, 'The Great War had created a sense of mass entitlement, a feeling that all the death and suffering had to be for something'. What might this mean in detailed practice? How was the Belgian town of Ypres, for example, remembered in Britain between 1914 and 1940? Well, there was an inter-war remembrance movement called the Ypres League (founded in October 1921) which sought to sustain a permanent connection between the British Empire and the Belgian town, and to suggest that spiritual and purifying benefit might be gained by reflecting on what had been bravely sacrificed and heroically achieved at Ypres, in a perceivedly noble struggle. At Ypres in November 1914 the British Expeditionary Force had fought, and then there were the three great battles of Ypres in 1915, 1917, and 1918. Many thousands of British soldiers died there, amid horrific and appalling mass violence. But sacrifice was seen as creating spiritual benefit, and to commemorate in a certain way could be a spiritually uplifting and ennobling experience in itself. So, indeed, the British commemorating and remembering of Ypres in the post-war era presented it as (in Connelly's words) 'a place where British values of faith, loyalty, courage, and resolution were tested and never found wanting'. However partial or sentimental or reassuring some memories can be, there is an understandable attempt often to find a meaning in the awfulness of war, to understand what has happened in terms of there having been some valuable purpose to it.

Part of what war has achieved, therefore, is its indirect prompting of us to do things afterwards with a view to remembering conflict, some of these things binding people together and offering purpose and spiritual rewards in post-war attempts to make sense of appallingly brutal violence and destruction. Memory here can be invoked in an attempt to sanctify the people who sacrificed themselves in war, in a kind of soothing apotheosis. Taking inspiration from the sacrifice of the dead, there can then be a spiritual dimension bestowed upon the remembrance. Official commemorations—as well as tending to homogenize—tend in this way towards respect for the dead and for those who have sacrificed life or limb as soldiers for their country; and they lean towards presenting the best of national character in such self-sacrificing, martial commitments.

But elegiac and moving memorials can also stress worthlessness and futility. In *A Long Long Way* Sebastian Barry's fictional Willie Dunne was born in 1896: a soldier in the Royal Dublin Fusiliers, he died in the First World War at the age of twenty-one, the son of a Catholic Royal Irish Constabulary (RIC) policeman. The novel partly reflects a latter-day historiographical revolution which has seen Irish Catholic/nationalist participants in the First World War British Army remembered, after many years of politically loaded amnesia. It is a humanizing, moving depiction of the appalling suffering and then the poignant forgetting of a soldier's youthful horror and death; for many in the Great War's British Army were Irish ('It should be called the fucking Irish-British Army'), and the hideous destruction is unsentimentally imagined in Barry's depictions of the dead: 'the gashes where missing arms and legs had been, their breasts torn away, and hundreds and hundreds of floating hands, and legs, and big heavy puddles of guts and offal, all mixed through the loam and sharded vegetation'. Again, the gloriously unsentimental quality of William Orpen's wonderful First World War paintings ('Dead Germans in a Trench' (1918), for example, or 'Zonnebeke' (1918; Figure 10)), is one reason for their enduring strength of impact, even yet. Some of the greatest of artistic depictions of modern war portray unremembered remnants, long separated from love.

And, tragically, we again and again get our popular remembering of war wrong. We say 'First World War' and think of the trenches, but obviously there was so very much more to it than that, and—as Paul Fussell has suggested—that trench image simplifies and to

10. 'Zonnebeke' (1918) by Sir William Orpen

some extent distorts a fuller, more accurate memory of the war. Probably, the futility of the 1914–18 conflict—of which there was far too much—has been presented as more straightforward because of this trench near-obsession. Again, on occasions, we have been led by (and therefore towards) self-reinforcing misremembering, of a supposed heroism which evaporates on close inspection, or of an exaggerated clarity of moral justification. Sadly, the redressing of injustice is hardly the central fulcrum on which the causation of modern war has turned in most cases. As Max Hastings has rightly pointed out, even in the supposedly axiomatic instance of a just modern war, the battle against the Nazis during 1939–45, issues such as the defence of the Jews against Hitler were far less prominent among and contemporaneously motivating for the Allies than they have subsequently become in our post-war, self-comforting false memory.

And assessments of war's achievements do press us towards consideration of the moral. If (as Niall Ferguson forcibly argues) the First World War was not inevitable or if (as Paul Preston sagely hints) the Spanish Civil War is judged in the end to have been unnecessary, then moral questions are unavoidably raised for the historian and for the reader alike. The huge literature on the ethics of war—both the issue of when it might be legitimate to go to war (*jus ad bellum*), and of what it is legitimate to do in war once it has begun (*jus in bello*)—cannot be addressed fully in a chapter of this size. But the issue of morality has haunted our discussions of causation and experience and achievement alike. Some respond to the outrageous and often disproportionate horror of war by adopting pacifism, while others distinguish between (a more active) non-violence and (a more passive) pacifism, and further advocate the greater effectiveness of the former when it is compared with the supposed efficacy of violence itself. Such claims are extraordinarily difficult to assess in practice but—perhaps regrettably—they have failed to become pervasive in rooms occupied by powerful politicians.

Have such politicians been repeatedly immoral in their decision-making about going to war? Professor Sue Mendus has argued thoughtfully that politicians are not necessarily less moral than the rest of us, but that the challenges they face might make aspects of their moral choice-making more difficult. Certainly, a strong case can be made that politicians often face a tension between their own ethical commitments and the demands of an impartial morality required by their position of political responsibility, and that decisions about war fall at the sharper end of that continuum of tension.

Equally certainly, the historian looking at war will often feel humbled rather than inspired by our morally ragged species, which is not to deny the extraordinary heroism of those who have shown courage and idealism in modern war, and those who have endured loss and pain in such conflict. It is merely to acknowledge that—given the failure of justifications for war to match true causal explanation and motivation, and the failure of justification or motivation to be matched neatly by bloodily achieved outcome—we should be more hesitant than we might like, whether as states or as citizens, to engage in this most awful of human activities.

Regarding Just War thinking itself, there have been very many admirable variations on important themes, but Jean Bethke Elshtain's summary of seven key requirements on those engaging in war presents an excellent adumbration:

> (1) that a war be the last resort to be used only after all other means have been exhausted; (2) that a war be clearly an act of redress of rights actually violated or defence against unjust demands backed by the threat of force; (3) that war be openly and legally declared by properly constituted governments; (4) that there be a reasonable prospect for victory; (5) that the means be proportionate to the ends; (6) that a war be waged in such a way as to distinguish between combatants and non-combatants; (7) that the victorious nation not require the utter humiliation of the vanquished.

Moreover, the political context for making decisions about going to war, and the military setting for deciding what to do in it, both tend to be immediate and urgent rather than leisurely or scholarly. There is here what one of the sharpest thinkers on the subject, Michael Walzer, refers to as a 'practical morality'. Walzer himself suggests that war is not justified on the grounds of what states could or might do, but rather on the basis of what they are actually doing; and, more particularly, on the basis of the defence of right. But do states have a right to fight? And is the ensuing war, and the manner of fighting it in grainy practice, proportional to the cause at hand and to what can be achieved through violence? More specifically, is the cost of achieving Goal X worth the suffering of war, if something less than Goal X, but still significant, could be brought about with far less human suffering? Scholars of civil resistance (such as Roberts and Garton Ash, or Chenoweth and Stephan) have produced work which suggests, perhaps, not.

A short book such as this can only set out a case very briefly, observing synoptically that there have repeatedly been severe restrictions on what even dominant military powers and empires can achieve through war (Vietnam); that so many conflicts appear deeply futile in terms of their participants' ostensible ambitions (Iran-Iraq War 1980–8); that frequently and unsurprisingly conflicts conclude with deeply ambiguous achievement (Korea 1950–3—Stalin and Mao had wanted Kim Il-Sung to capture South Korea, and this he did not do; the UN mostly wanted the unification of Korea, and this was not achieved either; but those who wanted to resist and thwart North Korean aggression did succeed rather better); and that—despite high-sounding rhetoric—war does not necessarily result in the triumph of the virtuous or the just, all too frequently leaving instead the vilest men exalted, and the wicked walking on every side (to borrow phraseology from the *King James Bible*, Psalm 12, verse 8).

What can be done here in this short book, in some fruitful detail, is to consider two very different kinds of modern war, separated by almost a century, and to assess something of what they actually achieved (bearing in mind especially, perhaps, the points made above about proportionality).

First, then, what did the belligerent powers in the First World War achieve in practice? What did pouring out all of that Brookean red, sweet wine of youth actually bring about? Some scholars have been forthright in their answer, as with Robson on the First World War: 'None of the warring nations could honestly claim that they had accomplished the aims for which they had gone to war, because none had any avowed aims other than self-defence and victory'.

In addition to huge casualties, Germany had to disarm, pay reparations to its adversaries, see substantial territory within its borders occupied by the Allies, give up all French and Belgian land as well as all eastern European conquests acquired since 1914, and see its army greatly reduced in capacity and size (see Figure 11). Likewise, for Austria-Hungary, the War resulted in the dissolution of the Habsburg Monarchy—in addition to huge losses: even by the end of 1914 itself the Austrians had lost a million and a quarter men. For her part, Turkey lost possessions in defeat as well.

Victory did not bring unalloyed benefits to the Allies, however. France suffered such enormous losses as to constitute national devastation. The Russian regime experienced cataclysmic revolution. True, Britain acquired much new imperial territory and saw German rivalry stalled. But she had not achieved the security of empire which had been sought, and even historians richly aware of the case which can be made for the legitimacy of Britain going to war in 1914 (scholars such as Adrian Gregory), concede that the war involved staggering costs but that 'the compensations were distinctly limited'. In addition to the shocking loss of life and limb, Britain's war legacy (as we have mentioned) included economically destructive effects, with debts, inflation, and unemployment all causing huge and lasting damage.

For the War witnessed a shift in the economic balance of power from Britain and France decisively towards the United States. So, if there was an eventual winner from the 1914–18 conflict, it was a power which had been absent from the conflict at its commencement and therefore immune to charges of having started the conflagration with war aims at its outset. It is probably fair to argue that the First World War made more sense, in terms of the thwarting of German aggression, than years of understandable disillusionment have left most people tending to assume. But it is still very hard to be sure that the benefits of the conflict were significantly benign enough to have justified such a terrible holocaust.

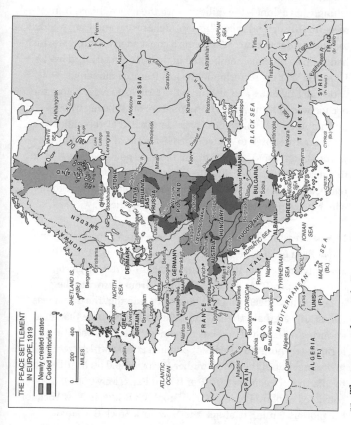

11. The peace settlement in Europe, 1919

A very different, and much lesser, conflict was embarked upon in the early-21st century by the power which had emerged to economic prominence after 1918. Following the terrorist attacks upon it of 11 September 2001 (9/11), the United States declared a War on Terror, a war which combined—as so many modern wars tellingly have done—the military with the non-military. It involved recognizably orthodox conflicts in Afghanistan and Iraq, wedded to much wider notions of struggle against a terrorist threat which had been so hideously embodied in the 9/11 atrocity. Led by the USA, the War on Terror none the less featured numerous, wide-ranging allies and although the term lost favour before the decade was out, the post-9/11 years were ones during which international relations were partly dominated by this endeavour. The War attempted to protect the US and its allies from further terrorist attacks, to capture or kill those responsible for 9/11 and to defeat al-Qaida, to extirpate all terrorist groups of international reach, and to counter the influence and power of those regimes which had supported terrorist opponents of the West.

How successful was this war and—more interestingly—why? There have been no al-Qaida strikes within the USA since 9/11, and only limited numbers of fatal attacks in Western Europe during the post-9/11 decade. That numerous terrorist schemes appear to have been planned does not mean that the threat was necessarily all that extensive, but it does demonstrate that an enduring danger had and has remained. The US authorities could legitimately point to a series of planned attacks which were foiled, including that of the shoe-bomber Richard Reid on board a flight to Miami in December 2001; of Iyman Faris (May 2003), convicted of planning to destroy Brooklyn Bridge in New York; of the plotters aiming to attack the New York Stock Exchange (August 2004); of those convicted of planning to blow up a New York subway station (August 2004); and so forth.

These successes have been complemented by some high-profile strikes against terrorist enemies, most famously the killing of

Modern War

Osama bin Laden himself in May 2011; 'The world is safer. It is a better place because of the death of Osama bin Laden', as President Barack Obama decisively put it. Debate rages over how far al-Qaida has effectively been destroyed, but there is little doubt that the organization as it existed in September 2001 has been constrained and degraded and denied previously available havens and space for organization. In terms of state regimes, the Taliban were driven from power in Afghanistan, and Saddam Hussein's regime was destroyed in Iraq, although violent conflict and a measure of chaos have endured in both countries despite huge US-led efforts to prevent this in subsequent years. The threat of terrorism remains, however, and in fact the levels of global terrorist attack have risen rather than fallen during the post-9/11 period. Numerous scholars (including Berman and Stepanova) have pointed out that post-9/11 figures for terrorist incidence and fatality-generation have been depressingly high, despite the collective international efforts at counter-terrorism in recent years, and that they actually rose during the years of the War on Terror.

There can be no consensually calibrated assessment of whether the War on Terror has worked; its successes have been significant in some regards, but deeply limited in others. The important point is to think about *why* this huge undertaking has been limited and flawed to the extent that it has. I have argued elsewhere (*Terrorism: How to Respond*) that there exists an historically-grounded framework for successful wars against terrorism, comprising seven key and inter-linked elements: learn to live with it; where possible, address underlying root problems and causes; avoid the over-militarization of response; recognize that intelligence is the most vital element in successful counter-terrorism; respect orthodox legal frameworks and adhere to the democratically-established rule of law; coordinate security-related, financial, and technological preventative measures; and maintain strong credibility in counter-terrorist public argument.

The concluding section of this chapter will utilize this framework as a way of assessing why the successes and limitations of the War on Terror's achievements have been as they have. Many arguments have been offered to the effect that states typically fail to learn the lessons even of their own recent counter-terrorist experiences, when addressing contemporary crises; and some scholars have been very vocal indeed in asserting that recent counter-terrorism has proved profoundly unsuccessful in achieving its ostensible goal: 'Counter-terrorism has become self-fulfilling and it is now pivotal in *promoting* terrorism'; 'counter-terrorism has become terrorism's best ally' (Joseba Zulaika).

So, within the framework set out above, how can we evaluate and explain the efficacy or otherwise of the War on Terror?

First, learn to live with it. Most scholars would tend to agree that counter-terrorism works most effectively when it is cast in long-termist rather than short-term mode, and this is a view shared by practitioners with impressive acumen and experience in the field also ('short-termism is a big, big risk'—Judith Gillespie, Police Service of Northern Ireland Deputy Chief Constable, interviewed by the author, Belfast, 15 April 2011). There is no doubting the committed engagement of the US and its allies to fighting a long war, post-9/11. Yet some of what was done does now seem to have been hubristically ambitious. Scholarly recognition that, in Robert Goodin's wording, 'Terrorists will be with us for the foreseeable future' casts a sceptical shadow across statements from President George W. Bush in September 2001 that 'we will rid the world of evildoers' (quoted in Brahimi's excellent study, *Jihad and Just War*) and that 'our war begins with al-Qaida but it does not end there'; rather, it would 'not end until every terrorist group of global reach has been found, stopped and defeated' (as quoted by Jason Burke).

Sir David Omand (UK Intelligence and Security Coordinator under Prime Minister Tony Blair during 2002–5) has sagely recognized that the goal, regarding terrorism, should be that of 'reducing the risk' rather than 'eliminating it' (quoted by Steve Hewitt), and the dangers of promising a victory which cannot be delivered are plain and self-damaging enough. War aims should be achievable.

This involves being realistic about what can be done, and therefore also about what cannot: though it is politically difficult to keep saying it, terrorist attacks will remain a possibility and—on occasions—a reality. But they must be kept within reasonable proportion. States have tended often to endure resiliently in the face of violence which, in sum, is reasonably unthreatening; and terrorist campaigns tend to become less able to shock or compel, the longer that they persist.

So the question arises about proportionality of response to this ongoing yet comparatively manageable threat. The War on Terror was hugely expensive. Figures are hard to establish precisely, but estimates include claims such as those by Jackson *et al* that the War had cost the USA $864 billion by 2008, and by Mueller and Stewart that US spending on domestic security in the decade after 9/11 rose by over $1 trillion. Given the scale of terrorist threat globally (with the 21st-century annual number of terrorist incidents *worldwide* comfortably falling under 2,000 per annum, many of them comparatively minor), it seems hard to avoid the charge of disproportionate reaction during the War on Terror.

Second, where possible, address underlying root problems and causes. In the wake of terrorist atrocity or in the midst of seeming terrorist crisis, it is understandable for states and citizens under attack not to want to focus on the root causes behind the violence, since this can seem to lend legitimacy to those who have generated such carnage. But—emotionally painful though it is to acknowledge this at times—terrorist violence tends to emerge from the roots of serious political problems, and winning a war against it will not be made more likely by ignoring or misdiagnosing its causes. In the wake of 9/11, the War on Terror witnessed much rhetoric devoted to rather casual religious explanations for jihadism, and to shallow clash-of-civilizations arguments, and less attention was given than might have been fruitful to the real dynamics behind what turned out to be largely unpopular terrorism, as far as most Muslims globally were concerned. Accurately explaining why terrorism has emerged does not imply giving its perpetrators what they demand. In fact, a more common pattern has probably been that terrorist campaigns have ended on the basis of political arrangements far *short* of what terrorist activists have sought, but sufficient for most of their supposed constituency to accept (hardly a vindication of terrorism, in truth).

The USA's key ally in the War on Terror, the United Kingdom, developed an integrated strategy regarding prevention and response, and one whose evolution is illuminating here. Work started on the CONTEST (COuNter-TErrorism STrategy) in 2002, it was adopted in 2003, published in 2006, and an updated CONTEST2 was then published in 2009. It involved four complementary, alliteratively designated elements: *Pursue* (stopping terrorist attacks, disrupting terrorist networks, investigating and detecting attacks); *Prevent* (stopping people becoming terrorists or supporting terrorism in the first place); *Protect* (strengthening the UK's protection against terrorist attack and reducing national vulnerability); and *Prepare* (being prepared to lessen the impact of terrorist attacks in those cases in which an incident has not been prevented, and strengthening post-attack recovery).

One of the most intriguing aspects of this explicitly counter-terrorist strategy was its attention to causes and motivations; the June 2011 iteration of *Prevent* had the government declare that 'the main aim of *Prevent* must be to prevent people from becoming terrorists or supporting terrorism' in the first place. But this revised version stepped back from previous government policy somewhat, in separating more clearly the promotion of societal integration from counter-terrorism as such: 'the government will not securitize its integration strategy. This has been a mistake in the past.'

For addressing root causes means identifying what those causes actually are, and what can be done about them. In the UK case, it was arguably not a lack of societal integration which lay at the root of the 21st-century terrorist threat. The fact that over 30 per cent of those convicted for al-Qaida-associated terrorist offences in the United Kingdom during 1999–2009 attended university or a higher education institution, with a further 15 per cent having studied or attained a vocational or further education qualification (*Prevent* 2011), if anything suggests a rather high degree of integration, in fact.

A much more plausible source of rage leading to actual terrorist violence centred on UK and Western foreign policy, and especially the military endeavours in the wars in Afghanistan and Iraq. Our third principle for effective counter-terrorism is to avoid the over-militarization of response. After 9/11 there was an understandable rage on the part of the USA, a desire to demonstrate that the state would commit itself muscularly to protecting its people and their interests, and a reasonable enough conviction that something had to be done about the Afghanistan base from which al-Qaida had prepared for the attacks (Figure 12).

So when President George W. Bush responded to 9/11 with an emphatically military response, it was not without some basis in understandable instinct and reasoned reaction. For one thing, Bush's now often-maligned strategy against terrorism actually strengthened his popularity in regard to re-election as president of the United States. But even in terms of countering terrorism itself there could be seen to be some positive effects of the militarized engagement. The Taliban regime, which controlled most of Afghanistan in 2001 and whose leader (Mullah Omar) decided to

12. Coalition forces in Afghanistan: 'Operation Enduring Freedom'

protect Osama bin Laden rather than hand him over to the USA, had indeed provided al-Qaida with a vital base of operations. The US-led 'Operation Enduring Freedom' (which had more than sixty countries supporting it in international coalition), speedily overthrew Taliban control, with attacks beginning on 7 October, Kabul falling on 13 November, and Kandahar following on 7 December. The war model had yielded results, and promptly, with al-Qaida's safe haven in Afghanistan being substantially closed off.

The thinking behind this war had been clear enough. As the then UK Prime Minister Tony Blair later put it, 'The analysis we had was that Afghanistan had been a failed state; the Taliban had taken over; and as a consequence extremism under their protection was allowed to grow'. Something had had to be done, and emphatically *had* been done, with real damage being inflicted on al-Qaida. There had been Allied counter-terrorist successes in post-9/11 Afghanistan which had saved lives in the UK. And on 23 November 2011 (ten years on from the start of the Afghan venture) the head of the UK armed forces, General Sir David Richards, suggested that 'we will all agree in ten years' time that this was a necessary war and we've come out of it with our heads held high. The British armed forces [will be] held in huge respect around the world for doing the right thing and fighting hard for those freedoms, and it will be seen to have been worth it not just by us but by everybody.' Clearly, this had not been without terrible costs: during that decade 389 UK soldiers had been killed in the Afghan war, and a further 540 seriously injured. But it would be hard to deny that there had been a need to do something to protect against Taliban-based al-Qaida atrocity, or to deny that some serious progress had indeed been made.

The difficulty with the Afghan war was that so much else—so much which was negative—also accompanied these hard-earned gains. Taliban power was removed, but the Taliban regrouped and a lengthy and very bloody conflict then ensued. Within this, predictably, military means gave gifts to jihadist terrorists in the form of collateral damage against Muslim civilians. As reported in *USA Today*, on 28 August 2008, US officials admitted that in 2007 alone US air strikes had killed 321 Afghan civilians, while the initially insensitive approach by the soldiers and their isolation from local people—together with the violence—unquestionably proved counter-productive. Anti-Western insurgents gained strength and momentum, the number of insurgent-initiated attacks increasing around 400 per cent between 2002 and 2006 according to Jones; according to the US military itself, there were around thirty security incidents per week in Afghanistan in 2004, and 300 a week by the summer of 2008. By October 2008 the UK's then most senior military commander in Afghanistan, Brigadier Mark Carleton-Smith, acknowledged that a decisive military victory over the Taliban was not going to happen. Managing the insurgency, rather than defeating it, was the more sensible goal, he suggested.

Complex motivation lay behind these hybrid insurgents, including a desire for revenge for violence by the occupying forces and a zeal to expel them from the country, to overthrow the new Kabul government, and to establish a religiously different (and more stringently Islamic) social order. The theme of Muslim violence to avenge anti-Muslim, Western aggression was strong. As one Taliban military commander put it in February 2006, 'We are not fighting here for Afghanistan, but we are fighting for all Muslims everywhere and also the Mujahideen in Iraq. The infidels attacked Muslim lands and it is a must that every Muslim should support his Muslim brothers' (Mullah Dadullah, quoted by Jones). Implicit here is one of the key difficulties with the wars of the War on Terror: US and UK foreign policy, justified and prompted partly by a desire to undermine jihadist terrorism, could also serve to intensify much of the anger which generated that very terrorism, and indeed could seem to some to vindicate the anti-Western, violent arguments proffered by jihadists.

Despite his continuing conviction that the Afghan policy had been the right one, even Tony Blair came to be clear too about there having been some misjudgement behind this venture:

> I certainly misjudged the depth of the failure of the Afghanistan state; and the ability of the Taliban to immerse themselves into the local communities, particularly in the south, and to call upon reinforcements from across the border in the mountainous highlands that seemed a law unto themselves. Thus immersed, they were able by a continuation of intimidation, organization, and sheer malevolence to reassert control of parts of the territory, or at least to disrupt the work we were doing.

By 2009, much of the priority of Western forces in Afghanistan was the circular one of simple force protection, each day trying centrally to protect themselves. One of the factors which compounded Allied difficulty was the variously distracting and awkward engagement, from 2003, in Iraq, in the other main military arena for the War on Terror. The deceptive ease with which initial military victory had appeared to be achieved in the war in Afghanistan probably enhanced the hubristic mood in Washington, and the prior zeal to do something about Iraq was thus reinforced, especially in a setting in which post-9/11 counter-terrorism could be used as the flag of justification.

In terms of countering terrorism, however, Iraq was of far less significant benefit than Afghanistan, and in this sense it is unfortunate that the two conflicts are so often conflated in public debate. Iraq certainly did make effective work in Afghanistan more difficult, for several reasons. Operation Iraqi Freedom distracted and drew away from Afghanistan both cash and also people who were crucial to a properly expert application of strategy there, including personnel with linguistic and local experience (something confirmed by Michael Scheuer, head of the CIA's bin Laden unit during 1996–9). In November 2011 General David Richards, head of the UK's armed forces, frankly admitted that 'Iraq did take our eye off the Afghanistan ball'.

But the Iraq War was presented by Washington as a front line in the War on Terror (Figure 13). Did this militarized approach work well? Like Afghanistan, Iraq had been a site of long-tangled roots of competing divisions and conflicts, and the preparation for post-war politics by the US and its allies was rather naïve and inadequate. The initial phase of military success was indeed striking, with the war to remove the Saddam Hussein regime being quickly won: 20 March 2003 saw the attack begin; on 9 April Baghdad was secured by the coalition forces. But ensuing collateral damage to Iraqi civilians then exacerbated the difficulties faced, as did the collapse of order and economy in parts of the country after the invasion. Hussein himself was indeed duly captured (14 December 2003) and executed, but since the pretexts for the war had been to dismantle weapons of mass destruction (WMD) which were never found, and to react to Hussein's supposed (but non-existent) role in al-Qaida's atrocity against the USA, the war aims were rather evaporative. It could be said that US control was enhanced in a region of high

13. **Twenty-first century war in Iraq**

economic and military significance; but even here the costs were high, and instability rendered the achievement less than clear.

The United States lost credibility after the WMD embarrassment, and acquired a certain amount of international opprobrium and isolation. Moreover, the long and painful conflict which followed the initial US-led victory in 2003 proved very bruising. Wesley Gray, a US Marine Corps adviser working with the Iraqi army in 2006–7, made clear the difficulties faced by even the world's dominant superpower in combating determined insurgents, reflecting the limitations on what can be achieved in war, even by such great powers: 'Roughly 20 per cent of every American's tax bill goes to the defence budget. And yet a bunch of relatively uneducated sheepherders with twenty bucks can kick our asses all over Iraq'. The horrors of Saddam Hussein's appalling regime should not be forgotten; but neither should the blood spilled in the years from March 2003 onwards. As reflected by Jackson *et al*, by the summer of 2010 some estimates suggested a post-invasion civilian death toll alone in Iraq of around 100,000 people; by the same year over 6,000 coalition troops and private contractors had been killed.

Moreover, as part of the explicit War on *Terror*, it is hard to see the Iraq venture as having achieved enough to justify its costs at all. Scholarly opinion seems repeatedly to affirm such a view. Wilkinson:

> Whatever the rights and wrongs of the invasion of Iraq it could hardly be claimed as a major victory against al-Qaida—on the contrary; it provided a gratuitous propaganda gift to bin Laden, who could portray the invasion as an act of Western imperialism against the Muslim world. More recruits could be mobilized for al-Qaida's 'holy war', and more donations could be obtained from al-Qaida's wealthy backers.

Crenshaw: 'The occupation of Iraq inspired further terrorism from al-Qaida and its allies and affiliates'; Richardson: the Iraq War 'has radicalized a whole generation of young jihadists who have been led to believe that the US is establishing a base in the Middle East with which to exploit the resources and dominate the politics of the region'. Moreover, this development (that invading Iraq would stimulate and—for some—further justify jihadism), was a likelihood sharply anticipated in advance by US and UK intelligence services, and recognized clearly by them after the event.

Counter-terrorist practitioners tend to resonate here with academic observers. Michael Scheuer, who had been head of the CIA's Osama bin Laden unit between 1996 and 1999, has argued that post-9/11 US foreign policy 'generates Islamist insurgents faster than they can be killed'; Sir David Omand, the UK's very able Intelligence and Security Coordinator at the time of the invasion, has been equally frank: 'The intervention in Iraq was further stoking up passions and attracting further supporters for the al-Qaida world view'; the Director-General of the UK Security Service (MI5) during 2002–7, Eliza Manningham-Buller, was clear that the Iraq War had helped to radicalize many British Muslims and that it had worsened the threat of terrorist attack in the UK itself—she told the UK Iraq War Inquiry on 20 July 2010 that the security services had become 'overwhelmed' by the increased threat posed by home-grown terrorists, who thought that the West had an anti-Muslim policy; asked how much the UK's involvement in the Iraq War had led to an increased terrorist threat in the United Kingdom, Manningham-Buller replied: 'substantially'.

For, after the Iraq War had commenced, it was indeed easier for al-Qaida and their allies to claim that their own jihadist violence was legitimately defensive and reactive to Western brutality against and wrongs against Muslims. So levels of fatal jihadist terrorist violence by Islamic groups rose dramatically after the invasion; the threat to the West was deepened and, of course, terrorist-style violence within Iraq itself grew extraordinarily: as Peter Bergen has pointed out, 'more suicide attacks were conducted in Iraq between 2003 and 2007 than had taken place in every other country of the world combined since 1981'.

The point of this discussion has not been to present the Afghan and Iraq Wars as identical in justification or nature, nor to suggest that they were without serious rationale or substantial achievement. Rather, the point is to establish that, in terms of their declared part as wars within a War on Terror, their counter-productive dynamics partly help to explain why that latter war was marred by so many frustrations. For the Afghanistan and Iraq wars of the early 21st century do fit a pattern well established by the scholarly literature on counter-terrorism, regarding the fact that military methods are not especially effective in dealing with terrorism itself, certainly not when deployed as the main means of response. In this sense, the heavily militarized emphasis of the post-9/11 US-led War on Terror was almost certainly ill-judged. Too many gifts were simply given to terrorists, not least in terms of generating hostile public opinion; there is much evidence for this in relation to attitudes towards the USA in a range of Muslim countries in the wake of large-scale US engagement in Iraq and Afghanistan.

Even some who had famously decided to use military muscle in the fight against terrorism have at times acknowledged its unanticipated costs. Regarding his post-9/11 policies, Tony Blair referred to his choice to confront terrorism 'militarily. I still believe that was the right choice, but the costs, implications, and consequences were far greater than any of us, and certainly me, could have grasped on that day'. And it is arguable that a police-based response might, broadly, be much more appropriate to our actual terrorist threat. Terrorism should, I suspect, generally lie within the realm of professional police and intelligence agencies, a point backed up by Michael Sheehan (former New York City Deputy Commissioner for Counter-Terrorism, quoted by Mueller and Stewart): 'The most important work in protecting our country since 9/11 has been accomplished with the capacity that was in place when the event happened, not with any of the new capability bought since 9/11.'

This leads us to our fourth point regarding the War on Terror, as read through the lenses of our seven-point framework: recognize that intelligence is the most vital element in successful counter-terrorism. Again, practitioner and academic arguments tend to coincide here, and the importance of gathering and (with acumen) interpreting high-grade intelligence provides a necessary basis for knowing who one's terrorist opponents are, what they actually want, where their strengths and weaknesses and divisions lie, what they are planning to do and when and where, why they are doing what they do, and why they might stop. As David Omand has sagely put it,

> Good pre-emptive intelligence can reassure the community by removing the extremists and by disrupting potential attacks without having to fall back on the sort of blunt discriminatory measures that alienate moderate support within the community on which effective policing and counter-terrorism depends.

Yet, staggeringly, US intelligence operations were deeply and damagingly flawed in Iraq (both initially after the 2003 invasion, and also beforehand), and in Afghanistan (again, in the immediate wake of 2001, and also before the invasion), and also beyond these wars in the broader post-9/11 War on Terror. After the Soviet Union had left Afghanistan, there occurred little US intelligence gathering there for a decade; had there been more such work, it is possible that 9/11 would not have occurred.

Fifth, effective counter-terrorist policies should respect orthodox legal frameworks and adhere to the democratically-established rule of law. In the aftermath of such an egregious atrocity as 9/11, there is an entirely understandable urge to dispense with the normal restraints which govern democratic states and their deployment of legal protections and protocols. Yet history suggests that adherence to one's restraining rules and legal frameworks probably serves one better in countering non-state terrorism. For one thing, many terrorists have emerged, radicalized and enraged, from states which deny political and civil and human rights liberties. In her careful evaluation of counter-terrorism, Laura Donohue has concluded that the best policy for states in responding legally to terrorist challenges is to adopt 'a culture of restraint', to pass measures under extraordinary procedures 'only in the rarest of circumstances', to ensure proper mechanisms of accountability, and to resist the expansion of executive power into the judicial realm. Overall, there is much evidence to suggest that transgression against democratically established legal rules and practices is both morally dubious and also practically counter-productive.

Much that has occurred in the US-led War on Terror has indeed reflected an attachment to proper legal process. Criticisms could be levelled at the USA PATRIOT Act introduced at the end of October 2001 (the Uniting and Strengthening America by Providing Appropriate Tools Required to Intercept and Obstruct Terrorism Act), which did indeed extend state power considerably. Increased surveillance was now facilitated, in the realm of intercepting emails, investigating people's bank accounts, monitoring their telephone calls, and allowing for the deportation of immigrants accused of raising money for terrorist groups. But the scale of the 9/11 atrocity was such that it seems to me that establishing a legal framework for greater surveillance was not, in itself, necessarily misjudged; and it should be recognized that the extension of such powers does on occasions save lives in the battle against terrorist violence.

But some of the developments in the War on Terror clearly moved well beyond this, and probably with results more negative than positive in the longer term. As Bergen and others have shown, coercive interrogation methods blurred into torture on occasion, and the transgression of key human rights and proper legal practices was also evident in cases of arbitrary detention, extra-judicial killing, the maintenance of secret prisons, and the repeated mistreatment of detainees.

The problem lies not merely with the contemporary damage done to the battle against terrorism, though that can be serious enough in a contest in which public opinion is a vital resource. Allegations of torture, or of complicity in torture, can damage the credibility of the liberal democratic state as it opposes illiberal terrorist adversaries. This was the case with claims publicly made regarding al-Qaida suspects arrested during 2003–7 and allegedly tortured by Pakistan's Inter-Services Intelligence (ISI), before then being questioned by a UK Security Service allegedly aware of and therefore supposedly complicit in this prior torture (*Guardian*, 4 February 2009). While the UK authorities emphatically deny that they have in fact condoned torture, allegations of collusion in the practice have been persistent and damaging, as have similar allegations made against the CIA (*Daily Telegraph*, 4 April 2009; *Observer*, 22 February 2009; *New York Times*, 24 March 2009).

But the most lasting damage will probably only become clear in later generations. I suspect that, in fifty years' time, most of the acts of appalling aggression by non-state terrorists against Western states during the first years of the 21st century will have been forgotten, and will not be greatly discussed, but that the much less nasty events at Guantánamo Bay and Abu Ghraib Prison during the War on Terror will be remembered, repeatedly discussed, re-broadcast in detail, and used as a way of undermining the record of the liberal democratic state which oversaw them.

Guantánamo Bay detention centre was established as an effective internment camp (at a US military facility in Cuba) shortly after 9/11, to house people who were suspected of involvement with al-Qaida. Near the USA, but beyond the reach of orthodox US laws such as the right to appeal one's imprisonment, Guantánamo allowed for detention and interrogation with suspects being held indefinitely without trial and without Geneva Conventions protection. Some of those held at the centre were innocent (though it should be stressed that some were certainly not). But, in any case, the very public and publicized process of a Western power holding Muslim detainees in humiliating circumstances, without the rules of legal protection on which the USA so rightly prided itself, was extremely harmful to the US cause in its War against Terror, especially given the strong evidence emerging of repeated beatings of those being detained (*Observer*, 22 February 2009). A BBC opinion poll in 2007 found that, of over 26,000 people across twenty-five countries, seven out of ten disapproved of the way in which detainees at Guantánamo were being treated (quoted in Peter Bergen's very valuable *Longest War*).

The view that Guantánamo has been counter-productive has been agreed now by a wide range of leading authorities. When the Abu Ghraib story emerged in 2004, a similar pattern seemed likely. Formerly a jail used brutally and murderously by Saddam Hussein's regime, Abu Ghraib Prison on the western outskirts of Baghdad was reopened in August 2003 by the USA as a holding centre both for people from the former Iraqi regime and also for common criminals. By the end of 2003, it held around 7,000 inmates. The US administration initially denied any mistreatment of people held there, but in April 2004 pictures of the abuse of prisoners by US military personnel became public. Methods included hooding, sleep deprivation, the use of stress positions, intimidation using dogs, sexual humiliation, kicking and punching and beating, stripping prisoners naked, using low-voltage electric shocks, and chaining people to walls.

The reality is that sections of the Iraq prison regime under the United States dispensation had degenerated into a chaotic situation, with little oversight of what was happening and inadequate guidelines for what should and should not be done. The events at Abu Ghraib were sadistic and nasty and gained little for the authorities, while they did do lasting damage to America's reputation in the War on Terror and beyond, and will probably continue to do so long after most people have become unable to name even a single victim of post-9/11 al-Qaida terrorism. For Abu Ghraib seemed very publicly to show a profound US disrespect for Muslims and Arabs. And, given that humiliation at the hands of the West was one of the key reasons for anti-Western terrorism in the first place, and that the Iraq War had been presented as a means of limiting such terrorism, this episode represented an egregious blunder.

The sixth key principle to which we should adhere if we are to succeed in fighting a war on non-state terrorism is to coordinate security-related, financial, and technological preventative measures. Necessarily, counter-terrorism will involve difficult coordination issues within as well as between states, and there has been much improvement since 9/11 in this regard. The PATRIOT Act facilitated a better transfer of information in the USA between the FBI and the CIA; after the 7 July 2005 attacks in London, there emerged a more fully coordinated approach within the UK too; despite some well-publicized problems, US–European intelligence co-operation has made some progress in the post-9/11 years. Again, in the post-9/11 decade the European Union as such became much more energetic in the counter-terrorist field, and some significant intra-Union cooperation and coordination have occurred. But, as Javier Argomaniz has carefully shown, terrorism has continued to be seen very often through national rather than cross-national lenses within the EU, and many problems of consistency have remained across the Union; predictably, different states' goals have at times conflicted with one another, and trust has not always been ascendant. There persists a tension between the national and the EU supranational levels of action regarding terrorism, and this tension is likely to continue into the short- and medium-term future.

Of course, problems of coordination in the War on Terror are no more likely to be finally resolved than are coordination issues in other complex areas of human endeavour, and it is important to be realistic about what can be done. None the less, the EU example does remind us that some key problems have persisted. Inter-state cooperation was deeply damaged after 9/11 by some of the actions taken by the US and its allies. Moreover, although great progress has been made in some coordinating efforts within the US itself, there remain major questions about how well-conceived some of this has been. At the very least, the coordination of the vast increase in spending on Homeland Security since 9/11 seems only questionably to have produced sufficiently effective results—Mueller and Stewart: 'by any reasonable cost-benefit standard, a great deal of money seems to have been misspent and would have been far more productive—saved far more lives—if it had been expended in other ways'; 'Most enhanced homeland security expenditures since 9/11 fail a cost-benefit assessment, it seems, some spectacularly so, and it certainly appears that many billions of dollars have been misspent'. Here, as so often in counter-terrorism, the judgement is that the avoidance of over-reaction would be the most sage approach to adopt: 'avoiding over-reaction, which requires no expenditure whatever, is by far the most cost-effective counter-terrorism measure imaginable'.

Finally, how has the War on Terror fared in relation to the challenge to maintain strong credibility in counter-terrorist public argument? Both among the constituency from which your terrorist opponents putatively draw support, and among one's own more natural constituents, credibility and associated legitimacy represent truly vital resources. In the face of terrorist threats there is often a pressure to exaggerate and to misrepresent, to offer specious justifications for responses, and to lose credibility as a consequence; there has certainly been evidence of this in the record of the War on Terror. Asking why the perpetrators attacked the United States on 9/11, then

President George W. Bush answered in this fashion: 'Why do they hate us? . . . They hate our freedoms—our freedom of religion, our freedom of speech, our freedom to vote and assemble and disagree with one another' (as quoted in Bergen). In reality, a more serious mixture of hostility towards US and other Western policy in the Muslim world, particular anger against perceivedly apostate Islamic regimes, a desire to avenge prior humiliation at the hands of the West, a desire for an Islamic renaissance, and fulfilment of a set of individualized rewards more credibly explained the atrocity.

As set out in 2001 and beyond, the War on Terror itself lacked credibility in other ways too. Defeating every terrorist organization possessing global reach was almost certainly an unattainable objective, with even President Bush himself seeming eventually to acknowledge that the War on Terror could not be won.

Even the phrase itself came to be seen as unhelpful. During 2006 UK officials quietly stopped using it, and in January 2009 UK Foreign Secretary David Miliband went as far as to suggest that the term 'War on Terror' had given a misleading 'impression of a unified, transnational enemy, embodied in the figure of Osama bin Laden and al-Qaida', whereas the terrorist reality was disparate: 'The more we lump terrorist groups together and draw the battle lines as a simple binary struggle between moderates and extremists, or good and evil, the more we play into the hands of those seeking to unify groups with little in common.' The phrase 'War on Terror' also unhelpfully 'implied that the correct response was primarily military', Miliband argued. This article was published just before the Bush administration was replaced by Barack Obama's in Washington, DC, the subsequent Obama regime itself downplaying War on Terror rhetoric in practice, and effectively dropping the phrase.

Perhaps the most damaging aspect of the War on Terror in relation to Western credibility involved the war in Iraq. More specifically, the manner of justifying this supposedly integral front in the War on Terror did lasting damage to US credibility. For none of the three main foundations for justifying the war seemed genuinely persuasive.

First, it was claimed that Hussein posed a grave threat because of his Weapons of Mass Destruction, but the US intelligence community had in fact overestimated Iraq's WMD programme in 2002, and the UK's intelligence reporting was also seriously flawed. Saddam in fact posed less of a threat to the wider world than pre-war rhetoric from Bush and Blair had suggested; the information and sources upon which US estimates about Iraqi WMD had been based were, in reality, lamentably unreliable—as the Secretary of State at the time of the invasion, Colin Powell, angrily acknowledged after the fact. But Colin Powell himself had claimed in advance of the war that Iraq definitely possessed chemical and biological WMD and that Saddam was prepared to use them. This turned out to be false, very embarrassingly so when the much-anticipated WMD were not found in Iraq after the war. (A stronger argument seemed to me to be that Hussein was deeply hostile to the West, that he *wanted* to develop his WMD capacity, and that it would be wiser to destroy his regime before he possessed such weapons capacity; but that approach would have had much less effect on the public in terms of persuading them of the necessity of a pre-emptive, defensive, Hobbesian attack on Iraq.)

The second, related justification for the Iraqi adventure was that Hussein was linked to and in league with al-Qaida and other terrorist groups and that his supposed WMD threat was therefore even more alarming. As US Deputy Secretary Paul Wolfowitz put it in May 2002, 'we can't wait until there's a 9/11 with a nuclear weapon or a biological or chemical weapon to then go and find the perpetrator' (quoted in Stuart Croft's reflective book, *Culture, Crisis, and America's War on Terror*). The Bush administration presented Saddam's regime as being directly connected to and allied with al-Qaida, and managed to persuade large numbers (for a time, the majority) of Americans that his Iraqi regime had supported al-Qaida and had, indeed, been directly involved in the 9/11 attacks, something which was not in fact true. George W. Bush (2004): 'The reason I keep insisting that there was a relationship between Iraq and Saddam and al-Qaida, is because there was a relationship between Iraq and al-Qaida' (again, as quoted in Croft).

Eventually, the Bush administration conceded that there was indeed no evidence linking Hussein and Iraq to 9/11, and that Saddam and al-Qaida had not in fact been in league with one another. Indeed, Osama bin Laden had actually long been hostile—and had long been *known* to be hostile—to Saddam Hussein.

The third argument, that Saddam's was a brutal regime and that, as a tyrant, he had to be deposed and his people liberated from his grasp, stumbled up against the fact that the US did not depose all brutal tyrants and that it had, indeed, been on good terms with Hussein himself when it had seemed politic to be so.

None of this is to say that there were no benefits from the Iraq War, nor that there were no strong arguments for it. It *is* to say that the terms in which the case for the Iraq war were made, as an integral and necessary part of the War on Terror, lacked credibility in such a way as to damage—lastingly—the US and its allies' arguments in subsequent years. Credibility was lost as a consequence, and it will probably prove hard to reclaim.

This chapter has here attempted not to calibrate the success of the War on Terror in metrics-based, mechanical terms but rather to assess—against an historically informed framework regarding counter-terrorism—why some of its failings emerged as they did. There have been huge successes in the post-9/11 battle against terrorism. But in transgressing the above seven principles for effective counter-terrorism, the US and its anti-terror warrior allies did much to undermine the effectiveness of their important war. And this reinforces the broader point hinted at in this chapter: that the complex political, economic, social, and other changes achieved in war are not only bought at a destructively appalling price, but have all too often in recent history been purchased in clumsily (and avoidably) counter-productive manner.

Conclusion: war, terrorism, and future research

Concluding the writing of a book on modern war can leave one feeling something of the helpless, quasi-nihilistic poignancy so brilliantly evoked in Graham Greene's depiction of post-Second World War Vienna in *The Third Man*. The eyes feel 'flat and tired'; the mood is one of 'sad patience'; there is disenchantment with things and people previously holding us in thrall; in the end it seems 'an ugly story', 'grim and sad'; 'Poor all of us, when you come to think of it'.

But, despite the depressing historical reality of modern war and the near-certainty of its continuation in terrible fashion into the future, a more positive attitude to strike is that of asking how best we might frame future research into this vital subject. In this brief Conclusion, I want to set out what seem to me three important difficulties with researching the topic at present, and to hint at practical ways of addressing them in our future research agenda.

The first problem is the unhelpful fragmentation of the research field on modern war. It is hugely beneficial to us that so much research has been pioneered on the topic, with such increasingly professional expertise and acumen. But it is now so divided a field as to make synoptic readings and understandings of the phenomenon incredibly difficult. There is fragmentation between case study specialists and wide-angled generalizers; between students of different periods, or of different regions of the world;

between divergent academic disciplines; within academic disciplines, between competing sub-disciplinary fields of specialism (within international relations, for instance, between the empirically oriented and the theoretically inclined); and between those seeking purely an academic audience and those aiming at public scholarship.

The problem is reflected in this current book, whether through the range of disciplines on which it has had simultaneously to draw (history, political science, international relations, sociology, philosophy, anthropology, economics, theology, psychology, literary studies, law), or through the fact that so many areas of the world have effectively lain silent in its pages. Clearly, a short book has to have omissions; equally obviously, there might be judged some merit in even a short book such as this at least attempting to step out of one academic trench and to draw widely on different scholarly traditions as I have done.

But more must be done about this fragmentation, to try to bring together for us all what has become an unhelpfully fractured, divided area of study. For the fragmentation is compounded because, as argued here in this book, modern war cannot be understood except as something which is integrated into other major phenomena—nationalism, the state, empire, religion, economics, terrorism—with each of these related subjects then possessing its own specialist literature, all of which are themselves vast and professionally consuming.

So what is to be done? I think humility on the part of the various academic disciplines involved, and a consequent methodological pluralism of approach by us all, is probably a necessary starting place. Historians must acknowledge (on the basis of extensive reading) the conceptual sharpness, the hypothesis-driven argumentative power, the systematically comparative analysis, and the statistically precise methodological ambition characteristic of so many high-grade political scientists. The latter

113

must celebrate (again, on the basis of deep immersion in the relevant literature) historians' important emphasis on the contingent, the contextually complex, the individually determined, and the unique. Historians and political scientists alike must recognize that explanations of religion will be attenuated unless they take into account the deep learning and specific acumen of theologians. Philosophers and historians should engage in more sustained, organic dialogue (and more methodological sharing) with one another than currently occurs, when they address common research problems regarding warfare. And so on around the customarily rather fissiparous academy.

This will have implications for how much scholars and others read, for the nature of the bibliographies which they develop and in which they immerse themselves, for the methodological manner in which they train the next generation of scholars, and for the organization of university centres and departments (and their seminar and lecture series, and conferences, and journals). Polarization will continue, and unhelpfully so, unless such deliberate efforts are made. Currently, many bibliographies in the field remain depressingly innocent of the kind of insights established on other parts of the university campus than their authors' own.

And progress can simultaneously be made at an individual level also. The repeated fragmentation between micro-level specialists and macro-level argumentation about violence can be challenged, if scholars are prepared bravely to test wide-angled arguments about war against truly detailed, first-hand knowledge of particular historical conflicts. This remains more rare than it should be, but the work of Wilson and Weinstein (referred to in chapter three) presents first-rate examples of just what can be done when one combines deep primary-source immersion with general hypotheses (in these cases, in relation to the question of why violence is worse and nastier in some conflict settings than in other, apparently analogous ones). In terms of future research trends, it seems to me that we probably need fewer future studies of, say, the First or Second World Wars as such, than attempts to assess how far the specific causes of (for example) the start of one of those conflicts might inform (or challenge, or refine, or demolish) a general argument about the reasons for major wars commencing more broadly. In a related field, my own previous attempt to explain Irish nationalist particularity against an argument about the dynamics of nationalism as such (in my book, *Irish Freedom*) represents one effort to avoid lapsing either into sheer particularism or into de-contextualized, unhistorical generalization.

A second problem, and a related research opportunity and imperative, lies in the disjunction identified on numerous occasions in this book between what people claim or remember about war, and the actual historical reality. Reasons given for going to war (Britain in 1914) very often at best partially overlap with true motivation; reasons for people fighting in the wars once these have begun, are often ennobled misleadingly in the wake of conflict (as with the 1939–45 Allies supposedly having fought because they were committed to protecting Jews from Hitler); our notion that revolutionary violence has been necessary or decisive in providing liberation from oppression frequently involves crass simplification (as in the case of the end of the British Empire); claims from apologists of empire (the British case will suffice again) that militarily-backed hegemony will bring deep benefits to the colonized, again often evaporate on painful inspection; even the patterns of very famous wars can be misrepresented in persistent fashion (as with the trench lenses through which we still tend too often to read the First World War).

Humility in face of these repeated disjunctions again offers rich rewards for future research, less into the mismatch between perception and reality than in terms of explaining why the disjunction *is* so repeated, and why we *do* find it so hard to be honest about war, about why it occurs, about why we fight in it,

115

about what the experience is like in truth, and about what wars do or do not achieve.

One aspect of the emerging research here might, perhaps, involve a reinforcing of the need for long and honest historical memories as we anticipate *future* war (something of importance if scholarship is to have any practical value). How many first-rate historians of Afghanistan or of Iraq thought that what was set out by Washington in, respectively, 2001 and 2003 as the likely trajectory in those two wars and post-war settings was genuinely likely to come to fruition? How many? Another, related dimension might turn out to be that the contingency and complexity of soldiers' motivations and of war-time experience make teleological readings of future (and past) war deeply suspect.

Third, I think that research into modern war should be more honest not merely about the fact that non-state terrorism represents a sub-species of war, but more significantly that so much of what is done in orthodox warfare itself is inherently terroristic. Many will prefer to continue to separate war from terrorism, and there are many reasons for this (some of them good). But the use of terrorizing violence for political ends has again and again emerged as part of what happens in modern war, and—as Fellman and others have argued—there are strong reasons for recognizing that the word 'terrorism' is too narrowly deployed if used only to refer to non-state groups and non-war contexts.

Centrally, there is the matter of historical, analytical honesty. It is simply not true to suggest that state practices in war do not frequently involve the conscious use of terrorizing violence, violence known to possess terrorizing effect, and violence which is simultaneously directed at expressly political ends. There are very many cases throughout the modern era of precisely this phenomenon, of states self-consciously using terrorizing violence for political ends during war, and of those involved in prosecuting war on behalf of a state seeing it explicitly as just such a process—one which involves the use of terrorizing violence for political ends (a process evident in many of the fine books alluded to in these pages, including those by Kershaw, Ball, Burleigh, and Strachan and Scheipers). So it is not merely that states self-consciously use terror against rebels and protesters (though they do), nor just that states have allied with non-state terrorists when it has suited their political interests to do so. It is also that what actually happens when states wage war is itself so often terroristic, and that states use such violence self-consciously, for political ends, in and as an integral part of what we rightly call war. Much of what happens in war is violence which deserves the title of terrorism, from Hiroshima and Nagasaki in 1945 to the 'Shock and Awe' attack on Iraq in 2003 by the USA and its allies, to much of the material which has been discussed in this short book.

Honest acknowledgement of this point in our future framing of research might also yield practical benefits, perhaps. For there can be a danger that segregating the terms 'terrorism' or 'terrorist violence' away from state engagement in war, helps us to close our eyes to the awfulness of so much warfare, especially that waged by our own state. As such, it immunizes us from full reflection on the nature of what we do (or of what is done in our name), and it probably makes that violence more likely as a result. It might be that some of that violence is indeed necessary and legitimate: if so, let us acknowledge what the violence actually involves, let us deny non-state terrorist adversaries the argument that we are myopically hypocritical, and let us be sufficiently honest about the terroristic nature of what we will do to make ourselves absolutely sure that such violence really is as essential and beneficial as we (or our political representatives) claim it to be.

A particular version of this point concerns civilian targets, often seen as definitive of terrorism but as being less so of war. In reality, as reflected in this book, states have targeted civilians repeatedly in orthodox war. There could even be a danger (as Zehfuss has hinted) that the elaborate pretence that 'war' does not target civilians deliberately and intentionally—that civilians have a supposed non-combatant immunity in warfare—might actually allow for war to seem more acceptable and legitimate and justified; that war is thus misrepresented and sanitized as a space within which civilians are not intentionally targeted; and that more people might suffer as a result.

One can still denounce (in my view, more legitimately and authoritatively and credibly denounce) terrorist violence by non-state groups which target civilians if one is honest about what one's own state has done; indeed, if such honesty led to greater restraint in state violence against civilians, then both the generation of and the justification for terrorism would arguably be weakened very considerably. It is the mixture of state callousness towards civilian victims, and hypocrisy about not admitting what is actually being done by states in so much of war, which actually lends terrorist groups the little credibility which they sometimes do possess.

Even leaving aside the deliberate targeting of civilians (and I myself do not think that terrorism necessarily involves this practice), being honest in our future research about the fact that so much modern war has been and remains terroristic in nature would encourage us to be even more hesitant about endorsing or engaging in war. This might perhaps make us more effective in responding to non-state terrorism too. It might be uncomfortable to admit that much that was done in Afghanistan and Iraq as part of the War on Terror did itself involve terrorizing violence practised by the US and the UK. But it is no less true for that. And, in terms of countering non-state terrorism, it is probable that avoiding the Iraq War would have helped the Allies' progress in Afghanistan, both in practical terms of logistics and expertise, and also in terms of retaining credibility in fighting terrorism internationally.

Should we, then, redefine our definition of war, to incorporate 'terrorism' explicitly as part of it? I don't think that this is necessary, since the point is not that all war is terroristic, but rather that terrorism frequently forms an inherent part of war. Rethinking our understanding of war—making clear in our conceptual and analytical approach to future research that terrorism so often constitutes part of what is done during warfare—would help us to understand more fully, to remember more accurately, and to behave more cautiously in relation to the future of the phenomenon of Modern War.

References

Where work has been quoted from or referred to directly, it will be
listed for the chapter in which such quotation or reference first
occurs. Items marked with an asterisk are those which might prove
particularly valuable in further reading on modern war.

Introduction

C. von Clausewitz, *On War* (Harmondsworth: Penguin, 1968; 1st edn
1832).*

R. English, *Armed Struggle: The History of the IRA* (London: Pan,
2012; 1st edn 2003).

—— *Irish Freedom: The History of Nationalism in Ireland* (London:
Pan, 2007; 1st edn 2006).

—— *Terrorism: How to Respond* (Oxford: OUP, 2009).

M. Howard, *Captain Professor: A Life in War and Peace* (London:
Continuum, 2006).

V. Jabri, *War and the Transformation of Global Politics* (Basingstoke:
Palgrave Macmillan, 2007).

Chapter 1: Definition

J. Black, *War: An Illustrated History* (Stroud: Sutton, 2003).*

P. Hirst, *War and Power in the 21st Century* (Cambridge: Polity Press,
2001).

M. Howard, *Clausewitz: A Very Short Introduction* (Oxford: OUP,
2002; 1st edn 1983).

M. Kaldor, *New and Old Wars: Organized Violence in a Global Era* (Cambridge: Polity Press, 2001; 1st edn 1999).

S. Malesevic, *The Sociology of War and Violence* (Cambridge: Cambridge University Press, 2010).*

H. Sidebottom, *Ancient Warfare: A Very Short Introduction* (Oxford: OUP, 2004).

H. Strachan and S. Scheipers (eds), *The Changing Character of War* (Oxford: OUP, 2011).*

M. van Creveld, 'Technology and War I: to 1945' and 'Technology and War II: Postmodern War?' in C. Townshend (ed.), *The Oxford Illustrated History of Modern War* (Oxford: OUP, 1997).

H. G. Wells, *Mr Britling Sees It Through* (London: Odhams Press, n.d. [1916]).

Chapter 2: Causation

H. Arendt, *The Origins of Totalitarianism* (New York: Schocken Books, 2004; 1st edn 1951).

S. Ball, *The Bitter Sea* (London: Harper Press, 2010; 1st edn 2009).

G. Blainey, *The Causes of War* (New York: Free Press, 1988; 1st edn 1973).

R. Dawkins, *The God Delusion* (London: Transworld, 2007; 1st edn 2006).

R. English and C. Townshend (eds), *The State: Historical and Political Dimensions* (London: Routledge, 1999).

J. Goodwin, *No Other Way Out: States and Revolutionary Movements, 1945–1991* (Cambridge: Cambridge University Press, 2001).

A. Gregory, *The Last Great War: British Society and the First World War* (Cambridge: Cambridge University Press, 2008).

D. Kahneman, *Thinking, Fast and Slow* (London: Penguin, 2011).

S. N. Kalyvas, *The Logic of Violence in Civil War* (Cambridge: Cambridge University Press, 2006).*

I. Kershaw, *The End: Hitler's Germany, 1944–45* (London: Penguin, 2011).

M. Kurlansky, *Non-Violence: The History of a Dangerous Idea* (London: Jonathan Cape, 2006).

D. D. Laitin, *Nations, States, and Violence* (Oxford: OUP, 2007).*

D. A. Lake, *Hierarchy in International Relations* (Ithaca: Cornell University Press, 2009).

B. L. Montgomery, *The Memoirs of Field-Marshal The Viscount Montgomery of Alamein* (London: Companion Book Club, 1958).

A. Offer, 'Costs and Benefits, Prosperity, and Security, 1870–1914' in
  A. Porter (ed.), *The Nineteenth Century (The Oxford History of the
  British Empire: vol. iii)* (Oxford: OUP, 1999).

F. Partridge, *A Pacifist's War* (London: Robin Clark, 1983; 1st edn 1978).

S. Pinker, *The Better Angels of Our Nature: The Decline of Violence in
  History and Its Causes* (London: Penguin, 2011).*

P. Preston, *The Spanish Holocaust: Inquisition and Extermination in
  Twentieth-Century Spain* (London: HarperPress, 2012).

P. Roth, *Nemesis* (London: Jonathan Cape, 2010).

A. Sen, *The Idea of Justice* (London: Penguin, 2009).

P. Shirlow, J. Tonge, J. McAuley, and C. McGlynn, *Abandoning
  Historical Conflict? Former Political Prisoners and Reconciliation in
  Northern Ireland* (Manchester: Manchester University Press, 2010).

L. Tolstoy, *War and Peace* (Harmondsworth: Penguin, 1957, two
  volumes; 1st edn 1865/1869).

T. Tovy, 'Peasants and Revolutionary Movements: The Viet Cong as a
  Case Study', *War in History*, 17/2 (2010): 217–30.

W. Walker, *A Perpetual Menace: Nuclear Weapons and International
  Order* (London: Routledge, 2012).

B. F. Walter, *Reputation and Civil War: Why Separatist Conflicts Are
  So Violent* (Cambridge: Cambridge University Press, 2009).

J. M. Weinstein, *Inside Rebellion: The Politics of Insurgent Violence*
  (Cambridge: Cambridge University Press, 2007).

A. Wolfe, *Political Evil: What It Is and How To Combat It* (New York:
  Alfred A. Knopf, 2011).

For Aiken quotation, see Frank Aiken to all Volunteers on Hunger
Strike, 5 November 1923, Ernie O'Malley Papers, Archives
Department, University College Dublin, P17a/43. For Wall's
comments, see *Times* 5 July 2012.

Chapter 3: Lived experience

P. Beaumont, *The Secret Life of War: Journeys Through Modern
  Conflict* (London: Harvill Secker, 2009).

B. Bond (ed.), *The First World War and British Military History*
  (Oxford: OUP, 1991).

J. Buchan, *Memory Hold-the-Door* (London: Hodder and Stoughton, 1940).

N. Ferguson, *The Pity of War 1914–1918* (London: Penguin, 1998).*

D. Garnett (ed.), *Selected Letters of T. E. Lawrence* (London: Reprint
  Society, 1941; 1st edn 1938).

M. Hastings, *All Hell Let Loose: The World at War 1939–1945* (London: HarperPress, 2011).

J. Heller, *Catch-22* (London: Corgi, 1964; 1st edn 1961).

E. Hemingway, *A Farewell to Arms* (Harmondsworth: Penguin, 1935; 1st edn 1929).

E. Hobsbawm, *Interesting Times: A Twentieth-Century Life* (London: Penguin, 2002).

M. Howard, *The First World War: A Very Short Introduction* (Oxford, OUP, 2007; 1st edn 2002).

S. Junger, *War* (London: Fourth Estate, 2010).

K. McLoughlin, *Authoring War: The Literary Representation of War from the* Iliad *to Iraq* (Cambridge: Cambridge University Press, 2011).

G. Orwell, *Homage to Catalonia* (Harmondsworth: Penguin, 1966; 1st edn 1938).

S. Robson, *The First World War* (London: Longman, 1998).

J. Stallworthy (ed.), *The Oxford Book of War Poetry* (Oxford: OUP, 1988; 1st edn 1984).

C. Townshend (ed.), *The Oxford Illustrated History of Modern War* (Oxford: OUP, 1997).*

T. K. Wilson, *Frontiers of Violence: Conflict and Identity in Ulster and Upper Silesia, 1918–1922* (Oxford: OUP, 2010).

For Lessing quotation, see Hastings, *All Hell Let Loose*.

Chapter 4: Legacies

J. Argomaniz, *The EU and Counter-Terrorism: Politics, Polity and Policies after 9/11* (London: Routledge, 2011).

C. Barnett, *The Audit of War: The Illusion and Reality of Britain as a Great Nation* (London: Papermac, 1987; 1st edn 1986).

S. Barry, *A Long Long Way* (London: Faber and Faber, 2005).

P. L. Bergen, *The Longest War: The Enduring Conflict Between America and al-Qaida* (New York: Free Press, 2011).

E. Berman, *Radical, Religious and Violent: The New Economics of Terrorism* (Cambridge: MIT Press, 2009).

T. Blair, *A Journey* (London: Hutchinson, 2010).

A. Brahimi, *Jihad and Just War in the War on Terror* (Oxford: OUP, 2010).

J. Burke, *The 9/11 Wars* (London: Penguin, 2011).

M. Burleigh, *The Third Reich: A New History* (London: Macmillan, 2000).

——*Moral Combat: A History of World War II* (London: HarperPress, 2011; 1st edn 2010).

E. Chenoweth and M. J. Stephan, *Why Civil Resistance Works: The Strategic Logic of Nonviolent Conflict* (New York: Columbia University Press, 2011).

M. Connelly, 'The Ypres League and the Commemoration of the Ypres Salient, 1914–1940', *War in History*, 16/1 (2009): 51–76.

M. Crenshaw, *Explaining Terrorism: Causes, Processes and Consequences* (London: Routledge, 2011).

S. Croft, *Culture, Crisis, and America's War on Terror* (Cambridge: Cambridge University Press, 2006).

L. K. Donohue, *The Cost of Counterterrorism: Power, Politics, and Liberty* (Cambridge: Cambridge University Press, 2008).

J. B. Elshtain (ed.), *Just War Theory* (New York: New York University Press, 1992).

P. Fussell, *The Great War and Modern Memory* (Oxford: OUP, 2000; 1975).*

R. E. Goodin, *What's Wrong with Terrorism?* (Cambridge: Polity, 2006).

W. R. Gray, *Embedded: A Marine Corps Adviser Inside the Iraqi Army* (Annapolis: Naval Institute Press, 2009).

M. Guidolin and E. La Ferrara, 'The Economic Effects of Violent Conflict: Evidence from Asset Market Reactions', *Journal of Peace Research*, 47/6 (2010): 671–84.

S. Hewitt, *The British War on Terror: Terrorism and Counter-Terrorism on the Home Front Since 9/11* (London: Continuum, 2008).

E. Hobsbawm, *Age of Extremes: The Short Twentieth Century 1914–1991* (London: Penguin, 1994).

—— *Globalization, Democracy, and Terrorism* (London: Little, Brown, 2007).

R. Jackson, L. Jarvis, J. Gunning, and M. Breen Smyth, *Terrorism: A Critical Introduction* (Basingstoke: Palgrave Macmillan, 2011).

S. G. Jones, *Counterinsurgency in Afghanistan* (Santa Monica: RAND, 2008).

T. Judah, *Kosovo: What Everyone Needs to Know* (Oxford: OUP, 2008).

M. Longley, *Collected Poems* (London: Jonathan Cape, 2006).

S. Mendus, *Politics and Morality* (Cambridge: Polity Press, 2009).

J. Mueller and M. G. Stewart, *Terror, Security, and Money: Balancing the Risks, Benefits, and Costs of Homeland Security* (Oxford: OUP, 2011).

. Omand, *Securing the State* (London: Hurst, 2010).

. Richardson, *What Terrorists Want: Understanding the Terrorist Threat* (London: John Murray, 2006).

. Roberts and T. Garton Ash (eds), *Civil Resistance and Power Politics: The Experience of Non-Violent Action from Gandhi to the Present* (Oxford: Oxford University Press, 2009).

M. Scheuer, *Osama bin Laden* (Oxford: OUP, 2011).

E. Stepanova, *Terrorism in Asymmetrical Conflict: Ideological and Structural Aspects* (Oxford: Oxford University Press, 2008).

J. Thompson (ed.), *The Imperial War Museum Book of Modern Warfare: British and Commonwealth Forces at War 1945–2000* (London: Pan, 2003; 1st edn 2002).

M. Walzer, *Just and Unjust Wars: A Moral Argument with Historical Illustrations* (New York: Basic Books, 2006; 1st edn 1977).*

P. Wilkinson, *Terrorism Versus Democracy: The Liberal State Response* (London: Routledge, 2006; 1st edn 2001).

J. Zulaika, *Terrorism: The Self-fulfilling Prophecy* (Chicago: University of Chicago Press, 2009).

For Obama quotation, see *Guardian*, 3 May 2011. For Richards quotations, see *Times*, 24 November 2011. For Carleton-Smith quotation, see *Daily Telegraph*, 6 October 2008. For Manningham-Buller comments, see *Daily Telegraph*, 21 July 2010. For Scheuer comments, see *Guardian*, 3 May 2011. For Miliband comments, see *Guardian*, 15 January 2009. For Colin Powell comments, see *Guardian*, 17 February 2011.

Conclusion: war, terrorism, and future research

M. Fellman, *In the Name of God and Country: Reconsidering Terrorism in American History* (New Haven: Yale University Press, 2010).

G. Greene, *The Third Man* (Harmondsworth: Penguin, 1971; 1st edn 1950).

M. Zehfuss, 'Killing Civilians: Thinking the Practice of War', *British Journal of Politics and International Relations*, 14/3 (2012): 423–40.

Index

Index

violence
    affected by availability of
      material resources 64–5
    decline 52–7
    relative strength of
      boundaries 62–4

W

Walker, Charles Rodger 65–7
Walker, William 54
Wall, Sir Peter 56
Wallenstein 9
Walter, Barbara 27, 33
Walzer, Michael 84
War and Peace (Tolstoy) 43–4
War on Terror 88–111
warfare as sub-set of war 6

weapons of mass destruction
    (WMDs) 97–9, 109
Weinstein, Jeremy 42, 64, 114
Wells, H. G. 60
Wilkinson, P. 99
Wilson, Tim 62–4, 114
Wolfe, Alan 36, 43, 57, 74
Wolfowitz, Paul 109
women, opportunities for 78

Y

Ypres, Belgium 80

Z

Zehfuss, M. 117–18
Zulaika, Joseba 90

SOCIAL MEDIA
Very Short Introduction

Join our community

www.oup.com/vsi

- Join us online at the official Very Short Introductions **Facebook** page.
- Access the thoughts and musings of our authors with our online **blog**.
- Sign up for our monthly **e-newsletter** to receive information on all new titles publishing that month.
- Browse the full range of Very Short Introductions online.
- Read **extracts** from the Introductions for free.
- Visit our library of **Reading Guides**. These guides, written by our expert authors will help you to question again, why you think what you think.
- If you are a teacher or lecturer you can order inspection copies quickly and simply via our website.

Visit the Very Short Introductions website to access all this and more for free.

www.oup.com/vsi

ONLINE CATALOGUE
A Very Short Introduction

Our online catalogue is designed to make it easy to find your ideal Very Short Introduction. View the entire collection by subject area, watch author videos, read sample chapters, and download reading guides.

INTERNATIONAL RELATIONS
A Very Short Introduction
Paul Wilkinson

Of undoubtable relevance today, in a post-9-11 world of growing political tension and unease, this *Very Short Introduction* covers the topics essential to an understanding of modern international relations. Paul Wilkinson explains the theories and the practice that underlies the subject, and investigates issues ranging from foreign policy, arms control, and terrorism, to the environment and world poverty. He examines the role of organizations such as the United Nations and the European Union, as well as the influence of ethnic and religious movements and terrorist groups which also play a role in shaping the way states and governments interact. This up-to-date book is required reading for those seeking a new perspective to help untangle and decipher international events.

www.oup.com/vsi

THE FIRST WORLD WAR
A Very Short Introduction
Michael Howard

By the time the First World War ended in 1918, eight million people had died in what had been perhaps the most apocalyptic episode the world had known. This *Very Short Introduction* provides a concise and insightful history of the 'Great War', focusing on why it happened, how it was fought, and why it had the consequences it did. It examines the state of Europe in 1914 and the outbreak of war; the onset of attrition and crisis; the role of the US; the collapse of Russia; and the weakening and eventual surrender of the Central Powers. Looking at the historical controversies surrounding the causes and conduct of war, Michael Howard also describes how peace was ultimately made, and the potent legacy of resentment left to Germany.

'succinct, comprehensive and beautifully written. Indeed reading it is an experience comparable to scanning the clues of a well-composed crossword puzzle. Every allusion is eventually supplied with an answer, and the finished product defies the puzzler's disbelief that the intricacies can be brought to a convincing conclusion.... Michael Howard is the master of the short book'

TLS

Alexandre Jardin

Le Zèbre

Édition revue
et corrigée par l'auteur

Gallimard

© *Éditions Gallimard, 1988.*

À Hélène, bien sûr.
Pour qu'elle n'oublie jamais
de me faire l'amour.

I

Faites que la beauté reste,
que la jeunesse demeure,
que le cœur ne se puisse lasser
et vous reproduirez le ciel.

CHATEAUBRIAND

Gaspard Sauvage, dit le Zèbre, refusait de croire au déclin des passions. Il se sentait né pour aimer une femme, la sienne. Fraîchement bagué, il s'était juré que son mariage avec Camille ne ferait jamais naufrage, comme tant d'autres, usés par leurs années de lit à deux places.

Quinze ans après le carillon nuptial, ils n'avaient guère changé. Camille conservait une beauté qui se soutenait sans artifice, et le Zèbre n'était pas menacé d'embonpoint ; mais force lui était de constater qu'ils s'ensablaient dans une torpeur matrimoniale voisine du sommeil. Le sacrement leur avait servi d'oreiller.

Camille s'était lancée dans la maternité à deux reprises et, du même coup, avait troqué son rôle de maîtresse légale pour celui, plus sage, de mère. Un jour chassant l'autre, la ferveur de leurs premières étreintes s'était muée insensiblement en une complicité de vieux époux. Leur couple n'était pas encore sinistré, mais l'habitude avait engourdi leurs corps. Ils ne faisaient plus l'amour qu'avec parcimonie.

Camille consacrait une part de son attention aux

13

cours de mathématiques qu'elle assenait aux élèves du lycée de Laval et le reste de son temps à sa paire de rejetons. Natacha affichait maintenant sept printemps, et l'héritier taciturne, Paul dit la Tulipe en raison d'une crinière aux allures florales, traînait derrière lui treize ans de mauvaise humeur.

Malgré le tempérament saturnien et vindicatif de ce dernier, la tribu Sauvage coulait des jours paisibles aux environs de Laval, en Mayenne, au rythme des humeurs fantasques du Zèbre.

Bien que notaire, condition qui ne porte guère aux incongruités, Gaspard collectionnait les opinions particulières. Ce trait de caractère était à l'origine de son surnom, suggéré par Camille et ratifié par leurs amis. Tel son homonyme à pelage rayé, il se montrait indomptable. Ni les coups de règle à l'école, ni ses années d'études juridiques, ni le dressage du service militaire n'étaient parvenus à fléchir son naturel extravagant. Rétif à tout comportement grégaire, il était de ces irréguliers qui se méfient des idées de tout le monde, celles qui constituent le prêt-à-porter de la pensée.

Le Zèbre tenait les médecins diplômés en piètre estime, consultait lui-même ses urines à l'œil nu avec régularité et ne consentait à se laisser soigner que par son vétérinaire personnel, Honoré Vertuchou. Il procédait également, après chaque repas, au lavage de ses fosses nasales à l'aide d'une pipette de verre. Pour des raisons obscures, et jamais éclaircies, il attribuait de grandes vertus à la circulation d'eau dans l'organisme, qu'il fût rempli par le haut ou par le bas.

Son jeune et fidèle clerc, Grégoire de Saligny, était à l'époque la principale victime de cette conviction. Dès que le pauvre diable souffrait d'un mal de gorge, le Zèbre se mettait en tête de lui administrer un lavement. Conscient de ses droits, Grégoire invoquait la législation sociale ; mais comme il n'existe guère de jurisprudence en cette matière, il devait à chaque fois obtempérer. La seule grâce qu'il avait obtenue de haute lutte était de pouvoir s'infliger lui-même son traitement. Avec la morgue d'un vieux portrait de famille et une docilité revêche, il partait donc s'isoler dans son bureau, muni de l'appareil en caoutchouc et d'une carafe remplie à ras bord ; mais au lieu de s'enfiler les deux litres d'eau dans le rectum, il les buvait. Il en allait ainsi depuis fort longtemps. Le notaire se doutait de la duplicité de son clerc mais estimait avec sagesse que, puisque l'eau était absorbée, autant valait faire preuve de clémence et fermer les yeux.

Tout aurait été pour le mieux dans cet univers rempli de fantaisie si Gaspard avait su remédier à l'atonie des sentiments de Camille qui, d'une saison à l'autre, s'estompaient alors que les siens se raffermissaient depuis quelques mois.

Six mois auparavant, un soir bien arrosé, Camille avait tenté de jouer les passe-muraille au volant d'une automobile. Le Zèbre l'avait retrouvée scalpée, gisant dans un service d'urgences qui jouxtait une morgue. Sa femme était là, plongée dans le coma, déchiquetée et nue. Un infirmier l'emporta vers un bloc opératoire. Le notaire resta seul, avec sa nausée et son amour à vif. Les murs semblaient valser. Comme les heures s'écoulaient dans la salle d'attente, il eut bientôt l'impression que son pouls s'accélérait. Gaspard crut que ces palpitations étaient dues à l'horreur de la situation ; mais il s'aperçut peu à peu que son cœur battait pour un autre motif qu'il eut du mal à s'avouer. Oui, il jouissait d'éprouver pour Camille une affection brûlante qui ne l'avait plus habité depuis quinze ans. La tragédie régénérait sa flamme. A la fois désarroyé et transpercé de plaisir, le Zèbre se sentait un acteur entrant en scène. Il vibrait de tout son être, comme si les événements avaient comblé en lui ce vide qui trop souvent lui donnait le vertige. Il reprenait soudain possession de lui-même.

Hélas, Camille se rétablit bien vite. Quatre mois de convalescence suffirent. La grisaille du quotidien revint sur la pointe des pieds. Gaspard eut le sentiment de quitter les planches et de sombrer dans l'existence creuse des comédiens sans emploi.

Alors le Zèbre se concocta un drame intérieur. Il voulut se faire croire — et y parvint — que l'accident de Camille lui avait donné le sens de la brièveté et de la fragilité de la vie. Il s'imagina talonné par la mort et s'efforça de regarder sa femme comme si chaque jour devait être le dernier. Pour mieux s'en convaincre, il se mit à collectionner les preuves de l'existence de Camille. Ongles, cheveux, photographies, tout était stocké dans le plus grand secret ; il espérait cependant que Camille découvrirait la cachette et prendrait ainsi conscience de la violence de sa passion rénovée.

Ce qui n'était au début que faux-semblant devint rapidement authentique. Convaincu que la mort les guettait, le Zèbre nourrissait à présent un amour d'une intensité peu commune. Se glisser dans les eaux sales d'un bain dans lequel Camille s'était lavée lui procurait plus que de la joie, un sentiment de communion. Il se complaisait dans l'idée que si le destin l'avait faite aveugle, il se serait crevé les yeux pour participer à ses ténèbres.

Mais Gaspard souffrait chaque jour davantage de la passivité de Camille ; ou plutôt de ce qu'il regardait comme de la passivité. Il ne comprenait pas qu'elle n'eût pas besoin d'une ferveur de tous les instants. Elle l'aimait, certes, mais avec plus de douceur que de feu ; et cette tendresse de vieux époux irritait Gaspard. Il n'aspirait qu'à retrouver la passion qu'il avait ressentie à l'hôpital, quand on brodait des cicatrices dans les chairs de Camille. Un événement funeste, voilà ce qui leur faisait défaut pour ressusciter l'ardeur des premiers temps de leur liaison.

Ce matin-là, étendu aux côtés de la belle Camille endormie, le Zèbre était résolu à agir de manière radicale, à prendre le temps de court. Il ne le laisserait pas davantage saccager leur couple.

— Camille, murmura-t-il en la tirant de son sommeil.

— Oui, fit-elle en bâillant.

— Je vais te quitter.

Délaissant ses rêves, elle s'étira avec volupté. Les premiers rayons du soleil coloraient les croisées de la véranda qui prolongeait leur chambre.

— Tu pars déjà à l'étude ?

— Non, je vous quitte, toi et les enfants, pour de bon.

Interloquée, Camille se redressa et ramena les couvertures à elle, comme pour mieux rassembler ses esprits.

— Tu es fou ?

— Non, j'ai simplement le courage d'accomplir ce que les autres hommes n'osent pas faire par lâcheté : quitter leur femme avant la débandade.

Sans se départir de son flegme, Gaspard saisit un bagage exténué par les ans et commença à y entasser ses effets personnels. Hébétée, Camille le laissa s'emparer des pull-overs imprégnés de leurs odeurs mélangées. Il lui semblait qu'une part d'elle-même se glissait dans le sac du Zèbre, à son insu. Elle ne savait que dire. Le reflux soudain des sentiments du notaire lui paraissait inexplicable. Bien qu'ils se fussent opposés la veille sur les méthodes de pêche de Gaspard — qui immergeait des bâtons de dynamite dans les douves de la propriété —, rien dans un passé récent ne permettait de pronostiquer la liquidation prochaine de leur mariage. Sans sommation, il venait ni plus ni moins de lui faire sauter la cervelle dans la quiétude du petit matin.

— Camille, je te trouve étonnante, ajouta-t-il. Je ne pensais pas que tu supporterais l'épreuve aussi bien.

Elle prit alors brutalement conscience que le Zèbre allait sortir de son existence en même temps que de la chambre.

— Gaspard, tu ne peux pas partir comme ça, finit-elle par articuler.

— Pourquoi ?

— Que t'ai-je fait ?

— Tu m'as épousé, hélas. Le mariage d'amour est une foutaise ! Comment veux-tu maintenir une passion pendant cinquante ans ?

Des larmes vinrent aux yeux de Camille et des paroles de détresse se bousculèrent sur ses lèvres. Elle s'efforça désespérément de faire voler en éclats la vitre qui s'interposait soudain entre eux. Tel un inconnu, le Zèbre demeurait claquemuré dans son indifférence. Il débarrassait méthodiquement les planches de son armoire, gommait toute trace de son passage dans cette maison. Au fond de son sac s'accumulaient les vestiges de leur histoire : un parapluie acheté lors de leur unique et désastreux périple en Afrique, l'écharpe en cachemire qu'elle lui avait offerte, une guêpière en dentelle noire qu'il avait tenté de lui faire porter, à l'époque où les dessous affriolants l'émoustillaient. Il remballait même ses vieux fantasmes.

Une créature enchanteresse, de ces échassières toutes en jambes dont les battements de cils sont autant d'appels d'offre, avait dû l'embobiner, songea Camille avant de le soumettre au feu de ses questions.

— Hélas non, soupira le Zèbre harcelé.

Secouée par ses pleurs, Camille ne savait s'il était plus douloureux d'être abandonnée pour son manque d'attrait ou pour les yeux d'une rivale. Elle se heurtait dans ses pensées, se noyait dans un océan d'incompréhension. Son malheur se réfléchissait sur ses traits. La vie prenait soudain la physionomie d'un cauchemar. Envie de vomir, tentation d'en finir, de le blesser, désir de fuite, besoin d'arrêter de sentir.

Recroquevillée sur elle-même, Camille demeurait comme anéantie ; quand la main du Zèbre vint arpenter son dos et lui caresser la nuque.

— Ma chérie ne pleure pas, c'est fini. C'était un mauvais rêve.

Hagarde, elle souleva son visage humide et darda ses yeux clairs sur le Zèbre qui souriait.

— Tu m'as vraiment cru ? lui lança-t-il avec gaieté.

— Si je t'ai cru ? répéta-t-elle, effarée.

— J'ai fait semblant de te quitter !

Camille se redressa et, pour toute réplique, lui envoya un violent coup de genou au bas-ventre. Et le Zèbre de glapir.

— Qu'est-ce qui te prend ? demanda-t-il replié sur lui-même.

— Te rends-tu compte du mal que tu m'as fait ?

— C'était le prix à payer.

— A payer pour quoi ? repartit-elle éberluée.

— Je voulais te priver d'oxygène pour te réapprendre à goûter l'air frais.

Emporté par son débit tumultueux, toujours plié en deux, il lui annonça que son stratagème n'était qu'une préface à la cure de jouvence qu'il entendait faire subir à leur couple. Un grand ravalement en quelque sorte, bien nécessaire après quinze années d'anesthésie progressive de leurs désirs. Le Zèbre était résolu à délaisser son rôle de mari, au sens amorti du terme, pour se glisser dans la peau d'un amant légitime. Il traquerait désormais les imperceptibles habitudes qui émoussent les sentiments. Sa vigilance ne connaîtrait plus de jours fériés. A partir de cet instant, il ne cesserait d'ourdir des mises en scène, comme celle de ce matin, pour retendre le lien qui les unissait.

— Que t'est-il arrivé ? finit-elle par murmurer.

— Il y a des conversions mystiques, pourquoi n'y aurait-il pas des conversions amoureuses ? Camille, si je n'avais pas tiré la sonnette d'alarme, nous aurions fini comme tous ces ménages en trompe-l'œil. Un jour ou l'autre, tu aurais dormi avec un autre et moi, bête comme je suis, j'aurais été braconner du petit gibier.

Au lieu de dériver vers ces liaisons clandestines, quasi inéluctables à l'entendre, le Zèbre lui propo-

21

sait de mimer leur amour pour tenter de le faire renaître. Sincère, il prévint Camille qu'il n'aborderait pas cette lutte contre l'usure du temps avec une pince à sucre.

— Ça ne sera pas une sinécure ! conclut-il, navré.

Encore ébranlée, Camille songea qu'elle ne s'était pas trompée en affublant Gaspard de son sobriquet. Il était assurément un drôle de Zèbre.

Elle ne soupçonnait pas encore la violence du typhon qui allait bientôt s'abattre sur son existence paisible et réglée de professeur de lycée.

Le Zèbre était décidé à tricher avec la réalité en jouant. Il redistribuerait ainsi les cartes à sa guise et s'efforcerait de barrer la route à la fatalité.

Aucun grand héros de roman, de cinéma ou de théâtre ne l'avait précédé sur le difficile chemin dans lequel il s'engageait. Roméo séduit une Juliette qu'il ne connaissait pas, Julien Sorel enflamme une inconnue qui portait déjà le nom de Monsieur de Rênal et Love Story reprend l'histoire d'un amour naissant. Tous se contentent de conquérir une femme qui surgit dans leur existence ; mais reconquérir la sienne après quinze ans de mariage ? Aucun séducteur imaginaire de renom ne s'y risque. Et c'était bien là ce qui tourmentait le Zèbre ; car si Shakespeare, Stendhal et les plus grands auteurs se sont gardés d'aborder le thème de la reconquête, ce doit être parce qu'elle est impossible. Cette réflexion achevait de l'accabler ; mais il aimait Camille avec trop de passion pour renoncer à son dessein.

Seuls des procédés exceptionnels lui permettraient de réussir là où l'humanité ne connaît que le naufrage, pensait-il.

Le Zèbre avait vu juste. La débâcle guettait son couple. Si leur passion s'était assoupie, les sens de Camille, eux, restaient en éveil. Depuis deux mois, elle était en proie à des rêveries adultères. Son inclination pour celui qu'elle nommait l'Inconnu n'avait pas encore dépassé les frontières des songeries ; mais la lente maturation de ses sentiments suivait son cours.

Au début, Camille n'avait guère accordé d'attention à ces lettres d'amour anonymes qui, tous les deux ou trois jours, venaient grossir son courrier ; puis, flattée, elle s'était mise à les relire, à s'en imprégner, à y repenser. Inquiète de la fascination qu'elles exerçaient sur elle, Camille s'était alors défendu d'y trouver du plaisir et, pour mieux se dégager de la séduction de l'Inconnu qui filtrait à travers sa prose, elle s'était décidée un soir à en lire quelques extraits au Zèbre qui, sans vergogne, stigmatisa la niaiserie de l'écrivassier sans visage. Heurtée, Camille s'était bien gardée de lui montrer les missives qu'elle avait reçues par la suite. Elle franchissait déjà le pas qui mène vers la clandestinité amoureuse, d'autant plus facilement qu'elle n'y voyait aucun péril.

Chaque matin, elle se précipitait vers la boîte aux lettres dès que retentissait la sonnette du facteur cycliste et, quand elle reconnaissait la graphie de l'Inconnu, elle allait en catimini s'isoler dans les écuries Louis XV de la maison pour ouvrir l'enveloppe. Parfois, elle était vide. Elle n'en attendait la suivante qu'avec plus de ferveur. Toutes étaient frappées du cachet de la poste centrale de Laval. Nul autre indice n'avait permis jusqu'à présent à Camille d'identifier l'épistolier. Ses pattes de mouche ne lui étaient pas familières et il paraissait être partout, jusque dans ses pensées les plus intimes, sans jamais pouvoir être rattaché à aucun lieu.

Camille eut beau passer en revue toutes les écritures qu'elle connaissait, elle ne parvenait pas à fixer ses soupçons. L'Inconnu demeurait insaisissable. Telle de ses remarques avait la fraîcheur de l'adolescence, une autre le bouquet de l'expérience. A chaque fois qu'elle le lisait, une douce volupté descendait dans son âme.

Dans ses lettres, il la magnifiait, relevait ses moindres qualités. Ce que Camille eût naguère jugé exagéré, elle le prenait désormais pour argent comptant et, par comparaison, trouvait le Zèbre bien aveugle de ne pas avoir déjà décelé tant de merveilles dans son caractère. Au fil des épîtres, l'Inconnu était devenu une caisse de résonance qui lui renvoyait l'écho de ses propres goûts. Camille se sentait pénétrée de sa pensée, éclairée par son regard. Elle épousait pleinement sa vision vivifiante du quotidien qui tranchait avec l'incessant persiflage du notaire. L'Inconnu, lui, ne se gaussait pas

24

de tout, et surtout pas d'elle ; et contrairement à son mari, il l'éblouissait au lieu de s'évertuer à lui plaire.

Mais à la lumière des récentes déclarations d'intention de Gaspard, Camille se demandait si elle n'avait pas été dupée et si l'Inconnu n'était pas tout bonnement son vieux Zèbre. Quelles que fussent les différences qui séparaient leurs deux caractères, elle ne pouvait exclure cette hypothèse. S'il avait été capable de feindre de la quitter, il pouvait tout aussi bien avoir manigancé le stratagème des lettres pour réveiller leur passion.

Camille rechignait cependant à croire que les pages de l'Inconnu avaient été écrites par le Zèbre ; car contrairement à l'Inconnu, Gaspard lui parlait peu d'elle. Il se gardait de la rassurer sur ses facultés, oubliait la date de son anniversaire, ne la complimentait jamais pour ses efforts vestimentaires. A peine remarquait-il ses changements de coiffure. Il n'était pas curieux de ses désirs, ne voulait rien pour elle, ne l'initiait à aucune de ses passions. Il se contentait de la croire heureuse.

L'Inconnu, lui, devinait ses troubles, s'inquiétait de ses envies. Et puis, il était sensible à l'intensité des instants immobiles. Ses lettres en témoignaient. Il savait laisser infuser une impression, goûter l'harmonie d'un jardin, se régaler d'une ambiance ; alors que le Zèbre était aveugle à ce que l'on ne perçoit que lorsqu'on laisse le silence s'installer en soi. Gaspard ne prisait que les élans, les rugissements de plaisir, les extases violentes.

Mais Camille ne pouvait écarter le projet du Zèbre. Il avait été clair ; et se faire aimer sous

25

des traits anonymes était une manière de la conquérir une seconde fois.

Peut-être avait-il pillé des auteurs inspirés pour composer les missives de l'Inconnu. Elle se souvint d'une étudiante rencontrée sur les bancs de la faculté qui s'était aperçue un jour que les lettres de son amant étaient directement tirées de la correspondance de Kafka à Milena. Le brave garçon les recopiait avec applications, dévalisant le Praguois sans déplacer une virgule. Le notaire pouvait en avoir fait tout autant avec un autre homme de lettres, en travestissant son écriture.

Dans l'esprit de Camille, le Zèbre était désormais le premier suspect ; mais le surlendemain de son faux départ, elle le conduisit au train pour Toulouse où il devait assister comme prévu à un congrès de notaires pendant une semaine ; ce qui n'empêcha pas les lettres de l'Inconnu de continuer d'affluer. Chaque tournée du facteur apportait sa moisson. Les enveloppes étaient toutes timbrées de la poste centrale de Laval. Ripaillant à Toulouse avec ses confrères, le Zèbre n'avait donc pu poster ce courrier ; sauf s'il en avait confié le soin à quelqu'un d'autre. Les derniers soupçons de Camille furent balayés lorsqu'elle reçut une lettre de l'Inconnu évoquant la robe cintrée qu'elle avait portée le jour précédent. Or, à moins d'être doué du don d'ubiquité, le notaire n'était pas en mesure de connaître sa mise puisqu'il se trouvait encore dans la ville rose, cet après-midi-là. Pour s'en assurer, elle l'appela à son hôtel sous un prétexte anodin.

A vrai dire, Camille n'était pas fâchée que l'Inconnu ne fût pas son mari. Elle pourrait ainsi continuer à se griser de rêveries sentimentales, sinon grivoises. Elle avait contracté cette manie au seuil de son adolescence en se nourrissant de romans d'amour du XIXe siècle et, depuis, la province aidant et les années filant, elle cédait de plus en plus souvent à cette douce pente. Naturellement, en public, une amnésie bien commode et très momentanée lui permettait d'affirmer toujours avec vigueur que le romantisme des lectrices du courrier du cœur, elle n'en croquait pas. Ses diplômes étaient là pour attester son statut de femme pensante, comme il faut, au-dessus de ces sensibleries, payant des impôts, et tout et tout.

Dès son retour de Toulouse, Gaspard informa Camille que la reconquête de leur passion allait véritablement débuter. Il se sentait prêt à jeter de l'huile sur leur flamme. Aussi fut-elle assaillie d'une nuée de scrupules quand, assise dans l'écurie Louis XV, elle s'avisa de décacheter un pli frappé du cachet de la poste centrale.

Tromper le Zèbre en continuant à se délecter des roucoulements manuscrits de l'Inconnu revenait désormais à trahir ses efforts. Camille n'eut pas ce cynisme. Elle décida de conserver l'enveloppe dans la poche intérieure de son tailleur, pliée en deux ; mais à peine se redressa-t-elle qu'une ombre jaillit de l'une des stalles et la bascula dans la paille. Elle n'eut que le temps d'étouffer un cri. Le Zèbre la chevauchait déjà, une main plongée dans son corsage et l'autre sous sa jupe, palpant le haut de sa cuisse gauche.

— Tu m'as fait peur, souffla-t-elle.

— Camille, depuis quand n'avons-nous pas fait l'amour au dépourvu ?

— Gaspard, j'ai des élèves qui m'attendent, au lycée.

— Et alors ? Tu arriveras en retard et tu leur diras : J'ai copulé comme une folle avec l'homme de ma vie, dans une étable ! Tu verras, ils te trouveront tout de suite plus vivante, ajouta-t-il en gobant son lobe droit.

Mais Camille ne l'entendait pas de cette oreille. Elle n'avait jamais raffolé des étreintes à la hussarde, bâclées le dos dans la paille. Elle prisait les liturgies érotiques et, dans le fond de son âme d'ancienne élève des Sœurs, ne trouvait pas très convenable que la lettre transie d'amour de l'Inconnu fût serrée entre sa poitrine et celle du Zèbre. Prétextant la rigueur des horaires du lycée, elle se dégagea, parvint à se rétablir et voulut s'éclipser ; mais le Zèbre, bien que refroidi, la rattrapa.

— Que faisais-tu là ?

— Je cherchais une bague.

— Notre alliance ? balbutia-t-il, la gorge soudain sèche.

— Non, la petite émeraude que ton frère m'avait offerte.

— Ah... tu l'as retrouvée ?

— Non.

Dédouanée, Camille fila dans leur chambre et s'empressa de dénicher sa bague d'émeraude qu'elle précipita dans la cuvette des toilettes. La chasse tirée, elle put enfin retrouver l'usage de ses poumons. Son mensonge avait l'air d'une vérité.

Puis elle appareilla dans sa vieille automobile et, au sortir de leur propriété, aperçut le Zèbre qui, sur le perron, lui envoyait sans rancune un dernier baiser.

Resté seul, Gaspard frissonna. Lorsque Camille

partait, il s'efforçait d'éprouver un affreux désarroi en songeant qu'il la voyait peut-être pour la dernière fois. Ce sentiment attisait sa flamme et il retrouvait cette passion qui l'avait consumé six mois auparavant, lorsqu'il arpentait la salle d'attente de l'hôpital ; bien qu'il fût tourmenté par une interrogation. Il se demandait si cette manœuvre intime n'était pas la preuve de la fausseté de ses sentiments. Pourtant, il désirait sa femme comme certains guignent celle d'un autre. Mais il ne ressentait son amour que lorsqu'il le jouait. Dieu qu'il haïssait les hasards qui composent le quotidien ! S'il n'avait tenu qu'à lui de recréer le monde, il l'aurait fait de carton-pâte pour qu'on pût y mener une existence théâtrale où, comme dans les grandes tragédies, chaque instant serait conçu pour captiver le public et aider les comédiens à être un peu plus qu'eux-mêmes.

Spectateur et acteur, le Zèbre entendait devenir le dramatique auteur de sa vie conjugale. Toutes affaires cessantes, il retourna dans leur chambre. Ses clients pouvaient bien attendre ; ils n'étaient plus que des silhouettes dans son existence. Quant à son étude, ce n'était qu'un décor très secondaire.

Dans un panier de linge à laver, il trouva un chemisier et des bas de Camille. Longtemps, il respira ces vêtements, le visage perdu dans leurs replis ; puis il les baisa fébrilement en mouillant ses paupières de larmes qui devinrent sincères. Il se remémorait le soir de l'accident. Elle l'avait quitté pour partager un repas festif avec ses collègues. Il aurait dû l'embrasser mille fois avant son départ. Gaspard songea — presque naturellement — qu'aujourd'hui encore tout pouvait survenir : la mort, un homme qui s'emparerait du cœur de Camille ou d'autres cataclysmes du même ordre. Il regretta de ne pas l'avoir retenue mais se reprit et pensa que la séquestration était une méthode bien vaine ; car en mettant fin à ses tourments, il cesserait du même coup de stimuler sa passion.

Sur la table de nuit de Camille, Gaspard trouva un roman. Elle relisait à l'époque *Le Rouge et le Noir*. Certaines pages étaient cornées, quelques phrases soulignées au crayon à papier. Il les parcourut et, par ce biais, pénétra dans les arcanes du cœur de Camille. Les mots de Stendhal lui restituaient ses troubles, ses déceptions, ses espérances. Gaspard avait le sentiment de lire dans l'âme de son épouse. Ah, mais pourquoi une femme aussi passionnée ne lui témoignait-elle qu'une douce amitié ? Il n'avait que faire de sa tendresse.

Lui aussi rêvait des célestes transports dans lesquels se pâme Madame de Rênal. Il devait être possible de rétablir un commerce aussi enivrant avec Camille. « Impossible n'est pas français, surtout en amour ! » clama-t-il avec grandiloquence, sans prendre conscience de son ridicule.

La petite voiture de Camille sortit du bourg de Sancy où s'élevait leur extravagante demeure, bâtie par un original du XVIIIᵉ siècle qui répondait au curieux patronyme d'Ortolan, d'où le nom de « Maison des Mirobolants », produit des gosiers locaux qui, au fil des générations, déformèrent le premier nom. Elle laissa donc Sancy derrière elle et prit la direction de Laval. Onze kilomètres seulement la séparaient du lycée Ambroise Paré où elle professait.

Camille dépassa la masure des Claque-Mâchoires, un couple de retraités hargneux et dévots ainsi surnommés par le Zèbre en raison du claquement lugubre qu'étaient censés produire leurs dentiers quand ils médisaient. Aux dires du notaire, ils avaient des gueules de faux témoins et n'étaient pas de ces paroissiens aux allusions prudentes qui dosent leur venin. L'un comme l'autre broyaient chaque jour leur lot de calomnies, comme pour purger leur fiel. Délateurs zélés sous Vichy, ils s'étaient empressés à la Libération de raser les « chiennes » qui avaient péché avec l'occupant.

Les mains rivées au volant, Camille tâchait de

32

concentrer son attention sur la route pour ne pas penser à la lettre de l'Inconnu. Le désir lancinant de l'ouvrir la taraudait. Au premier feu rouge, elle surprit sa main droite sur le point de s'en saisir. Elle se reprit et commença à recenser toutes les raisons qu'elle avait de s'interdire ce plaisir ; puis, après délibération, elle admit que, cachetée, cette lettre bénéficiait de l'attrait du mystère, alors qu'une fois lue, elle n'offrirait plus guère d'intérêt. Pour hypocrite qu'il était, l'alibi avait le mérite d'être logique.

Elle se gara fébrilement devant le lycée, coupa le contact et, après avoir respiré l'enveloppe, fit sauter les points de colle avant de poser ses lèvres là où l'Inconnu avait dû humecter les rebords ; puis elle se plongea dans sa lecture.

Les premiers mots semblaient chuchotés, tant ils étaient tendres. Mais les lignes suivantes la jetèrent dans le trouble.

L'Inconnu lui notifiait un rendez-vous, le soir même devant l'Hôtel de Ville. L'abstinence, disait-il, lui pesait trop. L'impatience de ses sens exigeait qu'il fût fixé sur le devenir de ce qu'il appelait déjà « leur relation ».

Cette brusque irruption de la peau dans leur correspondance à sens unique affola Camille. Elle était révoltée qu'il se permît de mêler ses appétits charnels, d'une affligeante banalité, aux sentiments torrides mais aériens dont il avait fait montre jusque-là. Avec inquiétude, elle prenait physiquement conscience — un frisson parcourut sa colonne vertébrale — que ses rêveries risquaient de la mener, tôt ou tard, sur le bidet d'une salle de bains d'hôtel.

Camille en voulut à l'Inconnu. Il aurait dû comprendre de son propre chef que, pour une part, le sel de ses lettres résidait dans leur anonymat. Ainsi, chaque homme qui la frôlait au lycée, dans la rue ou chez des amis pouvait être Lui. Les regards des jeunes gens, surtout, avaient le pouvoir d'accélérer son pouls ; car dans son idée, l'Inconnu naviguait encore dans les eaux de l'adolescence. Elle imaginait un puceau, ou guère plus dégourdi, se dissimulant derrière des lettres, par crainte que son apparence de freluquet ne jouât en sa défaveur. Naturellement, Camille avait toujours exclu qu'il pût être octogénaire, bancal et ventripotent. À ses yeux, la jaillissante fraîcheur des lettres était, à n'en pas douter, la marque d'une authentique jeunesse. Mais à présent que l'Inconnu souhaitait dévoiler son visage, elle redoutait soudain de s'être nourrie d'illusions. Non seulement le Prince charmant se révélerait peut-être un vétéran hors d'usage, décalcifié et édenté ; mais le stratagème des lettres pouvait tout aussi bien avoir été employé par un grand brûlé ou par un être génétiquement déshérité, désireux de masquer sa détresse physique ; et quand bien même eût-il été vert et conforme à la physiologie du commun des mortels, il était peut-être laid à frémir ; et surtout, Camille n'avait aucune intention d'entamer une liaison clandestine. La seule idée des complications afférentes à une telle affaire lui faisait horreur. Continuer à se griser de rêveries la tentait davantage ; aussi préféra-t-elle se souvenir qu'un dîner chez des collègues la retenait pour la soirée. Elle n'irait donc pas au rendez-vous.

Résolue, Camille sortit de son automobile et se rendit en classe où, sous l'œil vigilant et pénétrant d'une nouvelle recrue, Benjamin Raterie, elle infligea trois heures de cours de mathématiques à ses élèves.

Arrivé en cours d'année, Benjamin était, malgré ses dix-huit ans, de ces êtres qui, sans parler, exigent de vous le meilleur. Depuis qu'il s'asseyait devant elle trois fois par semaine, Camille se sentait comme dans l'obligation de lui plaire. Chacun de ses regards semblait lui dire : « Etonne-moi. » Il n'était pas beau mais l'intensité de son visage, sa grâce rieuse de jeune faune et la vitalité de son corps gorgé de sève plaidaient en sa faveur.

Lorsque la grande aiguille de l'horloge eut terminé sa course circulaire et que tout le monde eut rendu sa copie, Camille ne put s'empêcher de comparer le tracé de son écriture avec celui de l'Inconnu. La calligraphie offrait quelques points communs mais la pression imprimée à la plume n'était pas la même ; à moins que Benjamin, par souci de préserver son anonymat, n'eût moins pesé sur son stylo pour écrire les lettres. Camille ne savait plus si la paisible séduction du jeune homme la poussait à relever des similitudes là où il n'y en avait pas ou si les deux documents pouvaient effectivement avoir été rédigés par la même main.

En regagnant sa voiture, encore pleine de la présence de Benjamin, elle nota qu'il était entré au lycée peu avant la date où l'Inconnu avait commencé à prendre la plume ; puis elle démarra et mit le cap sur la Maison des Mirobolants. Mais, comme si ses mains avaient été dotées d'une volonté propre, elle vira sur la droite au premier carrefour. Un désir irrépressible lui commandait de faire un détour par la place où l'Inconnu viendrait à vingt et une heures l'attendre en vain.

Elle rangea son auto devant l'Hôtel de Ville et, sans abandonner son siège, contempla les lieux de leur futur rendez-vous manqué. Une collection d'alibis familiaux défila dans son esprit pour justifier sa frousse d'affronter sa passion naissante. Elle restait impassible devant le décor dans lequel elle n'oserait entrer en scène, à l'heure où les trois coups retentiraient. Elle préférait demeurer en retrait, se rêver maîtresse tout en respectant frileusement le serment nuptial qui l'unissait au Zèbre.

Camille ferma les yeux et écouta le fond sonore de ce qu'aurait dû être sa rencontre avec l'Inconnu ; car déjà sa décision était irrévocable. Le ronflement des autobus, l'assourdissant raffut de la rue et les voix des passants venaient se mêler aux images qu'elle suscitait dans son esprit, faisant mentalement surgir l'instant où, comme il le prophétisait dans sa lettre, il viendrait s'asseoir à ses côtés, dans la voiture. Mais, saisie par l'inquiétude, elle refit surface et vérifia à l'horloge de la mairie que trois bonnes heures la séparaient bien du rendez-vous.

Rassurée, elle poursuivit sa projection intérieure, sans toutefois parvenir à préciser les traits de l'Inconnu. Elle vivait tout haut, à mille pulsations cardiaques minute. Perfectionniste, elle tripota son autoradio à tâtons et capta une station qui débitait des rasades de violons. Ses émotions prirent de l'altitude, lorsque soudain elle entendit grincer la charnière de la portière avant. Une présence se glissa subrepticement à sa droite.

Il venait de pénétrer dans la voiture. Feignant d'être perdue dans ses songes, Camille conserva les yeux clos et s'efforça de maîtriser sa respiration. Les lèvres de l'Inconnu s'approchèrent de son visage et frôlèrent les siennes. Tout en elle refusait ce baiser. Elle ne voulait pas tromper le Zèbre alors même qu'il tentait de ressusciter leur passion. Aussi détourna-t-elle brutalement son profil et, d'un coup de reins, fut hors de la voiture sans avoir aperçu la figure de l'Inconnu. Le mystère restait intact. Haletante, elle traversa en vitesse la chaussée, en direction de la mairie ; mais la voix du Zèbre l'arrêta :

— Camille, où vas-tu ?

Elle se retourna. Le soi-disant Inconnu n'était autre que le notaire, vautré sur la banquette avant. Elle revint sur ses pas et allégua qu'elle avait cru avoir affaire à un dragueur venu la déranger alors qu'elle se remettait d'un mal de tête.

— C'était trop tentant..., répliqua le Zèbre. Quand je t'ai vue les yeux fermés, en train d'écouter de la musique, j'ai voulu te faire une surprise ! Ma voiture est en panne à l'Etude, peux-tu me ramener à la maison ?

Sur la route, Camille réitéra l'invitation à dîner de ses collègues ; mais le Zèbre la déclina à nouveau. Elle s'y rendrait seule. Il regardait déjà son mariage avec une salariée de l'Education nationale comme une collaboration avec l'ennemi et ne voulait à aucun prix se fourvoyer davantage en frayant avec des professeurs, qu'ils fussent à la solde d'établissements publics ou stipendiés par des institutions privées. Le Zèbre tenait l'Ecole dans son ensemble pour responsable d'un vaste complot destiné à ruiner dans l'œuf la fantaisie des citoyens. Il était persuadé que dans un monde déscolarisé la couleur grise serait illicite, les billets de banque arboreraient des effigies souriantes et l'Etat, enfin régénéré, aurait pour fonction essentielle de fesser les cuistres. Mais le Zèbre n'avait rien d'un utopiste. Il savait qu'hélas plus d'une génération courberait encore l'échine sur des pupitres, avant le démantèlement intégral du système éducatif.

Il avait bien essayé de soustraire ses enfants à la Pieuvre — c'est ainsi qu'il nommait l'Education nationale — mais en vain ; il avait dû s'incliner devant Camille qui exigeait, pensait-il, un lavage de cerveau laïc et obligatoire pour leurs petits. Apprendre à lire et à écrire lui paraissait superflu. Il préférait que la Tulipe sût manier le ciseau à bois et le maillet pour construire, dans leur atelier, des machines à fumer en châtaignier qui le dispenseraient de s'encrasser les bronches. Quant à Natacha, il encourageait ses tentatives d'élevage d'écrevisses dans l'eau claire du ruisseau qui irriguait leur jardin. Pour ce qui était de l'Histoire, il se chargeait lui-même de les informer que, contrairement à ce qui s'est longtemps dit, César et Antoine étaient tous deux de solides sodomites ; ce qui prouve que Cléopâtre avait un nez trop long.

Les extravagances qu'il proférait étaient destinées à semer le trouble dans leur esprit, à les immuniser contre les idées rances dont les abreuveraient les manuels scolaires. C'est ainsi que Natacha tint un jour tête à sa maîtresse en affirmant que la bataille de Waterloo était une victoire. « La preuve, avait-elle postillonné, y a une gare à Londres qui s'appelle Waterloo-Station. »

Le Zèbre se refusait donc à aller trinquer en compagnie de Camille, avec des suppôts de la Pieuvre. Elle n'insista pas. En revanche, il s'évertua à lui faire lâcher son carton d'invitation. Il haïssait qu'elle allât se trémousser seule devant d'autres hommes, comme si elle était libre. Cette idée lui donnait de l'urticaire. Mais Camille tint bon. Devant son obstination, Gaspard lui promit un festin diététique aux chandelles. Malgré son penchant pour la cuisine légère, Camille ne se laissa pas tenter. Elle le déposa chez Alphonse et fila se poudrer le nez.

Alphonse vivait, dormait et travaillait avec sa femme Marie-Louise dans la ferme qui jouxtait la Maison des Mirobolants. Agriculteurs, ils n'étaient ni l'un ni l'autre affectés par cette torpeur rustique qu'on observe souvent chez ceux qui n'ont que la terre pour patrie.

Dans son potager, Marie-Louise cultivait divers légumes qu'elle n'appréciait pas, pour les donner. Elle vivait les mains ouvertes.

Alphonse, lui, raffolait du Zèbre en silence. Vingt siècles de non-dit paysan serraient sa gorge. Une fois, il avait tenté d'avouer son amitié au notaire. Les mots lui avaient manqué. Confusément, il avait senti que son vocabulaire du dimanche, qu'il sortait pour les grandes émotions, allait fausser sa sincérité. Alors il s'était tu.

Le Zèbre et lui communiaient à travers leurs beuveries homériques et les projets les plus farfelus qu'ils caressaient ensemble. Alphonse n'avait pas le vin mesquin. Quand il avait sifflé un fond de barrique, il vadrouillait dans des contrées que même Christophe Colomb n'aurait pu inventer. Il chantait l'Asie, qu'il se figurait comme une Normandie infestée d'éléphants et plantée de bambous, faisait disparaître des avions dans le delta du Nil et surgir des pyramides dans le triangle des Bermudes. Emerveillé, le Zèbre lui emboîtait le pas et, après avoir mis la main au cul de plus d'une bouteille, prenait lui aussi de l'altitude, tirait la barbiche du Bon Dieu, apostrophait les anges et tutoyait les autres créatures célestes, avant d'atterrir sur les continents d'Alphonse. Ces mystiques de la barrique, plutôt sobres au quotidien, avaient leurs petites obsessions. Les soirs où ils invoquaient Bacchus, ils se juraient qu'ils iraient un jour couper les couilles du Claque-Mâchoires mâle avec des pinces minuscules ; car, selon la rumeur, l'intéressé était doté de parties lilliputiennes qui ne lui permettaient pas d'honorer convenablement sa compagne. Cette idée leur semblait particulièrement récréative.

Mais pour le moment, une autre tâche soudait les deux amis. Ils étaient en train de dresser les plans d'un hélicoptère en bois avec lequel ils comptaient déserter le village pour s'établir en Australie. Tout était prévu. Alphonse troquerait son cheptel contre des kangourous et le Zèbre se reconvertirait en trappeur. Ce projet chimérique les liait. Le monde des adultes les barbait. Ils jouaient pour créer et perpétuer entre eux cette camaraderie qui naît lorsqu'on a posé des collets ensemble à dix ans, construit des cabanes au fond des bois à huit ans et taillé des élastiques de lance-pierres dans des chambres à air. Ils se fabriquaient un présent qui ressemblait à l'enfance et si Gaspard avait osé, il aurait volontiers lancé à Alphonse : « On dirait qu'on serait amis... »

Leur amitié passionnée se nourrissait également d'une multitude de services. Ainsi, quand l'hiver arrivait, les vaches d'Alphonse trouvaient refuge dans les écuries Louis XV du Zèbre qui, du même coup, renouaient avec leur glorieux passé.

Elles avaient été construites dans la première moitié du XVIIIe siècle pour accueillir des bovins. Maximilien d'Ortolan, le premier maître des lieux, se piquait d'élevage et prétendait avoir quelques lumières en matière de reproduction animale. Pour des raisons qui demeurent opaques, il mêlait une dimension pseudo-religieuse à sa volonté d'améliorer les races laitières. Il aménagea donc cette luxueuse étable, éclairée par des lustres en cristal, pour abriter les taureaux normands qu'il comptait croiser avec des vaches sacrées venues par mer, et à grands frais, des Indes françaises.

A tous les étages, la Maison des Mirobolants portait la marque de l'esprit singulier d'Ortolan. Il avait exigé une serre en lieu et place de grenier, là où l'air était, croyait-on à l'époque, moins corrompu par les puanteurs de la vie domestique. L'eau courante atteignait ce grenier agricole, recouvert d'épaisses verrières, grâce à l'une des inventions mécaniques de Léonard de Vinci : une torsade de tuyaux de cuivre qui permet encore de faire monter l'eau lorsqu'on la fait tourner sur son axe. La nappe phréatique qui dort sous la maison servait déjà de réservoir. Comme tout un chacun, Ortolan avait observé que l'air réchauffé dans l'âtre des cheminées a fâcheusement tendance à stagner dans les sphères supérieures des pièces ; aussi mit-il lui-même au point une machinerie complexe destinée à régler l'altitude du plafond, dans le grand salon. Ce dispositif, qui grinçait toujours, enchantait particulièrement Natacha, friande de tout ce qui pouvait lui rappeler les romans de Jules Verne.

Citoyen de son siècle et grand épicurien, Maximilien d'Ortolan poussait fréquemment la philosophie jusqu'à la débauche. Sanguin, il avait besoin de copuler entre les repas et, comme il se trouvait dépourvu d'épouse, il bâtit un pavillon d'amour, sur les rives de l'étang riche en batraciens qui borde le parc. A l'ombre des colonnes de marbre, le brave Maximilien laissait libre cours à sa lubricité en compagnie de servantes peu farouches. Il prétendait s'y retirer pour étudier le coassement nuptial des grenouilles, mais nul n'ignorait la vérité. Le Zèbre avait installé dans le pavillon son atelier de menuiserie. C'est là qu'il fabriquait avec la Tulipe des objets follement inutiles. Ensemble, ils terminaient à l'époque la fameuse machine à fumer, un véritable poumon de bois respirant grâce à un soufflet de cuir animé par un petit moteur électrique.

Tout autour de la petite coupole qui coiffait l'atelier, Gaspard avait construit des rayonnages de bibliothèque qui accueillaient des biographies. On y trouvait, pêle-mêle, des vies de Talleyrand, Léonard de Vinci, Napoléon, Picasso, Bismarck, Roosevelt, Frédéric de Hohenstaufen et de toutes sortes de gens qui avaient su vivre à voix haute. Leur véritable point commun aux yeux du Zèbre n'était pas leur renommée mais leur effort abouti pour se libérer de la médiocrité du quotidien. Dieu qu'il les enviait ! Gaspard se savait sans talent particulier et donc condamné à chuchoter son existence au lieu de la transfigurer par la création ou une action publique ; à moins qu'il ne la jouât comme on joue une pièce et ne la transformât en un opéra réel de sa composition, à la gloire de son amour pour Camille. « Je suis un raté, s'était-il dit en contemplant ces biographies, mais je tâcherai d'être un raté d'exception. Mon chef-d'œuvre sera ma vie conjugale. »

Sous ses rayonnages, Gaspard fabriquait ses machines extravagantes autant pour se divertir avec son fils que pour se moquer de son absence de génie. La Tulipe raffolait de ces moments où son père avait son âge.

L'atelier servait également de fonderie. Le Zèbre récupérait les vieilles tuyauteries de plomb, non pour les changer en or — bien qu'il eût essayé à plusieurs reprises afin d'amuser Natacha — mais pour liquéfier le métal en le faisant revenir à feu doux dans une casserole réformée. Il le coulait ensuite dans des moules en plâtre dont il avait le secret. Indisposée par les émanations pestilentielles que dégageait le métal liquéfié, Camille avait exilé cette activité aux confins du jardin, dans le pavillon d'amour.

Longtemps, le Zèbre avait espéré s'enrichir en fondant de fausses pièces de monnaie qu'il peignait avec soin. Hélas, ses multiples activités parallèles l'accaparant, il ne frappait qu'une seule pièce de cinq francs par mois. Aussi, quand il eut amassé quarante francs contrefaits, déçu par son rendement, décida-t-il de mettre fin à sa production illicite ; mais son numéraire maison avait désormais cours dans le village. Complices, les ruraux de Sancy feignaient de se laisser abuser et la boulangère acceptait d'être payée en monnaie de maître Sauvage. Assez vite même, les fausses pièces furent très recherchées. L'effet de rareté jouait, pour la plus grande gloire locale du Zèbre. Le boucher chuchota qu'il était artiste, l'institutrice répéta qu'il était poète et tout le monde finit par convenir que Sancy possédait un notaire digne de figurer dans le dictionnaire.

Sa dernière création était un moulage de sa main droite enserrant celle de Camille. Leurs doigts de plomb étaient enlacés et leurs lignes de vie se faisaient face, fondues l'une dans l'autre. Camille avait prêté sa menotte sans flairer que cette réalisation annonçait le sursaut du Zèbre qui bientôt réveillerait leur amour crépusculaire. Il était désormais prêt à solliciter toutes les ressources de son imagination.

Camille revint à la tanière domestique après minuit, les yeux cernés par le sommeil et le teint froissé. Sa soirée entre « suppôts de la Pieuvre » l'avait exténuée. Ses collègues investis de certitudes l'avaient assommée de phrases définitives.

Elle gravit les marches du grand escalier et, parvenue au premier étage, entendit des bruits ténus et réguliers, en provenance du grenier. Croyant qu'il s'agissait d'une escouade de souris, elle reprit son ascension, alluma la lumière et soudain avala sa salive.

Le Zèbre se trouvait devant elle dans le plus simple appareil. Il l'avait attirée en frappant sur le sol. Seul un petit pagne dissimulait pudiquement son derrière et son sexe.

— Que faites-vous là ? lança-t-il avec aplomb.

Camille fut alors submergée par des vagues de réminiscences. En tisonnant sa mémoire, elle finit par comprendre que le Zèbre venait de reconstituer les circonstances de leur rencontre et de leur coup de foudre, vieux de quinze ans.

Etudiant en droit, il logeait à l'époque dans un immeuble parisien. Un soir d'infortune, après avoir

45

raccompagné l'une de ses maîtresses jusqu'à l'ascenseur, uniquement vêtu d'une serviette autour des fesses, il s'était retrouvé seul sur son palier. Un fâcheux courant d'air avait claqué la porte de sa garçonnière. Naturellement, ses clefs gisaient sur son bureau, à l'intérieur. « By Jove, je suis fait », s'était-il dit, mettant ainsi à profit les deux mots d'anglais qu'il possédait.

Peu après, des pas se mirent à résonner dans la cage d'escalier. Ils montaient vers lui. Inquiet, Gaspard passa à l'étage supérieur ; mais la présence se rapprochait toujours. Paniqué, il se précipita jusqu'au dernier palier en garrottant sa serviette-éponge autour de sa taille. Une jeune femme finit par le rejoindre. Au moment même où il la vit, il commença à la regarder. « Que faites-vous là ? » lui avait-il lancé pour se donner une contenance.

Quinze ans plus tard, aussi brièvement vêtu, Gaspard répétait cette première phrase. Comme certains ecclésiastiques, il croyait les gestes indispensables pour retrouver la foi. Le masque de la passion redeviendrait alors peut-être visage ; du moins l'espérait-il. Malheureusement, Camille n'était pas en état de participer à la reprise de cette vieille scène. Elle avait besoin de se poser. Trop d'heures de vol la séparaient de son petit déjeuner. Mais le regard implorant du Zèbre eut raison de sa fatigue et, touchée, elle lui donna la réplique avec un semblant de conviction :

— Et si c'était moi qui vous violais ? Vous en feriez une tête.

— En effet, balbutia le Zèbre qui, d'un coup, se sentit remonter le temps jusqu'à l'époque où, élève médiocre d'une faculté, il n'était que Gaspard.

46

— Espèce de petit macho testiculeux, vous croyez pouvoir terroriser les femmes en jouant les exhibitionnistes dans les cages d'escalier après minuit ? Eh bien, vous êtes tombé sur le mauvais numéro. Je suis ceinture rouge de judo !

Dans la foulée, Camille arracha le pagne du Zèbre d'un geste sec. Ses fesses nacrées apparurent dans toute leur blancheur tandis qu'il rabattait ses mains sur son bas-ventre.

— Ah, vous faites tout de suite moins le fier comme ça, dit-elle en se retenant de bâiller.

— Je vais vous expliquer, c'est un malentendu.

— Vous allez dégager, ou faut-il que je vous fasse dévaler les marches ?

— Merde ! Ecoutez-moi un instant et puis arrêtez de bluffer. Si vous pratiquiez le judo, vous sauriez que la ceinture rouge n'existe pas.

— Peut-être, mais je sais quand même me défendre.

Pour illustrer ses propos, elle lui expédia sans délai un vigoureux coup de pied entre les deux jambes qui, comme par le passé, lui fit vivement regretter sa qualité de mâle.

— Tu aurais pu taper moins fort, murmura le Zèbre en aparté. Bon, on continue...

— J'ai oublié la suite.

— Tu te moques de moi ?

— Non, c'est vrai.

— Mais il s'agit de Notre Rencontre ! tonna-t-il.

— Je suis désolée...

— C'est parce que tu n'es pas dans l'ambiance.

Gaspard la pria d'ôter sa pelisse hivernale et d'enfiler un imperméable identique à celui qu'elle portait quinze ans auparavant. Pour plus de véracité, il lui flanqua même une bassine d'eau tiède à la figure ; car cette nuit-là, celle qui devait décider de leur biographie sentimentale, il pleuvait comme au cinéma. L'imperméable et le visage de Camille portaient les traces humides de cette mousson parisienne. Elle eut beau protester, le Zèbre tenait à ce que les moindres détails fussent respectés pour que, replongée dans la vivante atmosphère de cette soirée, Camille pût laisser ses souvenirs revenir à la surface de sa conscience. Il tenait à ce qu'elle retrouvât elle-même la genèse de leur amour ; mais devant le mutisme de sa mémoire, il dut lui souffler son texte, avant de réattaquer.

— J'habite au quatrième, reprit-il plié en deux, ma porte s'est refermée et mes clefs sont restées à l'intérieur.

— Oh pardon...

— Si vous pouviez me prêter un pantalon, une chemise et des chaussures...

— Je suis vraiment confuse, entrez dans ma chambre.

— Mais non ! rugit le Zèbre en interrompant la scène. Pas tout de suite la chambre. Tu m'avais d'abord introduit dans ton salon. Camille, fais un peu attention, tu sabotes tout. Je commence à en avoir assez de tes conneries !

— Ecoute mon vieux, je veux bien me prêter à tes reconstitutions. Je suis prête à recevoir des baquets de flotte en pleine figure à une heure du matin. Je suis même d'accord pour enfiler un vieil imperméable qui me donne l'air d'une clocharde ; mais je ne supporterai pas que tu me cries dessus ! J'en ai plein le dos de tes remontrances, je suis épuisée, je dois me lever demain matin à sept heures. Tu comprends ?

— Camille, articula-t-il avec componction, tout d'abord je ne tolérerai pas que tu dises « tes » reconstitutions. Il s'agit de « Notre » rencontre. Ensuite, veux-tu oui ou non remédier à l'anémie de notre passion ?

— Oui..., lâcha-t-elle exténuée.

— Parfait. Il n'y a donc plus de débat. On recommence.

— Gaspard, je n'en peux plus. Si on remettait ça à samedi ? L'après-midi, les enfants seront chez ma mère.

— L'après-midi ! Tu es folle ? Notre rencontre était nocturne, la reconstitution doit se passer la nuit.

— Oui, mais...

— Il n'y a pas de « mais ». On redémarre.

Exténuée, Camille s'entendit reprendre son rôle :

— Je suis vraiment confuse, entrez dans notre salon.

— Tu le fais exprès ? demanda le Zèbre hors de l'Inconnu avait souhaité qu'elle expiât sa reculade.

— Qu'est-ce que j'ai dit ?

— Tu as dit « notre salon », alors que ce n'était pas encore le nôtre !

— Gaspard, grommela-t-elle avec une violence sourde, je crois que tu as oublié une péripétie qui intervenait juste avant ces quelques phrases.

— Laquelle ?

— Il me semble que je t'avais renversé dans les escaliers.

— Crois-tu ?

— Oui.

49

Dans la seconde, elle le déséquilibra et le projeta dans le vide. Il dégringola les marches de pierre dans un fracas qui soulagea Camille. Arrivé au bas de la rampe, un peu sonné, il s'étonna de ne pas avoir conservé un plus vif souvenir de cette chute ; quand soudain surgit la tête blonde et ensommeillée de Natacha. Elle contempla la scène avec étonnement en étreignant une vieille chose râpée qui avait dû être un lapin en peluche.

— Maman, murmura-t-elle, pourquoi t'es mouillée et pourquoi Papa il est tout nu ?

— Ma chérie, lança le Zèbre en rajustant sa serviette de bain, tu viens de découvrir que les adultes jouent la nuit pendant que les enfants dorment. C'est pour ça qu'ils ont l'air sérieux. Ne le répète pas, c'est un secret.

Le lendemain matin, Camille trouva dans sa boîte aux lettres une collection de factures ; comme si l'Inconnu avait souhaité qu'elle expirât sa reculade. Aucune enveloppe ne portait trace de sa graphie d'insecte.

Les jours suivants furent aussi décevants ; mais le mutisme de l'Inconnu fit pour lui davantage que ses dix-huit lettres. Plus il était discret, plus sa présence s'affirmait.

A l'agacement des débuts succéda une semaine de délectation. Camille prit le parti de jouir de son attente en préparant son cœur ; mais au bout de dix jours d'espérance, l'angoisse commença à la miner. Elle essaya d'interpréter le silence de l'Inconnu et conclut qu'il continuait à la punir de ne s'être pas rendue à leur rendez-vous. Elle saurait ainsi à quoi s'en tenir si, à la prochaine assignation, elle se dérobait à nouveau.

Camille se mit alors à redouter que l'Inconnu reprît la plume ; car elle sentait que si une missive la convoquait une fois encore, elle risquait fort de se lancer à corps perdu dans l'adultère. Cette issue fatale la chagrinait. Elle aurait voulu se nourrir de rêveries voluptueuses sans jamais succomber ; mais le Zèbre était si sot qu'il semblait presque l'y inciter.

Cette manière brutale qu'il avait de vouloir forcer l'éclosion des sentiments lui paraissait d'une rare inefficacité, au regard de l'adresse tactique de l'Inconnu. En quinze jours d'abstention, ce dernier avait quasiment obtenu sa reddition. Cette victoire avait certes été acquise après pilonnage du terrain par une petite vingtaine de lettres ; mais le Zèbre, lui, en était encore à improviser des mises en scène artificielles qui, jusqu'alors, suscitaient plus de discordes que de roucoulements dans leur ménage.

Contrairement à l'Inconnu, Gaspard avait l'air d'ignorer qu'un cœur ne se force pas comme un coffre-fort. Sa nature volcanique et sa conception musclée de la cybernétique des couples le rendaient insensible aux subtilités de l'amour. Il ne savait qu'empoigner les émotions. Elle aurait pris plaisir à lui enseigner l'inachevé et la ferveur, à goûter les nuances d'un sentiment, l'art d'amener les mouvements du cœur à maturation ; mais ses tentatives ne retenaient pas son attention. Plus que jamais déchaîné, il aboyait ses déclarations au lieu de les murmurer au creux de son oreille.

Face à ce déferlement d'initiatives, comme celle de la reconstitution de leur rencontre — qu'il répéta à deux reprises —, Camille faisait le dos rond, tout en cherchant à arracher son masque à l'Inconnu. Au lycée, elle menait son enquête en sondant la faune qui y sévissait.

Le vieux proviseur, étouffé de bonne éducation, détestait trop la sincérité pour être l'auteur de lignes aussi ardentes. Camille ne voyait pas non plus l'aigre professeur de piano lui dédier de semblables billets doux. Avec ses métacarpes élancés et sa raideur de cravache, on l'imaginait plutôt composer une marche militaire que verser dans le sonnet. Parmi les membres du cheptel enseignant, pas un n'avait l'étoffe du mystérieux correspondant. Le surveillant général, poète à ses heures, aurait certes pu produire d'excellentes lettres ; mais les rictus qui lui mangeaient le visage se seraient probablement changés en tics d'écriture, songea-t-elle.

Seul son élève Benjamin était à ses yeux susceptible d'avoir commis de tels chants d'amour. Les lettres sans signature restituaient l'exact bouquet de sa présence. Sa réserve y était tout entière et sa douceur se ressentait même dans les paragraphes les plus débridés. Derrière sa timidité, Camille subodorait une âme fervente, rigoriste jusque dans ses élans.

Sa conviction de tenir enfin l'Inconnu reposait également sur des constatations de bon sens. Il était en effet normal qu'un élève hésitât à dévoiler ses projets sur le cœur d'un professeur. Les lettres étaient un plus sûr véhicule pour s'avancer dans l'ombre et ainsi tâter le terrain avant d'envisager une opération à découvert. Et puis, l'écriture de l'Inconnu et celle de Benjamin étaient cousines et Camille ne lui connaissait pas de liaisons, malgré la surveillance de ses allées et venues ; car elle ne se contentait plus de l'épier dans l'enceinte du lycée. Quand son rôle de mère lui en laissait le loisir, elle prenait le jeune garçon en filature dans les rues de Laval. Peu à peu, son existence se reconstituait sous ses yeux.

Benjamin terminait son adolescence chez monsieur et madame Raterie, ses parents, en compagnie d'un bataillon de grandes et petites sœurs conçues catholiquement, dans une demeure décatie sise non loin de la Mayenne, fleuve qui coule à son aise au centre de la ville. En fin de semaine, il renvoyait pendant deux heures les balles de tennis que lui expédiaient ses partenaires culottés de blanc, dans un club très privé ; et, bien qu'il fût d'origine roturière, il allait le dimanche s'initier aux ruses du bridge, entre gens dont les ancêtres, eux, s'étaient fait occire à Marignan ; après avoir été frôler de ses lèvres la main veineuse de sa grand-mère. Un parfait exemplaire de la bourgeoisie locale, en somme. Pourtant, malgré son dressage social un peu suranné, l'Inconnu, qui ne l'était plus, conservait une insolente fraîcheur et un regard d'aveugle qui s'étonne de recouvrer la vue. Il semblait vivre intérieurement comme si chaque instant devait précéder la fin des temps, ou du moins la sienne.

Les jours où Camille professait devant lui, elle se fardait avec éclat, moulait sa poitrine de façon que son corsage parût plus abondant et choisissait la jupe ou le pantalon qui ferait le mieux saillir l'arrondi de ses fesses. Elle espérait l'inciter à sortir de sa réserve, le débusquer, exacerber son désir. Dans les travées de la classe, elle chaloupait discrètement de la croupe quand elle arrivait à hauteur de sa table.

Ce manège stérile dura jusqu'au vendredi soir où Camille ne parvint plus à mettre la main sur les dix-huit lettres de celui qu'elle croyait être Benjamin. Elle voulut d'abord croire qu'elle les avait égarées et inspecta tous les recoins de ses armoires, de son bureau. Après un quart d'heure de vaines recherches dans sa garde-robe ainsi qu'au fond de ses tiroirs, elle se souvint alors de s'en être délectée pour la dernière fois dans l'écurie bovine. Mais là aussi, nulle trace des épîtres compromettantes. Inquiète, elle fouina dans ses quartiers de maîtresse de maison. La lingerie, la cave à cochonnailles et le garde-manger furent passés au peigne fin, sans résultat. Ne restait plus que la vaste cuisine. Sans céder à la panique, elle fouilla méticuleusement chaque placard ; quand soudain l'ombre du Zèbre passa sur son visage.

— Tu cherches quelque chose ?

— Oui.

— Quoi ?

— Les salières qu'Alphonse nous avait offertes, s'entendit-elle répondre avec un à-propos qui l'étonna elle-même.

Gaspard ne poussa pas plus loin l'interrogatoire, se laissa tomber sur une chaise et s'immergea dans les mauvaises nouvelles d'un quotidien dont les titres sentaient le ballon de rouge. Pour mieux peaufiner son mensonge, Camille se mit à traquer fébrilement les petites salières sur les étagères.

— Elle ne l'a pas volé, commenta le Zèbre en lissant la pliure du journal. Deux coups de chevrotine, et au tapis. Un crime passionnel. Elle trompait son mari depuis un an, la salope, lança-t-il à Camille en lui décochant un regard plus reptilien qu'affectueux.

Elle tressaillit et s'inquiéta de la soudaine grossièreté du Zèbre. Il n'avait guère l'habitude d'ouvrir la bouche sur des subjonctifs imparfaits mais, en général, il se gardait d'être trivial. Cet accès de vulgarité lui fit redouter le pire. Il avait dû trouver les lettres et, blessé, devait croire à sa trahison. Elle ne voyait, de prime abord, aucune autre explication au sous-entendu qu'il avait laissé planer en prononçant le mot « salope ». Mais après quelques respirations, elle s'avisa que ses conclusions étaient un peu hâtives. Après tout, les événements rapportés par le Zèbre n'étaient pas nécessairement apocryphes. Le sentiment de félonie de Camille la portait à prendre ses craintes pour la réalité. C'est du moins ce qu'elle pensa et, par là, elle prit conscience qu'elle se regardait déjà comme la maîtresse de Benjamin, sans l'avoir vraiment décidé. Son corps s'était prononcé sans consulter son esprit.

— La salope, reprit le Zèbre, elle cachait les lettres de son amant dans leur chambre à coucher.

Sur ces mots, il se moucha et replongea avec indolence dans les colonnes de faits divers. Camille sut à cet instant qu'il savait. Elle avait effectivement dissimulé son courrier dans l'un des tiroirs de sa table de nuit. Mais elle n'avait d'autre issue que de demeurer silencieuse. Un mot de sa part et le Zèbre pouvait la confondre.

Elle hésita cependant à courber l'échine. Après tout, il n'y avait pas de quoi l'inculper. Seuls ses désirs étaient attaquables. Mais elle se retint de clamer son innocence. Force lui était de constater que, depuis qu'elle collectionnait en secret les lettres de l'Inconnu, son comportement l'accusait : sa mise aguichante, ses retards lorsqu'elle filait Benjamin dans les ruelles de Laval, sa réticence à se laisser posséder par le Zèbre, son manque d'intérêt à l'égard de son projet de restauration de leur

56

passion et, surtout, qu'elle eût caché ces missives. Chacun de ses actes attestait sa liaison.

Le nez dans les placards, feignant de chercher la paire de salières, Camille priait pour que, par miracle, le Zèbre eût bien lu le tragique fait divers sur lequel il glosait ; quand une pensée la cingla. Et si l'Inconnu était son mari et non Benjamin ? Peut-être était-il en train de se jouer d'elle, de se rire de son angoisse. Après tout, songea-t-elle en opérant un retour en arrière de plusieurs semaines, il aurait très bien pu confier ses lettres à son clerc ou à Alphonse pour les poster de Laval pendant qu'il ripaillait avec ses confrères à Toulouse. Mais elle se rappela la missive qui décrivait la robe que le Zèbre n'avait pu apercevoir. En revanche, Benjamin, lui, avait eu tout le loisir de la détailler pendant ses heures de cours de mathématiques. Il y avait donc plus de chances pour que l'Inconnu fût le double de l'adolescent, son jumeau littéraire ; et eût-il été le Zèbre, que coûtait à Camille de se laisser bercer par l'idée qu'il s'agissait de Benjamin ? Cette hypothèse la comblait trop pour qu'elle se la refusât.

— La salope, répéta Gaspard avec une animosité sourde dans laquelle Camille voulut voir une confirmation de ses craintes, et donc de ses désirs.

La fureur du Zèbre était à ses yeux la preuve qu'il avait déniché des lettres où s'étalait l'amour d'un autre. Un sentiment mélangé animait Camille : elle jubilait de savoir que l'Inconnu était bien Benjamin et redoutait la réaction de Gaspard.

Comme il s'obstinait à faire semblant de lire son journal, Camille se retourna et, les poings sur les hanches, se planta devant lui.

— Allez, sors-les !

— Quoi ? répondit Gaspard interloqué.

Frappée de stupeur, Camille comprit alors que le Zèbre ne détenait pas les lettres. Dans son emportement, elle avait failli lui révéler l'existence de sa coupable correspondance.

— Je suis sûre que c'est toi qui as caché les salières, lança-t-elle avec aplomb, pour se rétablir.

— Non, rétorqua-t-il, mais j'ai trouvé ça dans notre chambre.

Sans se départir de son flegme, il sortit de l'une de ses poches le paquet ventru contenant les dix-huit lettres de l'Inconnu. Cet ultime retournement ébranla Camille. Pour ne pas vaciller sur ses bases, elle s'agrippa au buffet de la cuisine.

— Pardonne-moi, murmura le Zèbre.

— De quoi ? lâcha-t-elle, étonnée.

— J'aurais dû réagir depuis des années. Je ne t'en veux pas d'avoir pris quelqu'un. C'est de ma faute...

— Mais non.

— Si...

— Gaspard, tu te trompes. Je n'ai jamais eu personne. Je n'ai gardé ces lettres que parce qu'elles me flattent.

— Pourquoi les cachais-tu ?

— Pour que tu ne te moques pas de moi.

Camille usa de sa persuasion jusqu'à la corde, arguant qu'il lui était difficile d'entretenir une liaison avec un épistolier sans visage qui, de surcroît, ne lui inspirait que de l'indifférence. Bonne pâte, le Zèbre se laissa convaincre ; mais pour clore cette affaire en bonne et due forme, il exigea de

Camille qu'elle déchirât chacune des lettres séance tenante.

— Si tu veux, répondit-elle en feignant de prendre cette injonction avec détachement.

Sans trembler, Camille commença à mettre le premier feuillet en morceaux, tandis qu'une marée de révolte montait en elle. Le Zèbre la forçait ni plus ni moins à détruire elle-même les plus belles paroles d'amour qu'on lui eût jamais adressées. Chaque page déchiquetée l'éloignait un peu plus de l'Inconnu ; car ces lettres étaient les seules reliques qu'elle possédait de Lui, depuis que sa plume s'était tarie. Cependant, Camille imagina pouvoir reconstituer les feuilles avec un ruban adhésif, dès que le notaire aurait le dos tourné.

Mais le Zèbre, comme s'il avait lu en elle, ratissa les petits papiers fripés et les précipita dans la cheminée où crépitaient quelques bûches. Camille vit partir en fumée tous les mots forts que l'Inconnu avait inventés pour elle.

— Ma chérie, murmura Gaspard, nous allons reprendre notre longue marche. Notre passion ne cessera de croître, je te le promets.

L'incinération des lettres avait éveillé en Camille une animosité sourde envers le Zèbre. Elle ruminait son ressentiment, avec la ferme intention de pousser plus avant ses relations avec Benjamin. La cécité du notaire l'irritait au plus haut point. Depuis qu'il s'était mis en tête d'aviver leur flamme, il accumulait les maladresses. Le solde en devenait exaspérant.

Décidément, le Zèbre était un sous-doué de la romance, un cancre du sentiment. Ses initiatives fleuraient le préfabriqué et quand il se fiait à son premier mouvement il aggravait son cas. Un minimum de réflexion aurait dû lui faire comprendre que Camille n'avait caché les lettres de l'Inconnu que parce que ses mises en scène n'étaient pas propres à la faire rêver. Au lieu de cela, il s'obstinait à ne rien voir, comme aveuglé par son projet de restauration de leurs amours passées qui, loin de réussir, écartait Camille des voies du mariage.

L'image de Benjamin l'obsédait. Il hantait ses pensées les plus intimes et présidait à chacun de ses choix lorsqu'elle hésitait entre deux chemisiers. Les semaines s'égrenant, le fantôme de Benjamin emménagea dans la Maison des Mirobolants. Camille déplaçait les meubles selon les goûts qu'elle lui supposait. Peu à peu, il lui sembla vivre en tête à tête avec le jeune garçon. Elle s'enfermait dans leur concubinage imaginaire.

Le Zèbre voulut à nouveau rejouer les épisodes saillants de leur vie commune ; mais Camille se montra peu concernée. Elle préférait s'abîmer dans des songes éveillés où Benjamin occupait tour à tour le rôle du Prince charmant dans La Belle au bois dormant et celui de Gérard Philipe dans Fanfan la Tulipe. Elle renouait avec ses premiers émois de fillette, sans sourire de la naïveté de ses états d'âme. Natacha et Paul n'occupaient plus que des strapontins dans son esprit. Sans vergogne, elle délaissait son masque de mère pour retrouver ses traits de jeune femme. Au diable sa famille, sa peau réclamait l'ivresse des passions juvéniles, en technicolor, avec coups de tonnerre dans le ciel à chaque baiser et battements de cils synchronisés sur ceux du cœur.

Le Zèbre avait su la troubler dans le temps de leurs débuts amoureux ; mais ses ruses pour tenter de ressusciter cette époque fanée lui paraissaient désormais dérisoires. Son extravagance naturelle en faisait certes encore un excellent compagnon de route pour animer le quotidien ; mais pour le grand jeu, elle s'en remettait aux bons soins de Benjamin.

En classe, l'impressionnant jeune homme ne mordait pas à l'hameçon de ses tenues affriolantes, alors que la plupart de ses élèves mâles en oubliaient leurs théorèmes. Camille s'épuisait en conjectures pour tenter d'expliquer cette apathie. L'hétérosexualité de Benjamin, sans être agressive, avait pourtant l'air de ne faire aucun doute. Elle attribua un moment son manque d'ardeur à la réserve toute bourgeoise qui bridait ses élans ; puis elle finit par en prendre ombrage. Les notes de Benjamin décrochèrent alors brusquement des hautes sphères. Habitué à fréquenter le firmament, il soupçonna son professeur de s'être égaré dans les barèmes et, avec assurance, la tança en public à plusieurs reprises. Camille dut boire par trois fois devant sa classe la honte d'avoir commis une injustice. Craignant que son cheptel de matheux ne commençât à subodorer son manège autour de Benjamin, elle réagit alors à l'inverse. La notation de l'élève Raterie connut une période de vive inflation. Peu regardant sur ces plus-values inopinées, il se garda bien de les contester.

Camille menait ainsi sa sourde guérilla sans se rendre compte que le désespoir gagnait le Zèbre chaque jour davantage.

L'amour conjugal est un poisson plein d'arêtes, pensait Gaspard. Pas comestible, une illusion, un mirage, oui, mais tellement sublime ; un résumé de la beauté du monde pour ainsi dire.

Le manque d'entrain de Camille l'accablait. Ah, le mariage... Vous aviez une maîtresse, elle met des rideaux à vos fenêtres, et la voilà devenue « de maison ». Quelle Berezina ! Gaspard macérait dans sa tristesse sans l'étaler. D'ailleurs, à qui s'ouvrir ? Alphonse, bien sûr. Mais que lui dire ? Qu'il avait cru, qu'il croyait toujours en l'impossible : la passion à perpétuité, bague au doigt. Un rêve, non ? Même aux yeux de son ami paysan, l'entreprise pouvait à juste titre paraître déraisonnable.

Affligé, le notaire mobilisa toute son attention sur ses activités traditionnelles : la construction de l'hélicoptère en bois avec Alphonse, les successions, les ventes d'immeubles et les lavements qu'il infligeait à son clerc. Il en profita également pour seconder sa fille dans la « remise en ordre » du cimetière de Sancy.

Natacha mettait un point d'honneur à rétablir un peu de justice dans ce lieu. Du haut de ses sept ans, elle trouvait inique que certaines sépultures croulassent sous les fleurs alors que d'autres, déshéritées, étaient la proie du lichen et des herbes folles. Aussi allait-elle de temps à autre répartir les couronnes et les gerbes entre les pensionnaires. Le voisinage des morts n'entamait pas son moral. Au contraire, cette promiscuité l'incitait à chanter des comptines tout en exécutant son labeur, ou plutôt sa mission.

Mais ce socialisme post-mortem n'était pas du goût de Malbuse, l'homme à tout faire de la mairie plus ou moins chargé du gardiennage du cimetière. Les familles indigènes s'étaient plaintes de ces pratiques qualifiées de « subversives », voire de « communistes ». Où va se nicher la politique... Toujours est-il que Malbuse s'était juré d'appréhender l'anarchiste au couteau entre les dents qui se permettait de léser les défunts de la commune les plus honorés. Son ardeur venait de ce que, pour étoffer son traitement, il creusait les tombes à chaque enterrement. Il soignait donc son image auprès des paroissiens du cru. Rapport au pourboire, après l'inhumation. C'est ainsi qu'un jour, dissimulé derrière une chapelle funéraire, il surprit la minuscule Natacha en train d'officier.

Il l'attrapa par l'oreille, la tança vertement et vint prévenir le notaire que s'il la reprenait en flagrant délit, il alerterait les gendarmes, foi de Malbuse. Peu hospitalier, le Zèbre le traita d'empaillé et lui conseilla vivement d'aller se faire sodomiser ou, s'il avait des préjugés, de se faire introduire un cornichon géant dans le troufignon. Passons sous silence la suite des invectives. Il devenait inflammable quand on touchait à ses têtards.

Ahuri, Malbuse décampa sans demander son reste, poursuivi par le notaire qui brandissait des pinces à feu. Au portail, il s'arrêta, essoufflé, et lui troussa un dernier envoi, une ultime bordée de noms d'oiseaux. Natacha riait, battait des mains. Dieu qu'elle aimait son drôle de père.

Naturellement, elle récidiva ; mais cette fois-ci, escortée par le Zèbre. Ils appareillèrent dans les brumes de l'aube, munis d'une bêche et d'un râteau pour toiletter les stèles et les dalles les plus oubliées. Natacha avait même emporté une brosse métallique pour rafraîchir les épitaphes incisées dans le granit ou le marbre. Il était convenu qu'elle s'occuperait de tout pendant que son père veillerait au grain, posté à l'entrée du cimetière. Si le sinistre Malbuse montrait le bout du nez, ils pourraient ainsi se carapater par la porte de derrière.

Natacha jubilait. Ils s'étaient levés aux aurores, rien que tous les deux, sans bruit. Camille et la Tulipe cuvaient encore leur sommeil. Ils ne les avaient pas mis au courant de leur équipée. Un secret, un vrai, entre eux, une intimité de plus. Le Zèbre lui fit bouillir son lait, oui, il le laissa déborder, avec deux tranches de pain grillé, beurrées dans les coins et nappées de miel, sur les bords aussi ; puis, furtivement, ils s'en furent, les poches remplies de provisions de bouche et chargés de leurs outils. La grille du cimetière était cadenassée. Ils durent franchir le mur, une courte échelle et hop ! Retombée sur ses courtes jambes, Natacha se tourna alors vers l'assistance.

— Bonjour tout le monde ! lança-t-elle avec gaieté en direction des stèles.

Surpris par cette familiarité, le Zèbre s'installa

aux abords du portail et feignit de scruter les alentours. Il savait que Malbuse ne surgirait pas un lundi, son jour de repos. Il n'y avait donc aucun péril ; mais Natacha conserverait longtemps l'image d'un père complice et protecteur. Il lui offrait ainsi un souvenir. On élève ses enfants comme on peut.

Gaspard était profane dans l'art d'être papa, comme dans celui d'être mari. Il improvisait avec l'espoir qu'il finirait un jour par ressembler à ses rôles.

Triste, triste, triste était le notaire. Ah, si seulement Camille... Il eût presque voulu qu'elle ne fût plus à lui pour la reprendre ; mais elle était bien sa femme, et légitime en plus. Il y avait même eu des témoins.

La jeune blonde était belle à peindre, avec je ne sais quoi de troublant dans la silhouette. Le Zèbre la vit d'abord à l'envers, dans le miroir d'un bar-tabac. Elle avait des yeux bleus d'étudiante en lettres et ce qu'elle en montra, quand leurs regards se rencontrèrent, acheva de l'émoustiller.

Prudent, il paya son paquet de cigarettes et quitta l'estaminet, en frôlant par mégarde la fille un peu courte et sans grâce qui discutait avec elle. La somme de leurs printemps n'atteignait sans doute pas son âge. Elles devaient encore parler de leurs vingt ans au futur.

Foulant le pavé de la rue du Val de Mayenne, le Zèbre songea à ses années d'université parisienne, plus casanovesques que studieuses. Il copulait alors avec l'ardeur que d'autres mettaient à jouer au football. Gaspard considérait à juste titre que la fornication était le seul sport où l'on ne s'essoufflait pas pour rien. Puis était venue Camille et la décou-verte de la ferveur. Conquis, il s'était fait mono-game. Naturellement, la chair l'avait taraudé plus d'une fois depuis. Il lui était arrivé de trousser d'autres femmes en imagination et de se prouver qu'il n'avait pas déposé les armes de la séduction en éveillant des désirs ; mais il s'était toujours gardé de commettre ce qu'on regrette car il ignorait l'art d'oublier, cette façon de se dédoubler en confiant une part de ses souvenirs, ceux où l'on ne se ressemble pas, à un autre soi-même, moins regardant. Jusqu'à présent, il était parvenu à tenir Horace en laisse.

Ce petit nom — Horace — venait d'une vierge particulièrement ingénue qu'il avait déniaisée sur une banquette arrière, avant Camille. La pucelle, d'origine helvétique, s'était étonnée de ce que les émois de Gaspard paraissaient incontrôlés. Elle en avait bizarrement conclu que le sexe de l'homme n'en faisait qu'à son gland, comme s'il se fût agi d'un petit animal épris de liberté, capricieux et exigeant ; ce qui prouve qu'on peut être naïf, Genevois, et entrevoir certaines vérités ultimes. Douée d'un grand sens des noms, la Suissesse avait baptisé l'engin du Zèbre Horace. Elle était passée, le sobriquet était resté.

Les mains dans les poches, le notaire ressassait ces souvenirs remplis de sensations voluptueuses lorsqu'il entendit pouffer derrière lui. Il s'arrêta devant une boutique et, dans le reflet de la vitrine, aperçut la blonde qui murmurait quelques mots à l'oreille de son amie. Elles se replièrent derrière un présentoir de cartes postales et feignirent de s'y intéresser ; du moins en eut-il l'idée.

Que ces novices de l'amour l'eussent pris pour une proie acceptable divisait soudain son âge par deux. Il se sentit replongé dans cette époque bénie où les femmes étaient encore libres et où il les butinait allègrement, comme si demain n'était pas pour demain. Quand la passion se moquait des sabliers. C'était cela qu'il retrouvait dans les yeux de cette jolie blonde aux seins neufs.

Altière, elle était, et piquante aussi. Sans façon, elle le doubla en chaloupant son cul de Reine. Sa copine trottinait à ses côtés, tel un poisson pilote. Elles s'évanouirent dans la foule, au bout de la rue, sans lui faire l'aumône d'un regard. Il avait rêvé. Les gloussements ne lui étaient pas destinés. Il lui fallut également admettre que leur station devant les cartes postales n'avait pas pour but de lui signifier l'intérêt qu'on lui portait.

Déçu, le Zèbre eut un sourire amer en songeant à sa frivolité. Il avait suffi d'un regard de jeune fille pour le détourner, un instant, de Camille. Le plus grand amour du monde à la merci d'une paire d'yeux bleus... C'est la faute à Horace. Sûr que les anges n'en ont pas. Sinon, comment prendre de l'altitude ? Mais l'imagination aussi est complice quand on voit un corsage bien rempli et que mille voluptés se mettent à danser dans la tête.

Le Zèbre glosait ainsi sur la misère de sa condition de mâle, lorsqu'il vit réapparaître la blonde, flanquée de son ombre. Elles s'esbaudirent devant un étalage, le sourire aux lèvres et l'œil en coin. Pour clarifier leurs intentions, Gaspard s'engagea dans une venelle ; mais personne ne marcha sur ses traces. Touché dans son amour-propre, il revint sur ses pas quand tout à coup les deux filles surgirent dans la ruelle. Une boulangerie lui permit de les éviter. Il acheta un gâteau et ressortit. Elles l'avaient dépassé et semblaient rire sous cape. Craignant de trop se dévoiler, il fit demi-tour. Mieux valait reprendre l'initiative et provoquer une

rencontre fortuite au moment où elles débouche-
raient sur la place de la mairie. Il avait le plan de
Laval dans l'œil depuis son enfance et connaissait
les raccourcis mieux que quiconque. Ces gaminau-
deries le troublaient. Depuis longtemps, il n'avait
éprouvé d'émotion aussi juvénile.

L'embuscade était bien manigancée. Elles arrivè-
rent à l'angle de la place, comme il l'avait prévu. La
blonde l'aperçut, alors qu'il achetait un quotidien
dans un kiosque. Mutine, elle lui décocha un sourire
et le provoqua de la prunelle avant de s'asseoir sur
un banc public, à côté du poisson pilote. Le Zèbre
desserra sa cravate. Dieu qu'il fait beau quand une
jeune fille vous prend pour un jeune homme.
L'amour était soudain léger, si éloigné de la gravité
d'une passion conjugale. Mais plutôt que de l'aborder, il s'installa à une terrasse de café, non loin,
pour la forcer à abattre son jeu.

Sous son parasol et derrière son journal, Gaspard
se sentait d'humeur à escalader tous les monts de
Vénus. Le regret des occasions manquées se mêlait
à l'envie de goûter les lèvres de la blonde. A quoi
bon rester fidèle à une Camille si peu encline à le
comprendre. Il était ivre de concupiscence. Inutile
de lever le coude, la taille fine de cette fille agissait.

Mais quand il abaissa son quotidien, la belle
s'était envolée. Sur le banc, une vieille dame nourrissait des moineaux. Philosophe, il but un café
devant une chaise vide. Cette histoire lui parut
comme un accès de fièvre, un coup d'adolescence.
Au fond, la Suissesse avait raison : Horace est un
petit animal imprévisible.

Le Zèbre était las. Depuis bientôt un mois qu'il s'efforçait de remettre de la féerie dans leur couple, il se heurtait sans cesse à la mauvaise volonté de Camille. Son ardeur fléchit. La réalité devenait incontournable. Camille en avait assez de ses stratagèmes. Elle n'était plus qu'hostilité lorsqu'il lui parlait de reconstituer une scène de leur passé d'amants.

La mort dans l'âme, Gaspard finit par admettre la faillite de son entreprise. L'habitude l'avait vaincu. Il ne verrait pas leur amour renaître de ses cendres. Cette idée le consternait et lui donnait envie de pleurer. Humiliation de la défaite. Désarroi de savoir leur passion à jamais enfuie. Colère devant son impuissance.

Découragé, le Zèbre commençait à envisager les solutions bancales dont la plupart des hommes se contentent, faute de mieux, pour continuer à vivre en ménage tout en satisfaisant leurs appétits charnels et leur soif d'émotions fortes. Amer, il n'excluait plus d'imiter ces maris qui prennent une maîtresse. Il se résignerait sans doute à ces cinq à sept fugaces, paradis des époux déçus qu'on dit trop facilement légers. Adieu la romance éternelle. Bonjour les trahisons conjugales, les placards, le mensonge, le vaudeville qui, comme les clowns, est drôle à la scène et triste à la ville. Il connaîtrait alors les déclarations dans lesquelles on ne promet rien, les amours à responsabilité limitée, les coucheries d'où le sentiment d'éternité est banni et où l'on prend sans se donner vraiment.

Les semaines s'écoulant, Gaspard passait progressivement du dépit à l'envie sincère de se prélasser dans des sentiments sans grandeur. Epuisé, il voulait désormais goûter ces liaisons qui ne mobilisent que superficiellement, se complaire dans une confortable médiocrité, alléger son existence en forniquant avec détachement et désinvolture. Ne plus mettre son cœur en jeu fut son nouveau principe. Gaspard rêvait à présent d'amours sans gravité.

Il feuilleta son carnet d'adresses pour y dénicher une amante facile, une béquille qui l'aiderait à continuer sa marche avec Camille. Plusieurs noms retinrent son attention. Mathilde Clarence était de ceux-là. Il se souvenait d'avoir un jour posé sur son décolleté des regards qu'il aurait voulus moins appuyés. Elle lui revint en mémoire, assise face à lui dans son bureau, jambes un rien entrouvertes. A l'époque, il n'avait pas cédé aux appels de ses sens.

Le Zèbre lui téléphona. Rendez-vous fut pris pour le lendemain, dans un restaurant. A treize heures tapantes, le jour dit, il retrouva Mathilde. Elle n'avait rien de désagréable à regarder, des yeux noirs d'une artificieuse innocence et de la grâce à revendre. Le repas fut exquis, la conversation insipide. Gaspard la courtisa avec empressement et, comme ni l'un ni l'autre n'y voyait d'inconvénient, ils convinrent de faire l'amour l'après-midi même, chez Mathilde, à dix-sept heures. Son mari ne devait rentrer qu'à dix-huit heures trente, ce qui leur laisserait un peu plus d'une heure pour officier.

Quand elle eut quitté la table, Gaspard commanda un second café qu'il but lentement, avec délectation. Ah, le bonheur des aventures qui n'en sont pas...

Comme prévu, à dix-huit heures quinze l'affaire était consommée... Camille était trompée et le Zèbre pleurait de s'être trompé lui-même.

En sortant de chez Mathilde, il fut saisi par des nausées violentes et par un vif désir de contrition. Il avait commis l'affreux péché de n'être pas lui-même, ou plutôt de n'être que lui-même, un métis d'ange et de bête et non ce héros de l'amour qu'il aurait souhaité devenir. Il était tombé dans la même abjection que ces maris qu'il jugeait naguère un peu vite. Il était lui aussi passé sous les fourches caudines de l'adultère. Moi aussi, moi aussi, se répétait-il, ahuri d'être fait du même bois que tout le monde. Pas moyen de s'élever un peu au-dessus de la condition humaine, gluante et veule. Ah, rêve d'une existence où l'on serait moins soumis à notre nature, plus maître à bord, plus près du sublime. Tristesse de n'être qu'un teckel à fleur de sol.

Dégoûté, Gaspard se gourmanda avec sévérité, fustigea sa faiblesse et, d'un coup de téléphone à Mathilde, mit fin à leur commerce.

Il avait retrouvé la foi.

Un soir, dans la cohue braillante de la sortie du lycée, Camille aperçut le Zèbre qui l'attendait, les bras chargés de fleurs. Les mères venues récupérer leur têtard en avaient des vapeurs de jalousie. La plupart n'avaient pas dû voir un pétale de rose depuis leur lune de miel. Elles avaient, il faut le reconnaître, des bobines à avoir des flatulences dans le lit conjugal et à ne jamais débroussailler les poils de leurs aisselles.

Gaspard s'avança vers Camille, lui adressa un sourire et tendit la gerbe qu'elle étreignit contre son sein. Les fleurs avaient été choisies. Puis, silencieux, il serra sa menotte dans sa large main et ils déambulèrent ainsi sous les marronniers, vers la voiture.

Elle le reconnaissait soudain. Il avait suffi d'un bouquet pour qu'elle le retrouvât et que, tout à coup, son inclination pour Benjamin se dissipât. Le Zèbre avait dû s'apercevoir de l'inanité de ses reconstitutions historiques et prendre conscience des vertus de la tendresse. Elle l'embrassa. Le malaise s'était évanoui. Elle allait rentrer dans leur maison, vaccinée contre ses tentations adultères, renouer avec la sérénité de leur vie provinciale, secouée par les seules lubies de Gaspard et d'Alphonse. Elle se sentait même prête à lui restituer sa dynamite, confisquée lorsqu'il avait essayé de pêcher à l'explosif dans les douves.

Ils prirent place dans l'automobile du Zèbre ; mais au lieu de démarrer, il sortit de l'une de ses poches un petit coffret nacré.

— Ouvre, chuchota-t-il.

Craignant qu'il ne s'agît encore d'une ruse, Camille balança un instant puis découvrit, au fond de l'écrin, des boucles d'oreilles. Depuis dix ans, il ne lui avait plus offert de bijoux, préférant investir ses revenus, ou plutôt ses emprunts, dans du matériel de menuiserie. Une bouffée de bonheur la fit tressaillir et la laissa dans un insondable bien-être.

— Je voulais t'être agréable une dernière fois, avant que nous ne jouions au vieux couple, murmura-t-il en surprenant de l'étonnement dans les yeux de Camille.

Puis il lui indiqua un sac de plastique et, comme pour sous-titrer son geste, la pria d'examiner son contenu. Il y avait là une demi-douzaine de bigoudis rosâtres, deux paires de charentaises amorties, ainsi qu'un faux dentier.

— Je t'ai également acheté une robe de chambre mauve pâle en acrylique. Je n'ai rien trouvé de plus laid, ajouta-t-il.

— Pour quoi faire ?

— Pour jouer au vieux couple.

— Qu'est-ce que c'est que cette histoire ?

— Nous allons mimer la déchéance de notre mariage pour nous en dégoûter.

Le découragement éteignit les traits de Camille ;

mais Gaspard poursuivit, transporté par son projet :

— Désormais tu m'appelleras « Papa » et moi « Maman », nous porterons des charentaises à la maison, je te maltraiterai, nous roterons l'un en face de l'autre, chaque soir nous mangerons de l'ail, tu te coucheras avec des bigoudis, je laisserai mon dentier à tremper dans un verre sur la table de nuit, nous éviterons de nous parler, même de nous regarder, d'ailleurs nous installerons la télévision face à nos lits que nous séparerons, naturellement, et nous nous efforcerons de prendre des habitudes.

— C'est tout ? ironisa-t-elle.

— Oui.

— Et les enfants ?

— J'ai tout prévu. Les séances de vieux couple ne commenceront qu'après l'extinction des feux, quand la Tulipe et Natacha seront couchés. On s'enfermera à clef dans notre chambre, tu mettras ta robe de chambre mauve et tes bigoudis roses et moi je chausserai mes charentaises.

— Gaspard, d'où te vient cette idée du vieux couple ? Ça peut être très beau.

— Vieillir ensemble... La belle affaire ! Quelle défaite, oui. Pourquoi crois-tu que les contes se terminent toujours par : « Ils se marièrent et eurent beaucoup d'enfants » ? Parce que après c'est la débandade. Les étreintes se ramollissent et les baisers sentent vite la naphtaline. C'est pour ça que l'histoire s'arrête aux retrouvailles, pour cacher cette vérité hideuse aux têtes blondes pleines de rêves. Mais nous, Camille, ne t'inquiète pas ; si tu me suis, nous passerons à travers les mailles du filet. Le temps ne nous aura pas. Nous serons plus malins que lui. Je te jure que notre passion connaîtra une résurrection.

— Mon chéri, ces mises en scène ce n'est pas de
l'amour, c'est une pantomime de l'amour ; et en
plus ça ne sert à rien. On ne peut pas faire jaillir les
sentiments de force. Sois tendre. Parle-moi,
regarde-moi au lieu de chercher sans cesse à quelle
sauce tu me mangeras.

Ce disant, elle songeait à la douceur des mots que
lui murmurait Benjamin par écrit, quand il se
dissimulait derrière la signature de l'Inconnu.

Le Zèbre ravala sa déception et s'abstint de
répondre. Claquemuré dans son mutisme, il prit le
volant et fit gémir le moteur tout au long du retour.
Ses gestes chaotiques et ses regards en fuite trahissaient son amertume et son dépit. « Ce n'est pas de
l'amour, c'est une pantomime de l'amour », avait-
elle dit. Camille ne comprenait donc pas qu'il n'est
d'émotion forte que dans le tourbillon du jeu. Ah
quelle guigne, songea-t-il, que le Bon Dieu ne nous
ait pas créés pour interpréter des pièces durant
soixante-dix ans, des œuvres denses où chaque
réplique serait nécessaire. Gaspard était plus que
jamais résolu à mettre en scène leur vie conjugale, à
sortir leur couple des coulisses où il somnolait.

Le soir, peu loquace, il se retira de bonne heure
dans leur chambre, l'air sombre. Tourmentée par sa
sourde réaction, Camille envoya Natacha au lit sans
tarder et laissa la Tulipe en tête à tête avec une série
télévisée, pour le rejoindre au plus vite.

A peine avait-elle franchi le pas de la porte qu'elle
s'arrêta. Etendu sur l'un des deux lits séparés, le
Zèbre scrutait un petit poste de télévision à travers
des montures de lunettes sans verres. Chaussé d'une

paire de charentaises, emmitouflé dans des mitaines râpées et vêtu d'un gilet élimé, il secoua son faux dentier dans un verre d'eau ; puis il renifla un filet de morve — bien réelle — et, hagard, fixa son regard sans prunelles sur le tube cathodique animé.

Stupéfaite, Camille partit d'un fou rire.

— Allez, arrête, lança-t-elle.

L'appendice nasal toujours orienté vers l'écran lumineux, Gaspard demeurait impassible. Camille eut beau l'implorer, le menacer, se fâcher, rien n'y fit.

— Chut, finit-il par lui souffler en aparté, les vieux couples ne se parlent plus. Ils n'ont plus rien à se dire.

Camille vociféra encore un moment et, exténuée, décida de se coucher.

— Tu veux bien éteindre la télé, s'il te plaît ?

Pour toute réponse, elle n'eut droit qu'à une bordée de pets gras et capiteux.

— Ah non, maintenant ça suffit ! En plus tu es répugnant.

— Eh, Maman, bêla-t-il, apporte-moi la bassine pour mes bains de pieds.

— Tu veux aussi ma main sur la figure ?

— Oui, excellent ! Parce que chez les vieux couples, la haine est accumulée sur des dizaines d'années.

— Gaspard, arrête, j'ai l'impression de vivre un cauchemar.

— Eh, Maman, regarde ça.

Dans l'étrange lucarne, une publicité vantait les mérites d'un soutien-gorge et, en guise d'illustration, des seins au galbe impeccable étaient exhibés sur un fond sonore douteux.

— Ça me rappelle le bon vieux temps, soupira-t-il.

— Espèce de macho testiculeux.

— Maman, le prends pas comme ça ! T'as encore de beaux yeux. Les dents, bon d'accord, elles sont hors d'usage ; mais tes cheveux, ils sont d'origine. T'as pas à te plaindre.

Irritée, Camille lâcha tout le fiel qu'elle avait sur le cœur depuis des semaines. Elle rejetait en bloc tous les subterfuges dont il usait, soi-disant pour restaurer leur mariage. Avec violence, elle lui assena ses quatre vérités :

— Au fond, tu ne m'aimes pas, tu aimes tes stratagèmes. Tu te moques de notre amour, tu t'en sers comme d'un moyen pour colorer le quotidien. Avoue-le, nom de Dieu ! Tu parles de passion mais tu ne me regardes pas avec les yeux d'un amant. Jamais tu ne te préoccupes de mes désirs. Moi aussi j'ai envie de rêves mais de rêves qui ne bouleversent pas à chaque instant notre vie. Je voudrais un bouquet de fleurs de temps en temps, un peu d'attention et de tendresse. Et que tu cesses tes mises en scène. C'est simple, non ? Ho ! Tu m'entends ?

Absorbé par un feuilleton télévisé, Gaspard agitait distraitement le faux dentier qui croupissait dans l'eau du verre à dents.

— Tu m'écoutes, à la fin ! hurla Camille, excédée.

— Eh, Maman, t'as tes règles ou c'est la ménopause ?

Sans réfléchir, Camille attrapa une chaise et le frappa à la tête aussi fort qu'elle put. Il avait dépassé les bornes de l'acceptable. Jamais elle ne l'aurait cru susceptible d'autant de vulgarité.

Mais à présent il gisait les yeux clos sur son édredon, blessé à l'arcade sourcilière.

— Gaspard ?

Ses lèvres et son visage demeuraient immobiles.

— Gaspard, reprit-elle d'une voix tremblante, arrête de jouer.

Inquiète, elle humecta un foulard dans le gobelet du dentier et tamponna son front glacé.

— Mon chéri, balbutiait-elle.

Progressivement, le Zèbre remonta à la surface de sa conscience et, quand il eut recouvré ses esprits, lui sourit.

— Pardonne-moi, murmura-t-elle en caressant ses tempes tachées de sang.

— Ne t'excuse pas, mon amour. Je souhaitais en arriver là. Je voulais que ta répulsion pour tout ce qui ressemble à un vieux couple soit absolue, tu comprends ?

Ebranlée, elle le couvrit de baisers. Ce soir-là, ils firent l'amour ; mais Camille se sentit seule dans les bras du Zèbre. Pour franchir le cap de l'orgasme, elle s'imagina possédée par Benjamin.

Gaspard sentait qu'il n'entrait pas dans son naturel de faire le joli cœur auprès de Camille. Le train-train amélioré qu'elle souhaitait le rebutait. Il ne savait comment lui dire qu'il ne rencontrait l'amour qu'en le jouant.

L'attitude de Camille le désolait. Elle reprisait ses jupes et laissait leur mariage se gâter. Il lui aurait proposé de repeindre les volets de la Maison des Mirobolants, elle aurait accepté sans barguigner ; et pour le grand ravalement de la quarantaine Madame faisait la fine bouche, comme si les ténèbres ne les talonnaient pas, comme s'il n'était pas urgent de s'aimer.

En rangeant ses cheveux et ses ongles, qu'il collectionnait toujours en secret, Gaspard avait retrouvé par hasard les pages sur lesquelles, quinze ans auparavant, Camille avait essayé d'arrêter sa nouvelle signature de femme mariée ; et il avait pleuré. Il avait devant lui la preuve manuscrite que Camille avait désiré l'épouser. Ces essais étaient antérieurs de quelques mois à leurs noces. Heureuse époque où il n'avait pas encore commis la folie de la mettre à son nom. Comment remonter la pente ? Le

Zèbre était désemparé, et pressé. Lorsqu'il était enfant, une chiromancienne au teint olivâtre lui avait prédit qu'il ne connaîtrait pas cet âge réputé être le troisième. Sa ligne de vie était singulièrement courte. Depuis qu'il se croyait habité par la peur de sa mort, il y repensait chaque matin.

D'humeur morose, Gaspard partit un vendredi soir se changer les idées au tréfonds d'une forêt voisine, en compagnie de la Tulipe. Ils allaient souvent marcher tous les deux dans les bois en fin de journée. Ensemble, ils taillaient des cannes, s'épanchaient et le Zèbre lui apprenait à distinguer le chant de la grive musicienne de celui du rossignol. Entre deux confidences, le père et le fils s'arrêtaient et écoutaient les oiseaux.

Dans la lumière déclinante du soir, ils traversèrent une haute futaie, baptisée par le Zèbre « forêt de la Navale ». Aux dires du notaire, les chênes avaient été plantés par Colbert pour donner des mâts à la marine française de l'an deux mille. Pour une fois, il ne fabulait qu'à moitié. L'histoire est authentique, sauf qu'il ne s'agissait pas de cette chênaie, mais de celle de la forêt de Tronçais. Sans doute l'avait-il su ; mais à force de répéter son demi-mensonge, il avait fini par s'en convaincre.

Leurs pas les portèrent jusqu'à la lisière d'une clairière. Troublé par les sentiments qu'il ruminait depuis le début de leur promenade, le Zèbre serra brusquement l'épaule de son fiston.

— Tu ne peux pas imaginer à quel point j'aime ta mère, murmura-t-il tout à trac.

Emu, la Tulipe ne savait trop quoi répondre. Un bonheur sourd faisait battre son cœur ; mais il craignit soudain que sa mère n'aimât pas son père avec autant de passion.

— Ce qu'on entend, c'est un rouge-gorge ou un pinson ? demanda-t-il pour alléger l'atmosphère.

— Un pinson, je crois.

Au retour, ils coupèrent à travers bois et gardèrent le silence. Le Zèbre prit alors conscience qu'il n'avait jamais parlé à son garçon des choses de l'amour. Il l'avait initié à la menuiserie, lui avait enseigné les étoiles et le chant des oiseaux ; mais il avait éludé l'essentiel. Il ignorait d'ailleurs si la Tulipe était en âge d'aimer.

Arrivé sur le perron de la Maison des Mirobolants, il se décida enfin à sauter le pas, au risque de paraître ridicule :

— As-tu des poils au zizi ? lança-t-il.

Interloqué, la Tulipe le regarda avec des yeux ronds, se demandant s'il avait perdu la tête.

— Oui, lâcha-t-il avec beaucoup d'indulgence pour son pauvre père.

— Tu verras, il n'y a rien de plus merveilleux au monde que de faire l'amour avec la femme qu'on aime.

Le plus important était dit, maladroitement, mais son fils saurait au moins que le sexe est un paradis possible. Soulagé, le Zèbre entra dans le salon et se servit un cognac. La Tulipe ignorait encore qu'il se souviendrait longtemps de cette sortie en forêt de la Navale et de ces quelques mots échangés sur le perron.

Un matin, le facteur sonna et remit à Camille une enveloppe sur laquelle ses nom et adresse étaient écrits par la main de l'Inconnu. Son cœur bondit dans sa poitrine et, les tempes chaudes, elle s'isola discrètement dans la serre du grenier pour se délecter de cette prose tant attendue.

Benjamin, ou plutôt l'Inconnu, la priait de porter sa robe noire de lin. Il avait donc remarqué ses écarts vestimentaires et, apparemment, souhaitait un retour à la normale. Confuse de s'être ainsi affichée, Camille descendit en douce dans sa chambre pour se changer. En ôtant son chemisier, elle songea avec amertume que le Zèbre, lui, n'avait pas noté de changement dans ses toilettes. Il devait même ignorer qu'elle possédait une robe sombre de lin.

Il avait suffi d'une injonction du jeune homme pour aviver tous ses espoirs. Depuis des semaines, elle s'efforçait de rétablir la ligne entre elle et Benjamin. Cette lettre la plongea dans un transport sans mélange.

Habillée de sa robe noire, elle se rendit au lycée en bus. Sa petite automobile n'avait pas résisté à la récente révision que lui avaient fait subir Alphonse et Gaspard.

Sitôt le portail franchi, Camille sentit ses jambes fondre dans ses bas. Dès que Benjamin la verrait ainsi vêtue, en noir, il la saurait consentante. Soudain affolée, elle se réfugia dans les latrines de l'établissement, à l'abri des regards. Face à la lunette béante, elle prit alors conscience de l'état d'hypnose dans lequel sa passion l'avait jetée. Le commerce des sens l'attendait à la sortie des classes ; et Camille était trop entière pour se dissimuler les conséquences de cette incartade. Elle ébranlerait nécessairement sa tribu Sauvage. Elle enviait celles qui ont la ressource de mentir. Il lui semblait que, si elle y parvenait, son bonheur serait comme étouffé ; et puis, si elle se lançait dans l'adultère, ce n'était pas pour en jouir les dents serrées.

La sonnerie des cours retentit dans les mornes couloirs du lycée. Il était l'heure. Elle ouvrit la porte, résolue à regagner son bercail ; mais à peine avait-elle foulé le plancher du corridor qu'une voix articula son nom.

Elle opéra un demi-tour et se retrouva devant l'ingambe « Cravache » — c'est ainsi que les élèves nommaient l'acariâtre proviseur du lycée — juché sur ses jambes grêles et dont la raideur faisait saillir la pomme d'Adam.

Ils échangèrent des propos anodins et le proviseur lui emboîta le pas sur un rythme mécanique, comme si une clef invisible avait soudain remonté les ressorts de ses mollets. Camille ne pouvait plus fuir. Le destin surgissait soudain en la personne de Cravache qui l'accompagna jusqu'au pas de la porte de sa classe, louant sa ponctualité et célébrant son sens du devoir. Tel un groom au garde-à-vous, il actionna vigoureusement la poignée. Elle dut pénétrer dans la salle, sous son regard d'automate bien huilé.

— Je vous laisse, postillonna-t-il en claquant la porte derrière elle.

Les pupilles rivées au plancher, Camille s'assit sur sa chaise. Elle se savait dans la ligne de mire de Benjamin. Il était désormais au courant de ses dispositions. Sa robe noire parlait à sa place. Sans même lever les yeux, elle venait de lui céder. Des chuchotements remplirent l'air, tandis qu'elle égrenait à haute voix le chapelet alphabétique des noms des élèves.

— ... Poirier.

— Présent.

— Raterie... Raterie ?

Camille redressa la tête en direction de la chaise habituellement chauffée par le derrière de Benjamin.

Il était absent.

Elle traça une croix devant son patronyme et termina l'appel.

En effeuillant son courrier le lendemain matin, Camille trouva un mot de l'Inconnu qui la laissa sans voix. Sous son masque, Benjamin la remerciait d'avoir mis sa robe noire de lin. Il l'avait donc surprise, malgré son absence. Sans doute s'était-il dissimulé dans un recoin du lycée pour l'apercevoir sans être vu. Elle lui sut gré de n'être pas venu à son cours. Il lui avait ainsi évité deux heures de gêne oppressante.

Le second paragraphe de la lettre la fit tressaillir. Il la sommait d'aller l'attendre le jour même à dix-huit heures, dans la chambre numéro sept d'un hôtel exploitant le filon des couples non bagués ; faute de quoi, il interromprait leur correspondance à sens unique.

Ce chantage n'était pas sans arranger Camille. Consciente de son manque d'audace, elle savait avoir besoin d'un soupçon de contrainte pour franchir les pas difficiles.

Afin d'atténuer la culpabilité qui commençait à sourdre en elle — car déjà sa décision de s'y rendre était irrévocable — Camille élabora une thèse officielle, acceptable à ses yeux de mère de famille.

Elle voulut croire qu'une fois l'adultère consommé, Benjamin ne présenterait plus guère d'attrait. Dans son idée, elle n'allait au rendez-vous que pour calmer son désir en l'exauçant, de façon à ce qu'ensuite tout pût rentrer dans l'ordre. Et puis, après tout, le Zèbre n'avait rien fait ces derniers temps pour qu'elle lui restât fidèle.

Camille se félicita de ne pas devoir affronter dans la journée la classe de Benjamin. Elle ne professait devant lui que le jeudi et le vendredi et la semaine était à peine entamée. Elle n'aurait pu soutenir son regard la déshabillant pendant qu'elle blanchirait de craie le tableau noir.

Au lycée, dans les couloirs, elle se faufila en relevant le col de son imperméable et passa une heure dans les toilettes, entre deux cours, pour ne pas risquer de le rencontrer. Cet abri lui paraissait plus sûr que la salle des professeurs dont il pouvait pousser la porte sans crier gare.

Sur le coup de dix-sept heures trente, Camille mit les voiles en direction du petit hôtel dont les volets mi-clos donnaient sur une ruelle peu fréquentée, à proximité de la gare de Laval. A la réception, elle fut gauche. Elle appréhendait à tout instant de rencontrer son boucher au bras d'une créature pulpeuse. Le patron au crâne luisant de sueur finit par lui tendre la clef du paradis, celle de la chambre réservée par l'Inconnu, en lui adressant un coup d'œil égrillard. Elle balbutia un remerciement trop poli, s'agrippa à la rampe poisseuse de l'escalier, gravit les marches jonchées de mégots et s'engagea à l'aveuglette le long d'un corridor obscur.

Dans les chambres, des couples anonymes râlaient, soupiraient, gémissaient. Les cloisons bon marché servaient plus de caisse de résonance que d'isolant. Ce bourdonnement copulatoire était traversé de voix étouffées dont les exigences semblaient insatiables.

Troublée par cette symphonie de halètements et de grincements de sommiers, Camille trouva enfin l'interrupteur, glissa sa clef dans la serrure de la chambre sept et referma prestement la porte derrière elle. Personne ne l'avait vue. Au fond de la pièce, derrière un paravent qui avait dû être blanc, il y avait un bidet et une serviette encore immaculée.

Elle s'étendit sur le lit et reprit son souffle en respirant deux ou trois fois. Il était dix-huit heures.

Trente minutes plus tard, elle était toujours seule sur la couverture grossière. Elle entendit des pas dans le couloir. Une voix fluette parvint jusqu'à elle, puis une autre au timbre de contrebasse. C'était un couple, sans doute venu s'aimer clandestinement. Ils pénétrèrent dans la chambre jouxtant celle où elle s'impatientait et titubèrent sur le pucier, quasiment séance tenante.

Emoustillée par l'atmosphère, Camille n'était plus qu'attente. Il y eut encore du passage dans le corridor. Elle priait pour que ce fût Benjamin ; mais ce n'était que d'autres amants sans visage qui échouèrent dans les lits de l'étage.

Une démarche retint cependant son attention. Les lattes disjointes du couloir grinçaient légèrement, comme s'il se fût agi de quelqu'un de frêle. Camille crut identifier la foulée de Benjamin. Les pas se rapprochèrent. Il y eut un silence ; puis on frappa.

— Entrez, dit Camille d'une voix mal assurée.

Une enveloppe fut alors glissée sous la porte. Camille se redressa, s'empara de la lettre et la décacheta fébrilement. Il était écrit : « Pas encore. »

Les pattes de mouche étaient bien celles de l'Inconnu.

Le lendemain, une nouvelle lettre pria Camille de retourner le jour même, toujours à dix-huit heures, dans la chambre numéro sept de l'hôtel borgne.

Comme hypnotisée, elle s'y rendit avec ponctualité. Le petit patron ruisselant de sueur aigrelette lui tendit à nouveau la clef et la laissa monter seule.

Elle eut droit aux bruits de rut dans le corridor sombre, croisa un couple trop bien recoiffé et pénétra dans la chambre réservée.

Cette fois-ci, elle ne se ferait plus prendre au dépourvu. Elle ne laisserait pas repartir l'Inconnu sans avoir vu sa gueule d'amour de lycéen. Dès qu'il frapperait, elle ouvrirait la porte et le happerait avant qu'il pût filer; mais tout en patientant, Camille songea avec nostalgie à la période qui allait se terminer dès qu'il apparaîtrait. Les lettres anonymes lui manqueraient. Son existence risquait fort de redevenir un plat sans sel, dès lors qu'elle ne tremblerait plus en triant son courrier chaque matin. Elle ne pourrait plus jouir de connaître sa véritable identité, alors qu'il ignorait qu'elle savait.

Camille hésita un instant à s'enfuir, tant qu'il était encore temps, pour prolonger un peu cette romance qui depuis plus de trois mois donnait du piquant à son existence ; mais elle ne voulait pas courir le risque de ne plus recevoir de lettres, au cas où Benjamin mettrait ses menaces à exécution. Bien sûr, restait la solution de briser son silence en lui écrivant qu'elle n'était pas dupe de son anonymat. Mais elle avait là, dans les minutes qui allaient suivre, l'opportunité de finir en beauté, après une passade qu'elle espérait suffisamment torride pour lui tenir chaud au cœur quand, vieille et fripée, elle songerait à l'unique accouplement extra-conjugal de sa vie de femme mariée ; car elle était toujours résolue à rompre leur liaison au sortir de l'hôtel.

Un pas léger fit grincer les lattes du plancher du couloir. C'était Lui. Elle posa sa main sur la poignée, résolue à intervenir s'il voulait à nouveau disparaître. Il s'arrêta et ne bougea plus, pendant quelques secondes. N'y tenant plus, Camille ouvrit la porte avec violence et se retrouva face au patron de l'établissement, plus humide que jamais, en train de remplacer l'ampoule morte d'un plafonnier de mauvais goût.

Percluse de confusion, Camille balbutia des platitudes et lui claqua la porte au nez ; puis elle s'allongea sur le lit pour reprendre ses esprits et son souffle ; quand tout à coup elle vit la poignée remuer.

L'Inconnu apparut dans l'embrasure, masqué par une cagoule, croyant sans doute maintenir ainsi le mystère de son identité. Cette attention émut Camille. Elle n'en trouva Benjamin que plus troublant. Muet, il avança ses mains gantées et lui noua sur les yeux un épais bandeau noir. Un à un, les boutons-pression de son corsage sautèrent, avec une exquise lenteur. Frémissante, Camille se laissa dévêtir entièrement. Il ôta ensuite ses gants et frôla ses hanches. Enfin, les belles mains de Benjamin jouaient sur sa peau, arpentant son anatomie du bout des doigts. Sans un mot, il la couvrit de caresses tremblées, interminables et enveloppantes.

Camille essaya de le déshabiller ; mais il lui fit sentir qu'il pouvait s'acquitter lui-même de cette tâche, et s'exécuta. Il la repoussa à nouveau quand elle tenta, à tâtons, de l'attirer contre son sein. Elle comprit alors que Benjamin voulait éviter tout contact susceptible de l'identifier. Conciliante, elle renonça à ses velléités de câlins.

Ils s'aimèrent deux fois, d'une manière peu recommandée par les missionnaires. Au prix d'acrobaties palpitantes et scabreuses, ils atteignirent l'un et l'autre les stratosphères du septième ciel sans que Benjamin eût jamais pesé sur Camille. Le diable dut y prendre du plaisir.

Rassasiée, elle l'entendit remettre ses vêtements et s'éclipser lestement. Après ce corps à corps, elle savait déjà qu'elle succomberait s'il la convoquait à nouveau. Elle était prête à affronter cent fois les clins d'œil vicelards du patron de l'hôtel et la crasse de la chambre sept pour retrouver la volupté de ces étreintes aveugles. Seule, elle dénoua son bandeau et enfila son chemisier.

Camille découvrait une seconde Camille Sauvage, longtemps mise entre parenthèses. Pour la première fois, elle venait de s'éloigner de l'idée convenue qu'elle se faisait de son existence. Elle éprouva un formidable sentiment de liberté qui dépassait de loin la libre disposition de son corps. Le monde lui paraissait soudain plus vaste. Camille s'apercevait avec effroi qu'elle était encore inexplorée, vierge en quelque sorte. Elle n'avait jusqu'à présent joué d'elle-même qu'en suivant des partitions composées par d'autres, sans jamais s'aventurer au-delà de ses peurs. Elle avait soif d'improviser sa vie.

Dès le lendemain, une lettre anonyme proposa à Camille un rendez-vous au Café de l'Ouest, le bar où les amoureux débutants de Laval venaient roucouler après les classes. « Vous me reconnaîtrez à mon écharpe rouge », écrivait l'Inconnu.

Sans hésiter, dix minutes avant l'heure dite, Camille prit la route. Elle voulait s'ouvrir à Benjamin des bouleversements qui s'opéraient en elle.

D'humeur gaillarde, elle décocha des sourires coquins à deux ou trois jeunes hommes dans les rues de la ville — ce qu'elle n'aurait jamais osé faire auparavant — et gara sa voiture à proximité du bar. Elle était décidée à vivre désormais tout haut, à tutoyer ses peurs. Au diable les appréhensions qui bridaient ses envies !

Arrivée à destination, elle balaya d'un regard oblique la terrasse du Café de l'Ouest. Quelques donzelles se pâmaient devant un parterre de sémillants garçons qui jouaient les avantageux ; mais il n'y avait ni Benjamin, ni écharpe rouge. L'air dégagé, elle poussa la porte vitrée et se fraya un passage parmi les clients qui s'alcoolisaient en glosant sur les mérites de l'équipe locale de football.

Les yeux atteints par la nicotine ambiante, elle cilla et soudain ravala sa salive.

L'écharpe rouge était bien là, flottant au cou du Zèbre qui paraissait l'attendre. Avec une familiarité composée, il sourit et, comme encombré par sa maladresse, lui adressa un petit hochement de tête en signe de bienvenue.

Un instant, Camille voulut croire qu'il avait intercepté la lettre de l'Inconnu et qu'il était venu à la place de Benjamin; mais il la regardait avec un trouble si manifeste et une gaucherie si inhabituelle qu'elle comprit avec effroi qu'il ne s'agissait plus d'un jeu. Elle avait bien rendez-vous avec le Zèbre.

Une bouffée de honte la submergea, l'ébranla et manqua de la faire défaillir. Elle se sentait comme nue, violée, intégralement démasquée. Le Zèbre connaissait — et pour cause — la raison de sa présence dans ce bistrot. Il savait qu'elle l'avait trompé, corps et âme. Qu'elle l'eût cocufié avec lui-même ne changeait rien à l'affaire; sinon qu'il avait récupéré d'une main ce qu'il avait perdu de l'autre. Les bras pantelants, elle se laissa choir sur une chaise, face à son amant devenu soudain légitime. Cramoisi, le Zèbre vida son verre d'un trait et demeura longtemps muet, penaud, craignant de rencontrer les yeux de Camille.

Pendant des mois, elle s'était fardée et vêtue pour lui, à son insu, comme jamais depuis quinze ans. Par son jeu de miroirs sans tain qui lui permettait de surprendre sans être vu, d'écrire sans être reconnu et de la basculer incognito, le Zèbre était parvenu à réveiller leur passion ratatinée par les ans; car il ne s'était pas écoulé de jour depuis le

96

début de cette aventure sans qu'elle pensât à l'Inconnu. Il logeait à présent dans son cœur, tout comme le Zèbre dans les premiers temps de leurs tribulations conjugales.

Ahurie par l'étendue du quiproquo, Camille se souvint alors de son désarroi lorsque Gaspard avait poussé la supercherie jusqu'à lui enjoindre de déchirer ses propres lettres. Il n'avait reculé devant rien. Un court moment, elle le soupçonna de n'être qu'un faussaire, un manipulateur incapable d'émotions franches. Elle eut le sentiment qu'il s'était joué d'elle comme une araignée de sa proie, tissant autour d'elle une toile invisible, lui donnant ainsi un illusoire sentiment de liberté alors qu'il ne cessait de la surveiller. Elle n'apprendrait d'ailleurs que bien plus tard les dispositions qu'il avait prises pour poster de Laval une lettre décrivant sa robe, tandis qu'il se trouvait à Toulouse. Mais si le Zèbre était un démon, il n'en était pas moins un ange à ses yeux.

Camille s'imaginait à présent connaître le double fond de sa personnalité, son visage intérieur, à travers les missives pleines d'attention de l'Inconnu, sans se douter un instant que le Zèbre s'était montré dans ces lettres sous un jour avantageux afin de la charmer. Sa duplicité allait plus loin qu'elle ne l'imaginait. Elle ignorait encore jusqu'où pouvait le mener son goût immodéré pour les stratagèmes.

Sans préambule, Gaspard porta la main de Camille à ses lèvres. Il ne savait comment lui dire qu'il avait ourdi cette machination parce qu'il pressentait qu'après quinze ans de lit commun Camille aurait tôt ou tard recours aux services d'un

97

amant. Plutôt que d'attendre avec résignation ce coup de canif dans le contrat, il avait préféré prendre les devants et lui offrir une aventure dont il jouirait légalement.

À présent, le Zèbre se flattait d'avoir ressuscité leur passion ; mais Camille éprouvait une déception teintée d'amertume. Il ne lui aurait pas déplu que le séduisant Benjamin fût l'Inconnu. Son regret s'atténua cependant un peu lorsqu'elle songea à l'immensité de l'amour que lui vouait le Zèbre. Elle s'étonna même, avec une pointe de fierté, qu'un homme pût dépenser pour elle autant d'énergie, de temps et d'ingéniosité. Touchée, elle lui caressa la main.

Camille ne se doutait pas qu'elle n'avait vécu que les hors-d'œuvre du programme que lui réservait le Zèbre. A présent que leur passion était entrée dans les hautes sphères, il ne la laisserait plus perdre de l'altitude.

Pour consolider leur amour, Gaspard proposa à Camille de dormir chacun dans une chambre. Stupéfaite de son opiniâtreté, elle n'eut pas le cœur de protester. On expliqua à la Tulipe et à Natacha que leur père souffrait d'insomnies qui importunaient leur mère et, le soir même, il prit ses quartiers dans la chambre d'amis, à l'autre bout du corridor de l'étage. Ainsi quand l'un des deux tourtereaux aurait une envie de câlins, il n'aurait qu'à se lever, franchir le couloir et rejoindre l'autre dans son nid ; mais très vite le Zèbre perfectionna cette procédure.

Il s'était aperçu que les lattes du plancher du couloir étaient disjointes et que, sous l'effet de son poids, elles faisaient vibrer l'air d'un son qui traversait les cloisons. Si elle dressait bien l'oreille, Camille pouvait donc à l'avance être prévenue de son arrivée.

Le dessein du Zèbre était de l'aider à retrouver l'émotion qu'elle avait éprouvée quand, dans la chambre sept du petit hôtel, elle avait entendu pour la première fois les grincements provoqués par les pas de l'Inconnu dans le couloir.

Aussi se délecta-t-il en faisant chanter le parquet

les nuits suivantes. Mais Camille se montra peu coopérante. Afin de fermer l'œil, elle enfonça du coton dans ses oreilles tandis que le Zèbre s'évertuait des heures durant à piétiner les lattes du corridor. Une fois, il entra et la trouva perdue dans ses songes, ronflant comme une bienheureuse. Vexé, il regagna son lit dans une grande agitation et ne trouva le sommeil que fort tard.

Ce n'est qu'au bout d'une semaine que Camille consentit à dégager ses oreilles. Elle espérait avoir dissuadé le Zèbre ; mais peu après s'être couchée, elle entendit de nouveau des craquements dans le couloir. Irritée, Camille était sur le point de replacer ses cotons quand un frisson la troubla et la porta à réfléchir. Après tout, il ne lui coûtait rien d'entrer dans le jeu du Zèbre ; quitte à feindre de dormir s'il pénétrait dans la chambre. Elle ne voulait plus paraître manipulable.

Dans l'obscurité du corridor, il progressa vers la porte de Camille, rebroussa chemin, tergiversa et finalement revint. Cette valse hésitation agissait sur elle comme une caresse frôlée, indécise et pourtant précise. L'attente lui procurait une extase plus grande que l'acte espéré qui, d'ailleurs, n'eut pas lieu ; car le Zèbre poussa le tourment jusqu'à retourner dans sa chambre.

Ce manège s'éternisa. Au bout du troisième ou quatrième soir, Camille escomptait toujours qu'il finirait par succomber à l'aiguillon de la chair. Il ne l'avait pas touchée depuis presque dix jours. C'était sans compter avec le plaisir qu'il tirait de la savoir dans l'expectative. Debout dans le couloir, il la tenait enfin à sa merci et jouissait de vivre aussi intensément qu'un personnage de théâtre. L'espace

100

de ces soirées, il n'avait rien à envier à Roméo. Le va-et-vient des grincements se prolongea des semaines entières.

Plus le temps s'écoulait, plus Camille perdait pied. Elle prenait les craquements de la charpente pour des signes de la venue du Zèbre et, par deux fois, se rua dans le couloir pour se casser le nez sur le néant. Elle avait rêvé. Gaspard lui ayant formellement interdit de surgir dans sa chambre — car c'eût été la ruine du mécanisme qui maintenait leur désir intact — elle retournait se glisser seule entre ses draps. Son ventre incendié la brûlait, comme l'envie de gifler le Zèbre. Le ressentiment qu'elle nourrissait à son encontre était d'autant plus fort qu'elle se sentait prisonnière de la concupiscence qu'il éveillait en elle.

Une nuit, Gaspard s'approcha de sa porte. Aussitôt, la rancune de Camille s'évanouit. Elle baissa ses paupières et s'efforça de domestiquer son souffle. Tout en espérant qu'il viendrait se couler à ses côtés, elle désirait qu'il crût qu'elle ne l'avait pas attendu. Fierté oblige. Mais elle savait le Zèbre susceptible d'évacuer les lieux à la dernière seconde. Même s'il pénétrait dans la chambre, tant qu'il ne l'aurait pas étreinte, rien n'était acquis.

Effectivement, lors de sa première apparition, il franchit le seuil, contempla longuement son épouse et sortit en refermant la porte derrière lui. La seconde fois, révoltée et mise en combustion, elle l'attrapa par le collet et le viola sauvagement.

Par la suite, Camille se montra plus calculatrice. En manière de revanche, elle faisait les cent pas dans le couloir pendant une partie de la soirée et s'imaginait ainsi narguer le Zèbre sans voir qu'elle se conformait à la logique de son jeu diabolique. Sous sa couverture, il jubilait.

Il arriva qu'un soir le Zèbre ne rentra pas. Sur le coup de dix heures, Camille expédia au lit la Tulipe et Natacha en leur assurant que « Papa avait appelé pour prévenir qu'il était retardé » ; mais Papa n'avait pas daigné téléphoner. Puis elle affecta une attitude insouciante.

Camille se réfugia dans un roman sans pénétrer dans l'intrigue, feuilleta des magazines dits féminins et surveilla, non moins fébrilement, les différentes chaînes de télévision. Par chance pour ses élèves, elle n'avait pas de copies à corriger ; sinon les notes auraient eu du mal à décoller.

Elle se doutait bien que le Zèbre n'était ni dans un lit d'hôpital — la gendarmerie l'aurait avertie — ni dans celui d'une créature. S'il avait eu une maîtresse, une vraie comme au théâtre, il n'aurait pas découché sans s'expliquer ou alors il l'aurait vue en douce. Il était infiniment plus probable que Gaspard avait en tête de la rendre jalouse ; et c'était cela qui mortifiait Camille.

Mais les ficelles lui semblaient trop grosses. Le Zèbre avait dû prévoir qu'elle flairerait le piège et trouverait le chiffon trop rouge pour foncer dedans tête baissée. Camille se perdait en conjectures.

Ce qu'elle ne voulait plus en tout cas, c'était être de cire. Aussi décida-t-elle de prendre quelques distances avec cette affaire et de ne lui poser aucune question à son retour.

Mais lorsque le Zèbre réapparut, le lendemain à l'aube, il n'attendit pas d'être interrogé pour se répandre en explications. Il réveilla Camille vigoureusement à six heures et demie du matin et lui déclara qu'il avait passé la nuit à cuver une biture avec Alphonse, chez le père Jouvin, un ami de ce dernier qui distillait sa gnole personnelle et qui, aux dires de ses acolytes, savait lever le coude. Ivre mort depuis sept heures du soir, le Zèbre n'avait soi-disant pas pu téléphoner.

— ... je n'arrivais même plus à viser les touches de l'appareil ! beugla-t-il.

Camille le pria poliment de déguerpir pour la laisser terminer sa nuit. Il obtempéra. Naturellement, elle ne retrouva plus le sommeil. Cette histoire d'ivrognes la tracassait.

En partant pour le lycée, elle fit un crochet chez Alphonse et Marie-Louise. Ils n'étaient pas chez eux, c'est-à-dire dans l'unique et vaste pièce de leur fermette ; mais elle aperçut leurs silhouettes pliées en deux dans le potager. Ils repiquaient des laitues comme des Chinois voûtés sur leur rizière. Ils parlèrent avec leurs mots colorés et brouillons de la veillée qu'ils avaient passée en famille, hier, après qu'une vache eut mis bas. Le Zèbre avait donc tout inventé.

Elle ne comprenait pas pourquoi Gaspard s'ingé-niait à lui masquer la vérité. Il devait s'attendre à ce qu'elle vérifiât ses dires ; à moins qu'il lui eût menti pour la rendre jalouse lorsqu'elle en prendrait conscience. Camille brûlait de l'attraper par le col et de le secouer jusqu'à ce qu'il avouât ce qu'il tramait. Elle crevait d'envie de lui assener qu'elle n'était dupe de rien, qu'elle savait qu'il n'était pas allé chez le père Jouvin cette nuit-là ; mais elle se retint. Elle ne voulait pas qu'il apprît qu'elle avait été trouver Alphonse. Il en aurait été trop satisfait.

Dans les semaines qui suivirent, il n'y en eut que pour une certaine Anna, une avocate récemment rencontrée par Gaspard qui, à l'entendre, partageait une bonne partie de ses repas d'affaires. Anna était soi-disant bien faite, sculpturale et dotée d'une jugeote éblouissante. Le Zèbre avait des trémolos dans la voix quand il évoquait les faits et gestes de la jeune femme. Camille riait sous cape. Elle pressentait que tous ces déjeuners pris en tête à tête étaient plus fictifs que menaçants. L'existence même de ladite avocate lui paraissait improbable.

Pour s'en assurer, elle décrocha son téléphone et appela Marie, la secrétaire du Zèbre. Marie devait avoir eu vent d'Anna si son patron gueuletonnait vraiment tous les deux jours avec elle.

— Allô, Marie ? Bonjour, c'est Madame Sauvage. Auriez-vous par hasard l'adresse d'Anna... une avocate qui travaille avec Gaspard ces temps-ci, je crois. Je voudrais lui envoyer des fleurs.

— Vous voulez parler d'Anna Mankoviecz ?

— Oui, c'est ça. Son nom est impossible...

— Un instant, je vous prie.

Ainsi, Anna existait. Camille songea que le Zèbre avait dû profiter de cette relation d'affaires pour tenter d'agacer sa jalousie.

C'est donc avec sérénité qu'elle retrouva le lendemain l'alliance de Gaspard, soigneusement oubliée par ce dernier sur le rebord de leur baignoire, alors qu'il avait rendez-vous avec Anna ; du moins l'avait-il prétendu. Le procédé était un peu grossier. Trop heureuse de se jouer de lui à son tour, Camille décida de se comporter comme si elle n'avait pas remarqué l'alliance. Au retour du Zèbre, elle prit une douche et ressortit de la salle de bains sans rien dire. Elle jubilait de le savoir dans l'expectative. L'anneau ne demeura pas longtemps sur le porte-savon. Sans doute Gaspard le récupéra-t-il avec dépit.

Camille cessa cependant de sourire le jour où le Zèbre se mit en tête de révolutionner leur alimentation, sous prétexte qu'Anna lui avait vanté les vertus d'un régime d'origine indo-californienne. Camille se refusait à nourrir ses enfants de granulés pour hamsters ; quant à la salade cuite que Gaspard laissa fermenter, elle la jugea tout juste bonne à purger les chats de Marie-Louise. La mascarade avait assez duré. Elle somma donc le Zèbre d'inviter à dîner cette avocate si friande de graines pour mettre les choses au clair. Elle se faisait fort de lui préparer un infâme brouet à base de pilpil concassé.

Il esquiva le piège en déclarant qu'Anna était en déplacement aux Amériques, en Californie justement, pour suivre un « séminaire nutritionnel » car « quelque part » elle en avait besoin, étant entendu que « le corps et l'esprit sont intimement associés dans un même vécu ». Depuis qu'il feignait d'avoir une liaison avec Anna, le Zèbre se gargarisait de mots creux et d'expressions dont le sens lui échappait. Il rotait également avec application, arguant que la rétention de gaz intestinal dérègle les flux

106

d'énergie sexuelle. Anna lui avait tout expliqué, à l'aide d'une trilogie de proverbes chinois qu'elle tenait d'un gourou qui officiait dans le sud du Tibet. Bref, pour l'instant Anna se trouvait à Los Angeles en train de mâchouiller avec exaltation des racines de cactus et si son thème astral lui était favorable, elle y suivrait peut-être des cours d'entraînement à l'orgasme.

Camille reconnut bien là l'esprit fantasque du Zèbre et s'étonna qu'il l'imaginât assez crédule pour avaler ses fables; jusqu'en cette fin d'après-midi où, venue chercher le notaire à l'étude, elle surprit derrière une porte des propos égrillards concernant l'anatomie d'Anna. Le Zèbre et Grégoire, son clerc, évaluaient les mérites respectifs de la croupe et du buste de la dame; puis Gaspard se reprit et tança sa « mauvaise conscience » — c'est ainsi qu'il surnommait parfois son clerc — en lui rappelant qu'Anna lui était chère. L'avocate mangeuse de granulés n'était donc pas aussi inoffensive qu'elle l'avait pensé. Le Zèbre paraissait même lui avoir déjà prodigué quelques faveurs.

Lorsque Camille franchit le seuil du bureau, elle dissimula son trouble. Alors qu'elle s'était imaginée plus fine que le notaire, il l'avait roulée une fois de plus dans la farine en ne masquant, pour une fois, pas son jeu.

Elle aurait aimé avoir une explication franche avec Gaspard; mais en ouvrant le dossier Anna, elle craignait qu'il ne la crût jalouse et ne voyait aucune raison de lui offrir cette victoire. Il lui fallait avant tout conserver son intégrité face au Zèbre; d'autant qu'il avait peut-être commenté à dessein les formes d'Anna quand il avait entendu son pas résonner dans le hall de l'étude. Grégoire pouvait être de mèche. L'expérience lui avait enseigné qu'avec semblable animal, aucune éventualité ne devait être écartée.

Anna rapporta de son séjour en Californie des petits cadeaux qu'elle voulut offrir, via le Zèbre, à la Tulipe et à Natacha, sans doute pour les apprivoiser. Piquée par cette manœuvre scélérate, Camille subtilisa les présents avant que sa progéniture n'en vît la couleur. Les velléités coloniales de cette intruse finissaient par l'agacer. Elle était désormais prête à sortir ses griffes pour défendre son territoire et protéger ses petits des influences étrangères. Aussi fit-elle lambiner les choses quand le Zèbre reparla de convier Anna à dîner, comme Camille en avait elle-même émis le souhait.

Il insista à plusieurs reprises ; mais lorsque Camille voulut bien lui suggérer une date, la seule qui lui convenait en cette période d'examens, il l'informa qu'il ne se trouverait pas à Laval ce soir-là. Une importante succession devait le retenir à Paris pendant quarante-huit heures. Une fois de plus, la ripaille diététique fut ajournée.

Camille pressentait que ce périple dans la capitale ne serait pas uniquement consacré à limer les ongles d'héritiers cupides. Pour en avoir le cœur net, elle aurait aimé filer le Zèbre ; mais elle ne pouvait déserter sa classe à quelques semaines du baccalauréat ; et puis, s'il tenait vraiment à lutiner Anna, sa surveillance se révélerait vaine tôt ou tard ; si la trahison n'était pas déjà consommée. Plus elle y songeait, plus il lui semblait évident qu'Anna partagerait la même chambre que Gaspard cette nuit-là, non pour réduire les frais d'hôtellerie mais bien pour mettre en pratique ses fameux cours d'entraînement à l'orgasme.

Face à cette nouvelle épreuve, Camille éprouvait de la lassitude plus que de la douleur. Le surmenage amoureux que lui avait imposé le Zèbre pendant de longs mois l'avait éreintée. Saturée de grands sentiments, elle n'aspirait plus qu'au repos ; mais elle savait que l'énergumène n'écouterait pas ses demandes d'armistice. La paix des ménages était pour lui synonyme de déroute. Il n'entendait la mélopée de l'amour que dans le fracas des combats. A présent, elle en avait soupé de cette guerre de positions.

Le jour du départ pour Paris, Camille eut cependant un dernier sursaut. Elle décida de ne pas faciliter la tâche au Zèbre, par plaisir. Elle lui annonça à la dernière seconde qu'elle le conduisait à la gare de Laval. Ainsi, s'il devait y retrouver Anna, elle connaîtrait la satisfaction amère de les confondre. Le Zèbre la remercia chaleureusement et lui répondit qu'il pouvait s'y rendre seul ; mais elle insista avec véhémence. A bout d'arguments et mal à l'aise, il dut accepter.

Gaspard essaya de se défaire de Camille devant la station de chemin de fer mais, tenace, elle ne le quitta pas jusqu'à ce qu'il fût installé dans son wagon, tout en surveillant les voyageuses à qui il aurait pu adresser un coup d'œil de connivence ; mais, manifestement, Anna ne rôdait pas alentour. Camille donna au Zèbre le baiser du traître, sauta sur le quai et la rame s'ébranla.

Ravie de son initiative, elle exultait ; car si Anna n'était pas venue à la gare, c'est qu'ils devaient se rejoindre chez elle, à Laval. Voilà pourquoi le Zèbre s'était montré plein d'embarras lorsqu'elle l'avait accompagné jusqu'à sa place.

Effectivement, dans le train, Gaspard était fort contrarié. Il n'avait jamais eu l'intention de gagner Paris. La succession qu'il devait soi-disant y régler n'était qu'une chimère de son invention, tout comme sa liaison avec Anna qui n'était pas sa maîtresse mais celle de Grégoire.

Gaspard avait concocté cette machination en désespoir de cause, pour attiser la jalousie de Camille. La tromper pour de bon ne l'avait plus effleuré depuis sa liaison fugace avec Mathilde Clarence. Il croyait plus que jamais en sa femme et regardait cette incartade, comme ses amours révocables de jeunesse, avec les lunettes du mépris.

Le Zèbre descendit du train à la première station, au Mans. Il y passa la nuit dans un hôtel qui suintait la tristesse et ne repartit pour Laval que le lendemain, respectant ainsi les délais de son mensonge.

Gaspard espérait retrouver une Camille fort agitée. Elle n'avait jusqu'à présent manifesté aucune jalousie ; sa résistance passive commençait à l'irriter. Il pronostiquait cependant qu'elle craquerait sous peu. Cette nuit prétendument passée dans les bras d'Anna avait dû faire son œuvre.

A la gare de Laval, il monta dans un taxi.

— Où va-t-on, m'sieur ?

— A Sancy, la Maison des Mirobolants, vous connaissez ?

— C'est vous le notaire qui fabrique des fausses pièces de cinq francs ?

Et la discussion de rouler au même train que le taxi, et le chauffeur d'enclencher son grignoteur qui afficha une somme rondelette à l'arrivée. Flatté

110

d'avoir été reconnu, le Zèbre gratifia le conducteur d'un pourboire mirifique ; puis il remonta l'allée sombre de tilleuls qui conduisait à la maison. Pardessus les arbres en fleurs, une masse de nuages pesait sur le ciel. Il reconnut le chant d'un merle amoureux ; mais aucune version femelle de l'oiseau ne lui répondit.

Gaspard gravit avec quiétude les marches du perron. Il ignorait encore ce qu'il aurait dû pressentir s'il avait eu la cohérence d'un personnage de roman ; mais le Zèbre avait la légèreté des hommes créés par Dieu et non par un auteur.

Dans l'entrée, le Zèbre trouva une lettre de Camille, posée sur le carrelage.

« Gaspard,

« Je te quitte parce que je t'ai compris. Je te quitte pour que nous ne devenions jamais un vieux couple. Je te quitte par amour, avant que nos sentiments se figent en habitudes. Je te quitte comme on sort du cinéma pour ne pas voir mourir le héros. Je te quitte comme on refuse de voir la dépouille des défunts qu'on a aimés pour conserver l'image de leur regard lumineux. Je te quitte parce que l'amour est poète et que les poètes meurent jeunes. Je te quitte parce que Roméo et Juliette ne peuvent fêter leurs noces d'argent. Je te quitte pour te garder tel qu'en ta beauté folle de cette nuit où tu m'es apparu dans une cage d'escalier, vêtu d'une serviette.

« Gaspard, nous ne vieillirons jamais.

« Camille. »

Camille l'avait compris ; mais, plus téméraire que lui, elle allait jusqu'au bout de son rêve et le prenait à son propre jeu. Cette retraite laissait leur histoire intacte, hors des atteintes du temps, tout en protégeant Camille. Il y avait urgence. Ces mois de corrida l'avaient exténuée.

Ahuri, le Zèbre voulut d'abord voir une ruse dans cette fuite. Il se félicita même que sa femme prît enfin des initiatives pour entretenir leur flamme. Mais il déchanta vite en visitant le premier étage. Les chambres de Natacha et la Tulipe avaient été vidées, nettoyées. Plus un lapin en peluche, plus un livre de classe, plus une gomme.

Le Zèbre s'aperçut alors que l'exode des siens n'était pas une plaisanterie. Affolé, il se rua chez Alphonse et Marie-Louise, remua ciel et terre et finit par apprendre que Camille s'était repliée chez sa vieille mère. Quinze minutes plus tard, il foulait le paillasson de belle-maman, au cinquième étage d'un immeuble cossu du centre lavallois. Mais il eut beau sonner à tire-larigot et invectiver la rombière septuagénaire, la porte resta close.

— Camille ! hurlait-il sur le seuil, au grand dam de la voisine de palier qui, inquiète, donna de l'intérieur un second tour de clef.

Devant le silence de Camille, Gaspard confessa sa traîtrise :

— Je ne suis pas l'amant d'Anna. C'est la maîtresse de Grégoire. Je voulais seulement te rendre jalouse.

Dans la seconde, la porte s'ouvrit. Camille apparut, roulant des yeux furibonds.

— C'est vrai, ça ? lâcha-t-elle froidement.

— Oui, c'est vrai que c'était faux. J'ai monté cette histoire de toutes pièces.

— Mais c'est presque pire...

Le Zèbre pénétra de force dans l'appartement, bouscula sa belle-mère courte sur pattes qui se réfugia en bêlant dans la cuisine et vit que leurs petits n'étaient pas là. Reprenant son souffle, il tenta de ramener Camille à plus de raison ; mais rien n'y fit. Elle maintint sa décision, arguant que son départ était la seule issue s'il voulait vraiment que le temps cessât de miner leur couple. Au passage, elle lui cracha à la figure sa haine de ses procédés et jura sur plusieurs têtes, dont la sienne, qu'elle ne serait plus jamais le jouet de ses facéties.

Alors, désespéré, le Zèbre entrouvrit son cœur, en s'imaginant être authentique :

— T'es-tu demandé quel aiguillon m'a poussé à agir comme je l'ai fait ? Pourquoi je n'ai reculé devant rien ? Parce qu'il y a six mois, je t'ai retrouvée exsangue à l'hôpital. J'ai compris alors qu'il y avait urgence à s'aimer avant que la mort ne nous sépare. Depuis ce soir-là, chaque fois que tu t'endors j'ai l'impression que tes yeux ne vont plus se rouvrir, chaque fois que tu me quittes je me dis que c'est peut-être la dernière fois que je te vois. Je sens ta vie suspendue à un fil. Sais-tu seulement que je collectionne tes ongles et tes cheveux pour conserver des preuves de ton passage sur terre ? Sais-tu pourquoi j'ai fondu nos deux mains en plomb ? Pour qu'elles restent unies à jamais.

Stupéfaite, Camille recula d'un pas ; tandis que le Zèbre jouissait, malgré la gravité de la situation, de lui avoir révélé son comportement clandestin ainsi que les sentiments qu'il s'efforçait de nourrir depuis des mois. Il croyait désormais à son personnage hanté par la mort ; mais il se devait à présent d'abattre complètement son jeu pour tenter de reprendre Camille. La sincérité est parfois l'habileté suprême. Avec la conviction de l'avocat qui défend sa tête, il poursuivit sa tirade :

— T'es-tu demandé pourquoi je t'ai joué une telle comédie ? Parce qu'à quarante ans tous les couples sont ratatinés. Regarde autour de nous. Seuls des procédés exceptionnels pouvaient nous permettre de réussir là où tout le monde échoue. Par le jeu, j'ai passionnément essayé de refuser les règles de la réalité pour imposer les miennes. J'ai fait ce que j'ai pu pour que notre vie soit aussi intense que celle des personnages de théâtre, de roman ou de cinéma. Camille, j'aurais voulu te rencontrer dans une pièce de Shakespeare et mourir quand le rideau tombe pour ne jamais quitter les planches. Comprends-tu cela ? Je ne sais pas t'aimer autrement. Pardonne mes tâtonnements. Je n'avais aucun modèle à imiter. Est-ce ma faute si notre culture n'offre pas d'exemple de mari reconquérant sa femme ? lança-t-il en fondant en larmes.

Ses sanglots l'empêchèrent d'aller jusqu'au bout de ses aveux. Il n'évoqua pas son sentiment d'échec et son ambition de faire un chef-d'œuvre de leur vie conjugale. Il ne dit mot de sa frustration de se savoir sans talent particulier.

Le visage fermé, Camille demeura quelques instants muette, tremblante. Pour la première fois, le Zèbre venait de se livrer, avec ses craintes et ses blessures. Dieu qu'elle l'aimait ! Mais dans le même temps, l'épouvante la gagnait. Elle se voyait morte dans ses yeux. Dieu qu'il lui faisait peur. Et puis Gaspard l'épuisait.

— M'aimes-tu encore ? demanda-t-il tout à trac, avec un calme terrible.

— Oui, hélas.

— Mais alors...

— Mais alors tu es insupportable..., murmura-t-elle.

— Tu vas pouvoir vivre sans moi ? demanda-t-il sans humour.

— Je crois.

— Eh bien c'est ce que l'avenir dira, parce que moi, je ne peux pas.

Sur ces mots, le Zèbre saisit l'espagnolette de la fenêtre, l'ouvrit et se précipita dans le vide. Camille entendit un cri déchirant suivi d'un bruit mat et sourd, puis plus rien, le silence.

Pétrifiée d'horreur, Camille resta un moment immobile, les yeux écarquillés, fixant un invisible horizon. Elle imagina avec épouvante le visage du seul homme qu'elle eût jamais aimé, fracassé, éclaté, émietté, ses traits brisés et son cerveau gisant près du caniveau. Dans quelques instants, les sirènes allaient remplir la rue. Le décès serait officiel, irrévocable aux yeux des hommes. Elle se recroquevilla, comme pour conserver au creux d'elle-même ce secret qui les liait encore dans une dernière intimité. Pêle-mêle, elle songea à leur première nuit d'amour, aux mots qu'elle devrait dire pour annoncer la mort de leur père à Natacha et à la Tulipe, aux deux alliances qu'elle porterait désormais à son doigt, tandis que des spasmes la transperçaient ; quand soudain une voix d'outre-tombe la fit tressaillir :

— Tu vois que tu ne peux pas vivre sans moi.

Elle releva la tête.

Il était là, dans l'embrasure de la fenêtre.

Le Zèbre avait sauté sur le balcon du dessous et non dans le vide. Ravi de son simulacre de suicide, il venait de remonter en escaladant la gouttière à mains nues.

Cette fois, la coupe était pleine.

Camille le mit poliment à la porte et se jura d'oublier jusqu'aux lettres de son nom, qui était aussi le sien.

II

Celui qui se perd dans sa passion a moins perdu que celui qui a perdu sa passion.

SAINT AUGUSTIN

Malgré sa résolution, Camille continua à se la couler douce dans le beau nom de Gaspard Sauvage. Pas question de réintégrer son patronyme de jeune fille. Trop de passé l'unissait encore au Zèbre pour envisager un divorce. Mais elle se garda bien de le revoir.

Les premiers temps, Camille eut la faiblesse de surveiller sa boîte aux lettres à chaque levée du courrier. Secrètement déçue, elle vit d'abord dans le silence de Gaspard une nouvelle ruse pour tenter de la reprendre; puis elle se blâma d'entrer dans son jeu et s'astreignit à une relative indifférence.

Au terme d'une brève période de convalescence, elle quitta sa mère avec ses enfants et élut domicile dans un petit appartement clair, tout en fenêtres. Les subsides que le Zèbre leur alloua lui permirent d'étoffer ses modestes revenus. Natacha et la Tulipe ne posèrent aucune question. Camille n'eut donc pas à mentir. Ils informèrent simplement leurs amis qu'il n'y aurait plus de goûters dans la Maison des Mirobolants. Devant leur mère, ils s'efforçaient d'être gais.

Camille se rééduquait. Depuis bientôt seize ans

qu'elle n'avait plus fait un pas sans le Zèbre, elle réapprenait à marcher seule. Les débuts furent timorés et casaniers. Elle se repliait dans son appartement après ses cours. Assez vite, elle s'imagina être libre. Elle eut même l'impression d'improviser son existence en prenant des initiatives.

Pour marquer le coup, Camille livra son abondante chevelure aux ciseaux d'un barbu vaguement homosexuel qui se prétendait coiffeur. Le résultat n'était pas sans rappeler ces balais qu'utilisent les ménagères pour récurer les chiottes. Camille était comblée. Elle venait d'enfreindre l'un des interdits du Zèbre, aux yeux de qui toute femme dont les mèches mesuraient moins de vingt centimètres était réputée chauve et soupçonnée de lesbianisme ; ce en quoi il ne faisait pas montre d'originalité.

Une fois, Camille avait évoqué à demi-mot l'éventualité d'une coupe sérieuse. Gaspard était sorti de ses gonds et avait introduit un thermomètre dans son derrière, pour prouver que cette idée lui donnait de la fièvre, en glapissant haut et fort que les coiffeurs étaient tous des pédérastes vengeurs désireux de défigurer la gent féminine. L'affaire en était restée là. Camille n'avait pas récidivé ; mais désormais l'oukase du Zèbre lui paraissait sans valeur. Elle ne voyait pas qu'elle continuait à se mouvoir par rapport à lui. Ils étaient trop mariés pour qu'une séparation de corps pût démêler leurs esprits.

Après l'euphorie des débuts, Camille connut des jours creux et moroses. Habituée aux assiduités du Zèbre, elle prit son absence de réaction avec amertume.

Elle se sentait démâtée, dérivant sur un fleuve

d'ennui. Loin de l'extravagance de Gaspard, la vie était d'un calme plat. Aucune brise de fantaisie. Mais elle ne voulait à aucun prix redevenir de cire entre ses mains. Qu'il n'attende que cela — pour Camille le mutisme du Zèbre ne pouvait relever que d'un calcul — la confortait dans sa résolution. Elle préférait encore frayer avec des êtres de plus faible calibre qui, eux, ne la mettaient pas en péril.

Toute une faune crut entrer dans la vie de Camille. Tous restèrent sur le seuil. Une Marie, secrétaire du proviseur du lycée, pensa avoir accès à son intimité, sous prétexte qu'elles échangeaient des balles de tennis deux fois par semaine. D'autres nourrirent de semblables illusions. Plus leur nombre croissait, plus Camille se sentait esseulée ; jusqu'au jour où un flirt d'adolescence ressuscita, avec un divorce à son actif et une façon habile de ne pas brusquer les choses.

Entre naufragés, la complicité se renoua, à l'abri des regards de la Tulipe et de Natacha. Ce fut lui qui, le premier, effleura la main de Camille dans un restaurant. Les phrases leur vinrent, pleines de miel. Un instant, ils se firent croire qu'ils n'auraient pas dû se quitter jadis. Propos dérisoires qu'ils acceptèrent pour argent comptant. Nécessité oblige. Mais quand il fut question de s'allonger sur un lit, Camille se cabra et disparut.

Brusquement, elle s'était aperçue qu'elle ne pouvait se livrer à un homme qui ne la rêvait pas. Le Zèbre, lui, la suscitait, la révélait. Elle se reconnaissait dans ses yeux, s'écoutait dans ses paroles, se devinait dans ses fantasmes. Les qualités qu'il lui attribuait finissaient par germer dans son caractère, la vision qu'il avait d'elle la fécondait. Il aurait dit « marche » en indiquant un feu, elle aurait foulé la braise nu-pieds sans se brûler. Par contraste, les ébats que lui proposait ce divorcé charmeur lui avaient soudain paru bien tièdes.

De retour chez elle, Camille comprit qu'elle ne se résignerait jamais à enfourcher — si j'ose dire — un cheval de seconde catégorie pour échapper au regard tyrannique d'un amant d'envergure, Zèbre ou autre.

Ah, si seulement Gaspard s'y était pris avec plus de tact pour remonter le ressort de leur passion... Et dire qu'il aurait été si simple de purger leur vie quotidienne de leurs habitudes, plutôt que de recourir à des manœuvres aussi funambulesques qu'inefficaces. Revenant sur leur passé, Camille s'étonna du relatif isolement dans lequel ils avaient vécu. En dehors d'Alphonse et de Marie-Louise, aucun ami commun n'était venu leur renvoyer d'eux-mêmes une image de couple. Ils n'avaient pas tissé ces liens extérieurs qui sont autant de points d'appui utiles pour traverser les périodes de turbulences conjugales ou celles de moindre ferveur. Sans doute cette manière de penser était-elle étrangère au Zèbre ; mais au moins aurait-il pu lui réserver de ces heureuses surprises qui parlent à l'imagination des femmes : l'emmener faire l'amour au dépourvu dans un hôtel de la côte normande ou rentrer au bout de quarante-huit heures, les bras chargés de fleurs, alors que son retour n'était prévu qu'une semaine plus tard. Toutes choses qui, on le sait, ravissent les ménagères les moins romantiques.

Mais non, le Zèbre n'avait pas su l'émouvoir. Le type même de l'élève besogneux qui n'obtient que des résultats navrants. Ses stratagèmes avaient précipité la ruine de leur mariage. Leur désarroi était son œuvre.

Meurtrie, Camille n'aspirait plus qu'au repos, loin des foucades de Gaspard. Mettre une distance entre elle et le monde, voilà ce qu'était désormais son programme.

Sa vie sentimentale se résuma vite aux émois que lui procuraient les romans d'amour du XIXe siècle qu'elle se mit à consommer avec ardeur, comme dans les premiers temps de son adolescence. Cette multitude de passions contrariées, de bourgeoises languissantes et d'amants aux transports incontrôlés suffisait amplement à son cœur fatigué.

Resté seul, le Zèbre fit rapidement l'inventaire du sinistre. De Camille évanouie ne lui restaient que quelques ongles, des cheveux, un flacon de parfum, une robe démodée, des bas qui dans leurs plis retenaient son odeur prisonnière, des lettres et des photographies bien sûr, leurs mains enlacées coulées dans le plomb, ainsi qu'une cassette de répondeur téléphonique sur laquelle elle prévenait qu'il ne fallait pas l'attendre : « Mon chéri, je rentrerai tard ce soir. J'ai une réunion de parents d'élèves. » Maigre butin, chétif même, au regard de l'immensité de l'amour qu'il avait dilapidé dans cette aventure. Cent grammes d'ongles... Cent tonnes de peine l'accablaient quand il déambulait seul dans cette Maison des Mirobolants qu'il n'avait acquise que pour lui plaire.

Une fois, il se posta à la sortie du lycée Ambroise Paré pour l'observer à la dérobée, s'emplir de sa beauté. Il ne recommença pas. Ses jambes imaginées sous la jupe soyeuse... Torture des souvenirs qui en vrac venaient battre sa mémoire, ressac infernal. Ses reins cambrés, ses seins blancs qui appelaient la main...

A force de mal vivre, Gaspard devint aveugle à la beauté des choses. Cécité du désespoir. Doucement, il gomma les couleurs des jours et oublia sa fantaisie. Fini les objets qui ne servaient à rien, sinon à rire. La machine à fumer fut mise au rebut. Il renonça également à la construction de l'hélicoptère en bois et refusa, malgré l'insistance d'Alphonse, d'aller hongrer le Claque-Mâchoires mâle pour fêter la Saint-Sylvestre. Administrer des lavements à son clerc ne le mettait même plus en joie. De mois en mois ses affaires déjà piteuses achevèrent de pourrir sur pied. Son unique bonheur semblait être de s'esquinter. Ses frères — également notaires — reprirent une partie de la clientèle de son étude pour qu'elle restât dans le giron familial.

Un dimanche matin qu'il badaudait le long d'une rue commerçante, Gaspard aperçut Camille de dos. Elle taillait une bavette avec une poissonnière au caquet bien affilé qui brassait la crevette d'un geste machinal. Une brusque chaleur lui empourpra le visage. Il se retourna, la regarda dans le reflet d'une vitrine et s'aperçut alors qu'il s'agissait d'une autre, une femme dont la silhouette et la chevelure semblaient décalquées sur celles de Camille.

Cet événement laissa le Zèbre songeur. Un instant, il avait oublié l'océan d'affliction dans lequel il se noyait depuis des mois. Retrouver ces quelques secondes de félicité douloureuse devint rapidement l'unique objet de ses pensées. Une idée extravagante se présenta dans son esprit. Il était prêt à tout pour atténuer sa détresse.

Muni d'une mèche des cheveux de Camille, il se rendit dans une boutique de prothèses capillaires et acheta une perruque pour femme de la même couleur ; puis il se saisit d'une paire de ciseaux et lui donna tant bien que mal l'apparence de la coiffure de Camille, à l'aide de photos.

Ceci fait, il alla trouver une jeune femme connue à Laval pour louer ses étreintes et lui expliqua ce qu'il attendait d'elle :

— J'aimerais que vous mettiez cette robe, ces bas et cette perruque, que vous vous parfumiez avec ce flacon et que, ce soir vers onze heures, vous veniez me retrouver chez moi.

— Pour la nuit, c'est...

— Non, non, je n'ai nulle envie de vous toucher. Je voudrais simplement que vous fassiez semblant de revenir d'une réunion de parents d'élèves, comme si vous étiez professeur. Vous comprenez ?

La fille eut un regard au velours usé, esquissa un sourire empreint de tristesse et acquiesça. Comprendre et louer des rêves, c'était son métier. Depuis qu'un marlou lui avait assigné un réverbère, toute la souffrance du monde était venue se soulager entre ses jambes. Il faut bien que les corps parlent quand on ne trouve plus les mots. Les mots tendres, surtout.

Après être allé apéroter avec Alphonse, histoire de s'étourdir la conscience, le Zèbre s'en retourna chez lui passablement aviné. Il faisait déjà nuit.

Camille va venir, articulait-il à voix haute pour s'en convaincre, puis il se reprenait. Non, c'est une putain travestie en Camille, mon amour, mon ancien amour...

Comme prévu, il écouta les messages enregistrés sur son répondeur téléphonique. Il n'y en avait qu'un : « Mon chéri, je rentrerai tard ce soir. J'ai une réunion de parents d'élèves. »

128

Cette voix, il ne l'avait plus entendue depuis...
Gaspard ne put interdire à son cœur de trépider
dans sa poitrine et, submergé par son désir d'y
croire, il s'abandonna à sa folie.

Il décida même de faire une surprise à Camille, de
lui mitonner un dîner, oui, ils festineraient aux
chandelles. Son allégresse nerveuse était telle qu'il
brisa deux verres en dressant la table. Il s'activait
fébrilement, fricassant un lapin pour la régaler —
elle en raffolait — allumant un feu dans la cheminée, réécoutant le message téléphonique. Un
moment transpercé par des éclairs de lucidité, il
lampa une gorgée de cognac, récidiva, vida six
verres. Plus l'alcool se mêlait à ses globules, plus il
en était sûr, oui, elle allait venir.

Comme onze heures sonnaient, Gaspard commença à piaffer. Il s'étonna même que Camille ne
fût pas déjà de retour.

— Les réunions de parents d'élèves ne se terminent pourtant jamais après dix heures et demie,
s'entendit-il proférer.

Encore un verre et il la soupçonna de s'être servie
de cet alibi pour rejoindre un amant, autre que lui
cette fois. Mais il n'eut pas le temps de laisser sa
jalousie s'épanouir.

A onze heures cinq, la porte d'entrée s'ouvrit.

Une caricature de Camille s'avança. Ses bas
étaient filés, ses cheveux mal coupés, sa robe trop
étriquée faisait saillir son volumineux fessier et,
horreur de l'horreur, elle avait le sourire et les yeux
d'une autre.

— Pardonnez-moi, murmura Gaspard, mais je
crois que je vais souper seul. Vous pouvez rentrer
chez vous. Voilà l'argent.

La fille palpa les billets et s'éclipsa. Le Zèbre demeura longtemps immobile, en proie au vertige. Non, le jeu ne le sauverait pas. On ne peut reconstituer la réalité à la façon d'un puzzle. Il avait péché par orgueil, comme avec Camille.

Les trimestres qui suivirent lui parurent une succession d'hivers. Décharmé de tout, il perdit du poids. Marie-Louise, qui n'osait l'admonester, essayait de surveiller son alimentation mais il s'ingéniait à sauter les repas, prétextant que sa dépense de bouche était excessive. Chaque matin, il se pesait pour s'assurer qu'il avait déjà commencé à disparaître et, toutes les semaines, sa balance lui certifiait que plusieurs centaines de grammes de lui-même n'existaient plus.

Saturé de chagrin, Gaspard déclarait à qui voulait l'entendre qu'une maladie mortelle le terrasserait bientôt. Il avait pris la vie en aversion et multipliait ses accès de toux avec un plaisir morbide.

Le Zèbre ne se ressaisissait que les week-ends, lorsque la Tulipe et Natacha venaient camper dans leur chambre d'antan. Marie-Louise lui imposait alors de ne rien laisser transparaître ; mais sitôt la page du dimanche tournée, il renouait avec ses démons.

Aucun désir ne l'éperonnait plus. Son anémie grandissante le confirmait chaque jour dans la certitude qu'il mourrait sans un cheveu blanc. La chiromancienne de son enfance ne s'était pas trompée. Sa ligne de vie n'était pas de celles qui donnent droit au grand âge.

Un samedi matin, jour de ses huit ans, Natacha insista auprès de son père pour se rendre au marché de Laval. Elle avait exigé douze bouquets comme cadeau d'anniversaire et souhaitait choisir elle-même l'assortiment. Son idée était de refleurir le cimetière de Sancy. Cette perspective semblait la ravir plus que tout autre présent.

Le Zèbre et sa fille partirent tous deux au marché, sur le coup de dix heures. Natacha dévalisa le fleuriste, chargea sa cargaison dans les bras de son père et, tout à trac, lui lança :

— Pourquoi tu ne vis plus avec Maman alors que vous vous aimez ?

— Tu crois qu'elle m'aime encore ? bredouilla Gaspard, interloqué.

— Bien sûr.

— Comment le sais-tu ?

— Je le sais, se contenta-t-elle de répondre.

Puis Natacha ajouta, en jetant un œil sur l'étal du marchand de jouets :

— Si tu m'offres aussi un masque de Mickey, je te dirai pourquoi je le sais.

Le Zèbre céda au singulier racket de sa fille et

acheta deux masques de son idole, un pour elle, un pour lui. Avec empressement, elle plaça aussitôt le sien sur son visage enfantin.

— Alors ? reprit Gaspard.

Et Mickey de lui répondre :

— C'est ma tortue qui me l'a dit. Tu sais, elle me parle quand je l'écoute vraiment.

Retirant son masque, Natacha poursuivit :

— Maintenant dis-moi la vérité. Pourquoi vous n'habitez plus dans la même maison ?

Après un temps, le Zèbre murmura :

— Je crois qu'elle ne me supporte pas quand je joue.

— Eh bien moi c'est le contraire. Je t'aime parce que tu es le seul papa qui mette des masques de Mickey !

Sur ces mots, elle l'embrassa et lui plaqua l'autre masque sur la figure. Ce matin-là, les Lavallois purent voir déambuler sur le marché un père et sa fille. Ils avaient tous deux une drôle de tête de Mickey.

Deux ans de sommeil s'écoulèrent ainsi, durant lesquels Camille se contenta d'aimer ses enfants et de fréquenter les auteurs romantiques du siècle dernier. Elle demeura en jachère sans s'engager dans rien ni avec personne. Sans doute goûta-t-elle l'immobilité des jours, après la tourmente provoquée par le Zèbre.

Elle n'avait de ses nouvelles que par la Tulipe et Natacha qui continuaient de transhumer le week-end chez leur père. Prudente, elle les déposait à la grille du jardin et s'en retournait aussi prestement qu'elle était venue. Aux dires de ses enfants, Marie-Louise avait pris les rênes de la Maison des Mirobolants et veillait à la fois sur Alphonse et sur Gaspard.

Ce fut la Tulipe qui, le premier, avertit sa mère de la dégradation de la santé du Zèbre. « Il n'a pas l'air frais », avait-il lancé un soir à table, comme s'il se fût agi d'une sardine avariée. Les semaines suivantes, Natacha avait entonné le même refrain : « Il n'a vraiment pas l'air frais. » Camille avait d'abord haussé les épaules, en se demandant si Gaspard n'était pas en train de simuler une mala-

133

die, dans l'espoir de la débusquer de sa retraite ; mais trois mois plus tard, le Zèbre ne semblait guère plus « frais », à croire qu'il était déjà rance, voire faisandé.

Un trimestre ne s'était pas écoulé depuis les premières remarques de la Tulipe lorsque Camille reçut la visite d'Alphonse. Il était blême et pas loquace pour un sou, au prime abord. Engoncé dans son costume du dimanche, il étouffait. Le calibre de son col de chemise paraissait inférieur à celui de son cou. Camille le pria d'ôter le cordon qui lui tenait lieu de cravate. Tel un marin pris dans un vent contraire, il se mit alors à tirer des bordées dans le salon, déboutonnant son col, avalant des mots, éructant des bribes de phrases inarticulées, balançant ses bras comme pour lutter contre un roulis imaginaire.

— Que se passe-t-il ? murmura Camille.

Et Alphonse de délivrer d'un coup l'homme désespéré qui piétinait en lui. Les traits brisés de douleur, il s'effondra sur une chaise et pleura. Il avait dû en retenir des sanglots pour offrir un tel spectacle.

Muette, Camille hésitait à s'alarmer. L'état d'Alphonse ne pouvait être téléguidé par le Zèbre. Quelque chose s'était passé ou allait se produire, un événement assez terrible pour arracher des larmes à Alphonse, lui d'habitude si avare de manifestations émotives, si rétif aux confidences.

Essuyant ses yeux rougis, il bredouilla avec difficulté la raison de sa visite inopinée :

— Il est malade, à en crever.

Puis il expliqua qu'il venait d'obtenir de Gaspard, après un mois de supplices, de se laisser examiner

134

par Honoré Vertuchou. Que ce dernier fût vétérinaire lui avait paru moins menaçant pour son mal.
Le Zèbre avait même accepté d'aller à l'hôpital
pour que l'on radiographie ses organes ; non sans
avoir fait jurer à Vertuchou que, quels que fussent
les résultats, il ne tenterait pas de le soigner contre
son gré. Le verdict des médecins n'avait pas encore
été prononcé ; mais l'état de Gaspard s'aggravait de
jour en jour.

Voilà pourquoi Alphonse chialait, là, dans le
salon de Camille. Son ami, le seul homme qui lui
faisait presque regretter de ne pas être homosexuel,
allait bientôt trépasser si sa femme ne lui revenait
pas.

— Vous comprenez ? lâcha-t-il en posant sa main
rugueuse sur l'épaule de Camille.

Frappée de stupeur, elle demeura muette.

Aux yeux du Zèbre, l'hydraulique nasale était une véritable science. Au fil des temps, il avait mis au point des techniques qui lui permettaient, après les repas, de rincer son nez à grande eau.

Ce soir-là, Gaspard procédait à l'intromission d'une pipe de verre dans sa narine gauche, la tête basculée en arrière, acagnardé dans un transat d'acajou, sur le perron de la Maison des Mirobolants. Marie-Louise finissait de débarrasser les reliefs du dîner, pris dehors pour jouir de cette journée finissante, tandis qu'Alphonse s'appliquait à verser une carafe d'eau dans la pipette, à l'aide d'un entonnoir. Et le Zèbre d'infliger à l'assistance, habituée, vingt secondes de glouglous, suivis de râles sonores et de gargouillis ; puis il recracha le tout dans une bassine prévue à cet effet.

— On vidange encore un coup, ou ça suffit ? demanda Alphonse, la cigarette au bec.

D'un geste las, le notaire repoussa cette proposition et esquissa un sourire. Ses traits s'étaient resserrés depuis deux ans. Il donnait l'impression de porter sa peau comme un vêtement rétréci. Le soleil était trop bas pour lui prêter une ombre ; mais même s'il avait indiqué cinq heures, elle aurait été bien frêle.

Gaspard se leva doucement, comme s'il craignait de se casser, et s'appuya sur une canne de sa fabrication, taillée trop courte pour le forcer à se briser. Derrière lui, Marie-Louise parlait à Alphonse d'une nièce bien conservée par les crèmes. Il songea à la tristesse que lui avaient toujours inspirée les jeunes filles prolongées. Quand une femme paraissait vingt-cinq ans et qu'elle avouait avec fierté en avoir dix de plus, il lui semblait qu'une Providence marâtre venait brusquement de lui confisquer une décennie.

D'un pas hésitant, le Zèbre mit le cap vers les escaliers pour regagner sa chambre ; quand soudain il cilla et fixa son regard en direction de l'allée des tilleuls. Ses lèvres desséchées frémirent. Un sourire, un vrai, de ceux qui viennent de l'enfance, se dessina sur ses lèvres. Spontanément, il se redressa et lâcha sa canne.

Silencieux, Alphonse s'était également tourné vers la grille du jardin. Il avait gagné.

Camille était là, chargée de deux valises.

Oubliant ses forces réelles, Gaspard dévala les marches du perron, manqua de s'effondrer, se rétablit et, à la façon d'un pantin dégingandé, tenta de courir vers elle. La gaieté habitant ce squelette effraya Camille. Il lui tomba au sens propre dans les bras, s'efforça de tenir debout, voulut soulever ses bagages et finalement, à bout de forces, s'affaissa dans l'herbe. Horrifiée, Camille appela Alphonse à la rescousse. Ils le transportèrent dans la chambre à coucher, où se trouvait toujours leur lit conjugal.

Camille voulut prévenir un médecin ; mais, comme ressuscité par la rage, le Zèbre s'y opposa violemment et exigea qu'on les laissât seuls. Alphonse et Marie-Louise s'éclipsèrent.

Etendu sur des draps blancs, avec lesquels il se confondait presque, Gaspard tremblait comme le fantôme de Parkinson. Ce coup de sang avait dissipé son petit capital de force. Il apparaissait sans fard, à mi-chemin entre les cieux et la terre, encore assez conscient cependant pour sentir la fièvre froide qui le consumait. Un peu d'âme s'échappait de chacun de ses soupirs. D'une main vigoureuse, Camille frictionna ses jambes dépulpées pour favoriser la circulation de son sang paresseux. Elle réchauffa ses bras démusclés, humecta ses lèvres arides et baisa ses yeux jaunis par une sorte de tartre oculaire ; puis elle battit en retraite dans l'une des chambres d'amis.

Elle avait fui devant l'insoutenable. Le Zèbre qu'elle avait quitté gorgé de sève n'était plus qu'un arbre cerné par le lierre. Elle s'approcha de la cheminée sur laquelle il souriait dans un cadre. La photographie devait avoir deux ans. Dieu qu'il avait changé ! Il lui semblait se réveiller dans un cauchemar ; lorsque tout à coup elle entendit grincer le parquet du couloir. Muette, elle retint sa respiration et tendit l'oreille.

Malgré les tumeurs qui l'esquintaient, qui vandalisaient son corps, le Zèbre s'était relevé. Il refusait d'abdiquer son statut d'amant, le seul qui justifiât à ses yeux son existence et sa disparition éventuelle. Tel un spectre, Gaspard se traînait dans le corridor, comme par le passé, pour prouver à Camille qu'il restait, même affaibli, l'homme de ses nuits.

Mais ce soir-là, les grincements bouleversaient Camille plus qu'ils ne la troublaient. Les pas se firent hésitants et marquèrent une pause. La gorge sèche, elle reposa la photo sur le linteau de la cheminée, s'allongea sur son lit et éteignit la lumière. Elle était résolue à jouer la comédie jusqu'au bout, à se laisser posséder s'il parvenait à l'étreindre et à feindre la concupiscence, à crier même pour l'aider à tenir son rôle. Elle espérait confusément que cet orgasme simulé, s'il avait lieu, permettrait à Gaspard de reprendre confiance en sa force vitale.

Dans le couloir, le Zèbre s'appuya sur le chambranle de la porte de Camille et pesa sur la poignée. Plus elle s'abaissait, plus il prenait conscience de la folie de son entreprise. Jamais il ne rassemblerait assez de force pour combler Camille. Devant son sexe éteint, elle s'apercevrait de sa déchéance. Dans son délire amoureux, il s'était cru capable de davantage d'ardeur, mais l'incursion risquait fort de se solder par une déroute. Horace n'était plus un partenaire fiable. Il referma la porte et, tibubant, revint sur ses pas, soulagé que sa retraite pût passer pour l'un des allers et retours dont il pimentait, autrefois, ses escapades nocturnes dans le couloir ; quand soudain, sur le point de pénétrer dans sa propre chambre, une urgence le saisit. Il voulait se rassasier de Camille, faire des provisions d'amour pour l'éternité ; car cette nuit serait peut-être sa dernière occasion de voyager vers Cythère. Il la désirait, ici-bas et maintenant, et s'il ne devait pas y survivre, tant mieux. Il préférait encore transiter dans l'au-delà entre les jambes de sa femme que seul entre deux draps. Mais un vertige eut raison de ses velléités. Il n'eut que le temps de se traîner jusqu'à son lit et sombra dans un chaos plus proche du coma que du sommeil.

Sous ses couvertures, Alphonse — plutôt athée — priait à tire-larigot, remerciait chaleureusement le Bon Dieu ; ce qui donne la mesure de son égarement et de sa joie.

La nuit restaura les forces du Zèbre. Le thermomètre fiché dans l'anus, il se mit à arpenter le salon en robe de chambre dès le matin, consultant tous les trois pas l'instrument qu'il replongeait avec dextérité dans son derrière. Camille dormait encore ; mais le facteur avait déjà déposé les radiographies faites à l'hôpital sur le conseil d'Honoré Vertuchou.

Une mention impérative interdisait d'ouvrir l'enveloppe en l'absence d'un médecin ; aussi s'était-il empressé de la décacheter.

Les clichés n'étaient, hélas, accompagnés d'aucune explication. Gaspard devrait donc attendre le passage de son vétérinaire pour connaître l'exacte gravité de la corruption cellulaire qui ruinait son sang. Son inquiétude venait de ce qu'il voulait désormais guérir au plus vite, pour vivre avec Camille. Que Vertuchou eût pour métier de soigner les bêtes le rassurait. Il préférait être traité comme un mammifère plutôt que comme un être pensant. Les remèdes de cheval lui inspiraient davantage confiance que ceux qu'on administre aux assurés de la Sécurité sociale. Mais le brave Honoré ne devait lui rendre visite que vers dix heures. N'y tenant plus, Gaspard s'était emparé d'un thermomètre pour tenter d'évaluer lui-même son espérance de vie.

Trente-sept deux, indiquait toujours l'échelle striée des températures. Cette absence de fièvre l'inquiétait comme le silence qui prélude aux batailles ; mais, machinalement, il remit le tube de verre dans son rectum et se pencha sur les radiographies. Une à une, il les ausculta d'un œil vétilleux pour la dixième fois. Une tache blanche sous son bras gauche l'obnubilait. Plus il se palpait, plus il se trouvait, effectivement, une douleur dans la poitrine. Encore quelques secondes et, sous l'empire de son imagination, il localisa avec précision la tumeur maligne qui, dans son idée, dévorait son cœur.

Désemparé, il s'affala lourdement sur un tabouret. Dans la seconde, ses yeux s'injectèrent de sang, tant la souffrance était vive. Il poussa un cri de goret et, d'un coup, se redressa sur ses pieds. Le thermomètre venait de pénétrer son postérieur jusqu'à la garde. Cette lâche agression, par-derrière et par surprise, lui fit tourner la tête. Hagard et rugissant comme un lion qu'on sodomise, il s'effondra sur le plancher, à quatre pattes. Touché en son point le plus faible, il ne trouvait plus la ressource d'appeler du secours ; quand il identifia la voix ensommeillée de Camille. Ses glapissements l'avaient alertée et tirée du lit.

Pour toute explication, elle n'obtint d'abord du Zèbre que des hurlements plaintifs ainsi qu'un doigt obstinément dressé·vers le ciel. Ses mâchoires mal rasées semblaient verrouillées par une crispation voisine de la constipation. Par chance, Camille ne fut pas longue à déceler l'origine de ce malaise.

Elle inspecta le fondement du Zèbre et conclut que le pire avait été évité. Le thermomètre était indemne. Ne restait plus qu'à l'extraire de son fourreau anal ; ce qu'elle exécuta avec doigté. Libéré, Gaspard se laissa raccompagner dans sa chambre.

Une demi-heure plus tard, une voiture s'arrêta devant la maison. Par la porte entrebâillée, le Zèbre reconnut le timbre rauque de la voix d'Honoré :

— Il y a quelqu'un ?

— Je suis encore vivant, monte ! lança Gaspard.

Tel un dinosaure à lunettes, Honoré apparut sur le pas de la porte, à l'abri derrière ses montures de fer-blanc. Contrairement à son habitude, il ne se montra guère loquace et oublia ses mains dans ses poches ; ses mains qui d'ordinaire lui donnaient l'air de parler avec celles d'un autre, tant elles paraissaient minuscules au regard du volume de leur propriétaire. Camille lui offrit une goutte qu'il repoussa ; puis, mal à l'aise, il racla sa gorge pour se donner un peu de répit avant d'attaquer :

— Je suis passé à l'hôpital. J'ai vu les résultats de la prise de sang et les radios.

Sans tergiverser, Honoré développa son point de vue sur le cancer, en termes aussi rudimentaires que peu diplomatiques. Il expliqua froidement au Zèbre, au nom de leur amitié, que sa leucémie n'était qu'une toquade de son inconscient et que, s'il était disposé à opérer une conversion mentale radicale, il pouvait encore guérir.

— Et je ne prêche pas pour ma paroisse, ce ne sera pas moi qui te soignerai, conclut-il en avalant finalement cette petite goutte que Camille lui avait proposée.

143

Toujours au nom de leur sacro-sainte amitié, Gaspard le traita de vil charlatan avec d'autant plus de véhémence qu'il le soupçonnait de dire la vérité ; mais avec ses belles théories, Vertuchou venait ruiner ses chances de conserver Camille ; car s'il conjurait son mal, elle déguerpirait sans doute à nouveau ; du moins le pensa-t-il soudain.

L'affaire s'envenima. Honoré se rebiffa ; et pour terminer, le Zèbre lui jura qu'il flanquerait la vérole à sa femme et le phylloxéra à ses vignes. Ils faillirent s'empoigner mais Honoré jugea peu élégant de frapper un cancéreux. Il préféra se retirer sous une bordée d'expressions étrangères, juxtaposées sans ordre ni logique, sous lesquelles perçait une intention injurieuse. Quand la rage faisait céder les digues de son urbanité, le Zèbre éprouvait le vif besoin de s'exprimer en plusieurs langues, qu'il ne possédait pas, comme pour donner un aperçu plus universel du sentiment qui l'agitait.

L'annonce de la leucémie de Gaspard aurait dû jeter Camille dans le désarroi, mais elle croyait trop en sa force de vie pour admettre son cancer. Qu'une maladie pût l'abattre lui semblait aussi peu vraisemblable que de voir flamber un sarment de bois vert ; et puis, la nouvelle était trop insoutenable pour être entendue. Le mot cancer n'eut pas de sens pour elle.

Elle convint que le Zèbre n'était pas homme à laisser son cœur caler sans en découdre avec les ténèbres et adopta une version officielle moins pénible. Le Zèbre était souffrant, certes, mais il remonterait l'Achéron à la pagaie s'il le fallait et, en définitive, triompherait de son affection.

— Mon amour, murmura-t-elle dans un état second, quand tu seras tiré d'affaire, nous irons refaire l'amour dans la chambre sept.

Le Zèbre comprit tout à coup que Camille resterait. Il devait donc recouvrer la santé ; et si l'issue de la bataille médicale lui était défavorable, il se tairait jusqu'au bout et se montrerait violent à l'encontre de ceux qui se mêleraient d'ouvrir les yeux de Camille. S'il devait périr, il souhaitait leurs ultimes grandes vacances aussi légères que la situation était grave.

Mais les hostilités ne faisaient que débuter. Pour Camille, il se sentait capable d'affronter le cancéreux qui sommeillait en lui. L'idée de porter la mort en son sein le rendait euphorique. Il vivait enfin avec sa femme comme si chaque heure devait être la dernière, sans recourir à un artifice.

Gaspard n'avait jamais consenti à fréquenter un hôpital. Son vétérinaire lui avait suffi jusqu'alors. Quelle ne fut pas sa surprise !

Au premier rendez-vous, un Professeur arrogant voulut l'obliger à faire un strip-tease devant une meute d'étudiants goguenards. N'en croyant pas ses oreilles, le Zèbre protesta poliment ; mais comme cela ne provoquait guère de reflux vers la porte de sortie, il brisa un tesson de bouteille qu'il brandit en direction des carabins ; ce qui ne permettait pas une infinité d'interprétations. L'effet fut immédiat : La piétaille en blouses blanches ravala ses plaisanteries et se retira sans délai. Il n'y eut plus de récidive. Les consultations ultérieures eurent lieu en tête à tête.

Le Zèbre exigea également, chose incroyable, qu'on l'appelât par son nom et qu'on s'adressât directement à lui. Perturbés dans leurs habitudes, les internes durent renoncer à parler du « cas Sauvage » ou du « malade » à la troisième personne, entre eux et devant lui, naturellement. Révolution dans le service, on se mit à lui donner du « Monsieur Sauvage » en le regardant dans les

146

yeux ! Imaginez un peu, on le traitait comme s'il n'avait pas abdiqué sa dignité d'homme en franchissant le seuil de l'hôpital. Toutes choses qui ne s'étaient jamais vues en ce lieu. Il eut même droit à une faveur toute spéciale : se faire expliquer les traitements qu'on lui administrait.

Son second sursaut eut pour cadre la minuscule salle d'attente de la pièce étanche où l'on rayonnait au cobalt. Une foule de damnés y croupissait à l'étuvée depuis fort longtemps, dans la plus grande promiscuité. Un vieillard prématuré de quarante ans gisait sur une chaise roulante, les membres envahis de métastases, tandis que des enfants sans cheveux serraient les mains de leur mère en posant leurs yeux éteints sur cette antichambre de la mort. Ils n'avaient pas l'air étonnés du spectacle qui s'offrait à eux ; comme s'ils n'avaient jamais vu que des corps meurtris.

C'est donc au sein de ce petit peuple plongé dans la géhenne que le Zèbre rongeait son frein, lui aussi ; quand tout à coup, au bout d'une heure et demie, il se leva et, à la stupéfaction générale, pénétra dans la salle des rayons sans qu'on l'en eût prié.

Derrière les canons au cobalt, trois salariés de l'hôpital buvaient du café en échangeant des propos grivois.

— Que se passe-t-il ? demanda posément le Zèbre.

— C'est la pause déjeuner.

— Et... c'est comme ça tous les jours ?

— Non, l'autre équipe est en vacances.

— Ah... venez, il se passe quelque chose dans la salle d'attente.

Intrigués, les fonctionnaires en blouse blanche se

147

rendirent dans la salle où fermentait un mélange de détresse et d'impatience ; mais aucun événement particulier ne troubla leur indifférence.

— Vous ne remarquez rien ? insista Gaspard.

— Non.

Ils n'avaient pas vu la cour des miracles qui s'étalait devant eux, rien perçu de ce qu'ils imposaient à cette cohorte d'ombres. L'habitude avait anesthésié leurs sens. Ils ne frissonnaient plus pour leur prochain. Ahuri, au-delà de la révolte, le Zèbre demeura longtemps prostré, assis sur une chaise. Il ne ressuscita que grâce aux caresses de Camille.

Depuis des semaines, il ne tenait debout que par et pour elle. Camille ne le quittait que pour fréquenter la salle de bains, les toilettes et quelques commerçants. Les vacances d'été la dispensaient d'exercer sa profession et leurs enfants vaquaient chacun de leur côté. La Tulipe avait franchi la Manche pour s'initier à la plastique des Anglaises, le temps d'un séjour dit linguistique. Camille tenait à ce que les apparences d'une vie normale fussent respectées. Quant à Natacha, elle rétablissait un peu de justice dans le cimetière municipal et s'adonnait aux menus travaux de la ferme de Marie-Louise et d'Alphonse.

Chaque jour, Camille pilotait Gaspard entre la Maison des Mirobolants et l'hôpital, dans une intimité qui frisait la fusion ; jusqu'au soir où les médecins résolurent de séquestrer le Zèbre pendant une semaine ; c'est du moins ce qu'il voulut entendre lorsqu'on lui prescrivit huit jours de mise en observation.

Exténué, Gaspard n'opposa qu'un semblant de résistance ; mais il vociféra quand une infirmière barbue, sans doute frustrée sexuellement, lui postillonna que sa femme ne pouvait pas partager son lit d'hôpital. Camille le tempéra, l'excusa, l'apaisa. Cette période d'observation lui était à présent nécessaire. Son mal prospérait et colonisait son organisme à découvert. Des boules opaques avaient fait irruption près de ses ganglions. Mais le Zèbre refusait pour la même raison d'être éloigné de la couche de Camille.

Si les nuits à venir devaient être les dernières, il voulait consommer son mariage jusqu'à la lie. Ultime souhait, rêve d'un amant crépusculaire qui préférait ignorer son impuissance ; car Horace ne répondait plus depuis bientôt un mois, tel un organe du passé, appendice d'une époque révolue.

Trahi par Camille qui prit le parti des médecins, Gaspard dut se soumettre. En robe de chambre, il la regardait disparaître au bout d'un couloir quand arrivait la fin des visites. Il restait seul, fantomatique, errant dans les services avant d'échouer sur son lit monoplace. Il transpirait des larmes.

Un soir, Alphonse vint chercher Camille à l'hôpital et remit au Zèbre son courrier du jour. Parmi les factures et les prospectus publicitaires, il y avait une lettre postée de Grande-Bretagne. La Tulipe avait enfin rompu le silence. Camille et Alphonse se retirèrent après les phrases d'usage, boutés hors de la chambre par un garde-chiourme acariâtre qui se prétendait infirmière en chef. Gaspard eut beau essayer d'estourbir cette gradée à l'aide d'une chaussure, elle eut le dessus.

Dans la voiture, sur le chemin du retour, Camille et Alphonse en riaient encore. D'où venait que, même chancelant, le Zèbre conservait l'énergie de se jouer de la vie et de bousculer les étroits ? Il serait toujours un rebelle. Jamais il ne s'accommoderait de l'usure du temps. Il regardait chaque matin Camille comme si le soleil devait se lever pour la dernière fois sur leur couple ; à défaut de pouvoir reconstituer quotidiennement leur première rencontre, restait cette solution, renouvelable chaque jour, pour faire voyager leur amour dans le temps.

Dans la boîte aux lettres de la Maison des Mirobolants, Camille trouva une autre missive de la Tulipe, qui lui était adressée. Elle la parcourut et la replia, perplexe.

La Tulipe n'avait rien trouvé de plus spirituel que d'envoyer une lettre à son père — celle-là même qu'Alphonse lui avait apportée — dans laquelle il dépeignait volontairement son délicieux séjour britannique en termes alarmants, « pour faire plaisir à Papa, tu sais comme il raffole des émotions fortes », expliquait-il.

Camille ignorait encore que la Tulipe subodorait depuis des mois l'issue fatale de la maladie de son père. Cette lettre était à ses yeux un ultime cadeau, une manière facétieuse de lui dire qu'il se sentait rempli de son sang.

A titre d'exemples, la Tulipe citait à sa mère les passages les plus rassurants : « Je suis tombé dans une famille bizarre, mais il fait beau. Seul le père est obsédé par les choses du sexe. Rassure-toi, il ne touche que sa fille. Heureusement, le soir, il ferme la porte de sa chambre quand il frappe sa femme. Je peux donc dormir (...) la situation s'améliore, on me donne désormais à manger deux fois par jour et le fils aîné a renoncé à me faire des injections d'héroïne... »

Le trait était un peu épais ; mais Camille jugea plus prudent d'affranchir le Zèbre avant qu'il ne fût saisi par un accès de fièvre. Elle décrocha son téléphone. Il n'était pas dans sa chambre. Les infirmières eurent beau ratisser l'hôpital, perquisitionner dans les cuisines et retourner le parc, nulle trace du notaire. Comme il était peu vraisemblable qu'il se fût rendu invisible, surtout en si peu de temps, l'interne de garde conclut qu'il s'était échappé.

Gaspard ne fut retrouvé par la police que sur le coup de minuit, à l'aéroport de Roissy, dans un total débraillé, accoutré d'un pyjama et d'un imperméable, encore assez vivant pour se traîner en pantoufles, de guichet en guichet. Effrayé par ce moribond, le personnel d'une compagnie tricolore avait refusé de lui délivrer un billet pour Londres et, sans délai, avait appelé police secours.

Impressionné par l'extravagante lettre de la Tulipe, qu'il croyait outrancière à dessein, pour mieux restituer un authentique désarroi, le Zèbre s'était précipité à l'aéroport, en train et taxi, dans l'espoir de s'embarquer séance tenante pour Londres. La détresse de son petit lui avait fait oublier l'état de délabrement de son corps. Il était amoureux de son fiston comme de Camille, incapable d'aimer à l'échelle humaine.

S'il avait toujours vu dans le Christ plus qu'un simple acrobate sur une croix, c'était à cause de ses bras, tellement ouverts. Souvent il avait songé à la déclaration d'amour que le Christ aurait pu adresser à une femme. C'est à cette altitude-là qu'il aurait voulu fixer à jamais sa passion pour les siens.

Mais désormais le temps lui était compté.

Un jour que Camille rentrait du marché, escortée par Natacha, elle trouva une courte lettre laissée par le Zèbre :

« Je suis au monastère d'Aubigny.

« Viens me rejoindre et ne me parle sous aucun prétexte.

« Ton amant. »

Inquiète, Camille déposa Natacha chez Alphonse et Marie-Louise et se transporta aussi vite qu'elle put au monastère d'Aubigny. Un moine concierge lui confirma que Gaspard Sauvage y effectuait bien une retraite.

— Je dois le ramener chez nous, il est très malade.

— Nous le savons, répondit le moine. Votre mari nous a tout expliqué. Il nous a même prévenus de vos intentions lorsque vous viendriez ; mais sa quête est sincère.

— Sa quête..., reprit-elle éberluée, mais il a toujours craché dans les bénitiers !

— Les conversions de grands malades sont choses fréquentes.

— Je veux le voir.

— Il est en prière.

Pour en avoir le cœur net, Camille décida de s'introduire dans la place en demandant asile. Après tout, l'épreuve de la maladie avait peut-être détourné la passion de Gaspard en direction du Christ ; mais Camille demeurait méfiante. Elle ne lui avait jamais connu d'autre vie spirituelle que sa vie amoureuse.

Elle n'aperçut le Zèbre qu'à l'office du soir, dans une posture qui ne lui était pas coutumière : les genoux vissés sur un prie-Dieu et la nuque humblement courbée ; mais elle ne put l'approcher pendant les deux jours qui suivirent. Il semblait faire plus que son possible pour lui échapper. Au réfectoire, elle s'efforçait en vain de lui manifester sa présence par des signes. La règle du monastère interdisait d'échanger des propos et de se déplacer à l'improviste ; et dans les trop courts moments de liberté, il restait introuvable.

Camille ne comprenait pas que, loin d'avoir été visité par la grâce, Gaspard avait formé le dessein d'utiliser les contraintes de la vie monastique pour continuer à la voir, tout en feignant de n'être qu'un inconnu. Il la forçait ainsi à capter sans cesse son attention, telle une jeune fille éprise cherchant désespérément à retenir les regards du garçon qu'elle aime. Le stratagème devait également leur permettre de dépasser les limites que ne franchissent jamais les amants en chair et en os.

Camille n'en eut la révélation que le matin où, au sortir d'une messe, Gaspard laissa tomber sur le sol un bout de papier en la dévisageant. Elle le ramassa

153

et lut le petit mot lorsqu'elle fut seule dans sa cellule, au premier étage du bâtiment réservé aux femmes.

« Madame », écrivait le Zèbre, « je viendrai ce soir vous retrouver dans votre chambre, quand sonneront les douze coups de minuit. Je pénétrerai chez vous par votre fenêtre, à l'aide d'une échelle. »

Gaspard l'avait donc attirée jusque-là dans le but de lui offrir une aventure romanesque. Bouleversée, Camille se sentit enfin comprise. Pour la première fois, les machinations du Zèbre faisaient écho à ses rêves. Il allait se servir des règles du monastère pour contrarier leur passion, principe de tout amour romantique. Le risque d'être découvert viendrait pimenter ces retrouvailles nocturnes ; car il devait la rejoindre clandestinement. Le vouvoiement et le style désuet employés dans le message donnaient à l'entreprise un cachet plus sentimental encore. Au diable le ridicule, s'était dit le Zèbre, exalté à l'idée de vivre quelques instants dignes de figurer dans un roman. Il aurait volontiers enlevé Camille sur un cheval blanc, tel un prince de conte ; mais ses forces, hélas, ne lui permettaient plus de chevaucher avec sa belle en croupe.

Avant de se retirer dans sa cellule, Camille dut essuyer une séance de chant et une seconde messe. Fébrile, elle ne descendit pas dîner au réfectoire. Claquemurée dans sa chambre, elle essaya de s'abîmer dans la lecture de la Bible pour soustraire quelques minutes aux heures qui la séparaient du rendez-vous, mais seuls ses yeux parcouraient les lignes. Un instant, elle songea au merveilleux de sa situation : « J'ai quarante et un ans, deux enfants, un métier et le feu qui m'anime est plus violent que celui d'une gamine qui découvre l'amour » ; et elle n'en aimait le Zèbre qu'avec plus d'ardeur.

Comme minuit sonnait au clocher de l'église, Camille ouvrit ses volets et scruta le jardin, telle une héroïne stendhalienne. Son cœur fit un bond dans sa poitrine lorsqu'elle aperçut, dans l'obscurité, une silhouette frêle qui se déplaçait sous les arbres. Quelques minutes s'écoulèrent, quand soudain une échelle s'éleva vers sa fenêtre. Camille n'était plus maîtresse de son transport ; mais l'échelle fut ramenée au sol et l'ombre s'évanouit furtivement dans la nuit. Elle attendit ensuite deux bonnes heures, guettant le retour de son amant. A plusieurs reprises, des frémissements dans les feuillages lui coupèrent le souffle. Vaincue par la fatigue, elle finit par s'endormir seule, accoudée au rebord de sa fenêtre.

Le lendemain, on glissa une lettre sous sa porte au petit matin.

« Ma bien-aimée », écrivait Gaspard, « je n'ai plus la force de porter l'échelle. Venez me rejoindre à minuit dans ma chambre. Ma fenêtre est la troisième en partant de la gauche, au premier étage, dans le bâtiment des hommes. L'échelle se trouve dans le cabanon du potager. »

Le soir même, vers onze heures et demie, Camille quitta sa cellule sur la pointe des pieds. Elle tremblait à l'idée de tomber sur un moine chauve et insomniaque, errant dans les ténèbres des couloirs.

Quand elle eut franchi l'enceinte du potager, le cabanon ne fut pas long à repérer ; mais l'échelle avait disparu ! Camille ne la découvrit que dix minutes plus tard, adossée contre une chapelle en restauration, à l'entrée du petit cloître.

Munie de l'échelle, elle déguerpit alors en direction de l'aile des hommes, baignée par la clarté d'une demi-lune. Son agitation était extrême ; car si un moine venait à la surprendre dans ces parages, elle ne saurait comment justifier sa présence en ce lieu à une telle heure avec une échelle ! Elle ne se voyait pas non plus expliquant l'affaire à un austère ecclésiastique en bure.

« Mon mari et moi-même aimons copuler dans les monastères. C'est notre fantasme, voyez-vous... »

Inquiète, elle aperçut une fenêtre éclairée. « Il m'attend », se dit-elle en sentant un trouble la gagner. Elle posa l'échelle contre le mur et commença à gravir les échelons en retenant son souffle, tandis que son esprit était assailli de réminiscences romanesques ; quand tout à coup, sur le point de se réfugier dans la cellule illuminée, elle entendit s'ouvrir une fenêtre voisine. Une voix l'interpella.

— Malheureuse, que faites-vous ?

Glacée d'horreur, Camille faillit perdre l'équilibre et choir du haut de l'échelle ; mais elle se rattrapa, se tourna et reconnut le Zèbre dans la pénombre.

Elle se rendit alors compte qu'elle s'était trompée de fenêtre. Dans sa hâte, elle ne les avait pas comptées et s'était fixée sur la seule qui laissait filtrer la lumière d'une lampe de chevet.

Rectifiant le tir, Camille se cramponna au crochet de fer destiné à tenir les volets ouverts et, au risque de se précipiter mille fois, donna une violente secousse à l'échelle et la déplaça latéralement. Le Zèbre lui tendit une main. Elle put se hisser dans la chambre mais, maladroite, fit tomber l'échelle dans les plates-bandes du dessous.

Plus morte que vive, Camille s'élança vers le Zèbre et s'abandonna dans ses bras. Il la serra avec la plus vive émotion. Elle retrouvait cette volupté de l'âme dont parlent les romans du XIXe siècle. L'excès de bonheur rendit un instant à Gaspard son énergie d'antan. Egarés, ils oublièrent l'un et l'autre leurs quinze années de tribulations conjugales, le différend qui les avait conduits au bord du divorce et le cancer qui menaçait désormais de les séparer.

Dans le feu de l'action, Gaspard parvint à masquer sa grande faiblesse ; mais à la vérité, ses transports manquaient de naturel. Ses forces lui faisaient cruellement défaut. Par chance, étourdie de félicité, Camille ne s'aperçut de rien et, habilement, Gaspard mit la défaillance d'Horace sur le compte de sa délicatesse.

— Pas avant le mariage, madame, murmura-t-il fort à propos, mettant ainsi à profit l'atmosphère romantique et démodée dans laquelle se déroulaient leurs ébats.

Il manœuvrait comme s'il eût été réellement un personnage issu de l'imagination d'un écrivain ; et Camille lui emboîta le pas avec ravissement. Nos deux tourtereaux évoluaient dans le sublime, plaçant çà et là des répliques tirées d'anciennes lectures. Leur amour connut pendant quelques heures cette éphémère perfection qu'on ne trouve que dans certains ouvrages et dans les pièces de Shakespeare. Cette nuit-là, ils volèrent un peu de l'étoffe dont l'éternité est faite.

De retour à Sancy, Camille conserva un souvenir émerveillé de cette équipée romanesque où, pour la première fois, leurs rêves s'étaient mêlés.

Les jours suivants, le Zèbre eut de l'humeur contre les Claque-Mâchoires. Il affirmait avec toujours plus de véhémence que le couple maléfique lui avait jeté un sort destiné à l'occire à petit feu, pour lui succéder dans ses murs. Il les soupçonnait de guigner sa demeure moins par passion des belles pierres que par cupidité ; car il n'avait jamais douté que la Maison des Mirobolants recelât un trésor.

Pour appuyer ses dires, il se fondait sur une légende locale selon laquelle le premier propriétaire, Maximilien d'Ortolan, aurait enterré sa fortune en louis d'or dans les soubassements, au moment de la Révolution. Aussi le Zèbre avait-il signé l'acte de vente, au début des années soixante-dix, avec la secrète espérance d'être remboursé au centuple le jour où un coup de pioche heureux viendrait redorer son blason ; mais à la grande surprise de Camille, il ne se hâta pas d'ausculter les sous-sols. Cette richesse virtuelle le rassurait. L'estimation qu'il en faisait était directement fonction des sommes que lui réclamaient ses créanciers.

Les années s'écoulant, son passif ayant pris de l'embonpoint, il n'avait cessé de réévaluer son trésor. Il faut dire que la presque totalité des revenus du Zèbre était affectée à l'extinction de ses dettes les plus criardes. A peine avait-il apaisé la situation que l'incendie se déclarait à nouveau dans ses finances. Sa vélocité à dilapider n'avait d'égale que la vitesse à dégainer de Jesse James.

C'est ainsi que le fantomatique trésor des Mirobolants demeurait encore en terre, protégé par les nimbes du mystère. Mais aujourd'hui que la santé du Zèbre se gâtait chaque jour davantage, que son souffle se faisait de plus en plus court, il songeait à cet avenir qui ne serait plus le sien, à Camille qui bientôt devrait seule régler les factures et apurer ses dettes, fiscales ou autres, pour continuer d'élever leurs enfants ; et il ne voyait guère que le trésor comme solution sérieuse. Le modeste traitement de Camille n'y suffirait pas.

Aussi le Zèbre s'était-il mis à prospecter les fondations avec autant d'ardeur qu'il pouvait encore en dépenser. L'étude tournait sans lui. Ses deux frères et néanmoins confrères, le volubile et volcanique Melchior et Arnaud, dit la Belette, tâcheron malingre, assuraient le suivi de la clientèle. Gaspard avait réquisitionné son clerc, Grégoire de Saligny, pour l'atteler aux tâches harassantes qu'il n'était plus à même d'assumer. Appuyé sur sa canne, il exhortait Grégoire à montrer plus de vigueur à chaque pelletée et, quand ce dernier mollissait, le menaçait d'un double lavement.

Craignant que son rectum fût à nouveau sollicité, le malheureux s'activait. Il fallait voir ce rejeton d'une grande lignée, chétif et corseté de bonne éducation, manier la pioche avec des gants de lapereau. Ami du linge fin plutôt que du marteau-piqueur, il ne s'en tirait cependant pas trop mal. Les travaux se déplaçaient de pièce en pièce. Dans le salon, là où l'altitude du plafond varie, le plancher éventré laissa bientôt voir un trou béant qui ravit Natacha, toujours grisée par les chambardements ; mais Camille, usée par les nuits de veille du Zèbre, supportait de plus en plus mal la destruction de son intérieur.

Du trésor nulle trace, quand soudain, un vendredi soir, la pelle de Grégoire heurta une plaque métallique. Le Zèbre exhuma une cassette, renfermant à ses yeux toutes les espérances de survie matérielle de sa famille. L'ensemble de la tribu, excepté la Tulipe, ainsi que ses alliés furent convoqués pour l'ouverture. Grégoire ameuta Alphonse et Marie-Louise et l'on fit cercle.

Natacha ruminait un chewing-gum avec perplexité. Habituée aux délires quotidiens de son père, elle s'était toujours méfiée de ses prophéties ; mais là, force lui était de constater que les entrailles de la maison venaient de rendre un coffret aussi lourd qu'intriguant.

— Tu vois ma chérie, à force de croire aux trésors, ils finissent par exister, lui chuchota le Zèbre du haut de son fauteuil.

Epuisé par sa participation aux travaux, plus verbale que manuelle, Gaspard avait été hissé pour la circonstance sur un vieux siège rembourré, digne des trônes des rois nègres d'antan. L'assistance se tut et Grégoire procéda au désossage de la cassette. Quand le dernier rivet eut lâché prise, Natacha s'avança et souleva le couvercle en fermant les yeux. Chacun eut beau retenir son souffle, il n'y avait que le nombre minimum de louis d'or pour permettre d'employer le pluriel quand, plus tard, on raconte-rait l'histoire en la déformant pour rehausser la qua-lité du récit. Pour l'heure, deux piécettes d'Ancien Régime se battaient en duel sur un écrin moisi.

La déception générale fut balayée par le conta-gieux enthousiasme de Natacha pour qui le mot « or » évoquait la caverne d'Ali Baba et les galions espagnols aspirés par les hauts-fonds des océans. Personne ne jugea opportun de la détromper et, pour célébrer dignement la mise au jour du trésor des Mirobolants, le Zèbre suggéra d'organiser une expédition punitive afin de couper les couilles du Claque-Mâchoires mâle, une bonne fois pour toutes. Cette vieille obsession le démangeait à nouveau depuis que le couple médisant se répandait dans le village en pronostiquant sa dernière heure ; du moins aimait-il à le croire.

Transporté par cette idée, Alphonse alla quérir une paire de tenailles gigantesques, conçue initiale-ment pour sectionner les tiges d'acier, au cas où les parties du monsieur Claque-Mâchoires se révéle-raient difficiles à guillotiner. Grégoire battait des mains, pour une fois qu'il n'était pas la victime ; mais les femmes réprimèrent leurs velléités castra-trices. Sous la pression calme et résolue de Camille, appuyée sourdement par Marie-Louise, l'opération fut remise à une date ultérieure. Le Zèbre dut se contenter d'une bonne bouteille de bourgogne pour fêter l'événement ; mais on décapita le goulot avec la pince qui aurait dû châtrer cette engeance de Claque-Mâchoires.

Seul Alphonse détenait le secret du trésor des Mirobolants. Il trinqua sans dévoiler que c'était lui qui avait enterré la cassette sous une dalle, au fond

162

de la fosse excavée par Grégoire. Il s'était promis que son vieil ami ne tirerait pas sa révérence sans avoir découvert les légendaires pièces d'or de Maximilien d'Ortolan. Si les hasards de l'existence l'avaient placé à la tête d'un consistant pécule, sans doute l'aurait-il déposé dans le coffret ; mais peu doué sur le chapitre de l'épargne, Alphonse n'avait pu contribuer aux rêves du Zèbre qu'à hauteur de deux louis.

La maladie qui ruinait le sang du Zèbre semblait désormais victorieuse. Son haleine devenait infecte. Ses membres tuméfiés d'ulcères se déformaient comme de vieux sarments de vigne. Valétudinaire, le notaire décida de prendre la plume. L'heure était venue de rédiger l'épître testamentaire qu'il laisserait à ses enfants.

« Mes chers petits,

« Je meurs de n'avoir pas su tromper votre mère. Croyez-moi, la monogamie fait du tort à la vie conjugale. Si j'avais eu la sagesse d'être plus dissolu, sans doute aurais-je vécu ma condition d'époux avec moins de gravité et de maladresse. La fidélité passionnée est une perversion que j'expie aujourd'hui.

« Ne suivez pas mes traces, cocufiez votre conjoint ; c'est le plus sûr moyen de le garder. Vous ne lui demanderez pas d'être aussi parfait qu'un personnage de roman. L'exhortation de La Fontaine est une foutaise :

Amants, heureux amants, voulez-vous voyager ?
Que ce soit aux rives prochaines.
Soyez-vous l'un à l'autre un monde toujours beau,
Toujours divers, toujours nouveau ;
Tenez-vous lieu de tout, comptez pour rien le reste.

« Trompe-l'œil que tout ceci ! C'est un programme pour demi-dieux, croyez-moi, j'ai essayé. Au contraire, voyagez ! Prodiguez-vous ! Les écarts charnels régénèrent le mariage, évitent l'asphyxie.

« Mes chers petits, ne l'oubliez pas, je meurs de ne pas avoir su tromper votre mère.

« Je vous aime.

« Papa. »

Le Zèbre glissa la lettre dans une enveloppe et fit appeler Alphonse. Il avait à l'entretenir d'un projet destiné à pallier les inconvénients de la mort, du moins de la sienne.

Alphonse resta longtemps frappé par l'ampleur du dessein du Zèbre. Jamais il n'aurait cru un homme assez fou pour défier les ténèbres ; mais il est vrai que Gaspard n'était pas un mortel ordinaire.

Loin de se préparer au trépas, le notaire s'était mis en tête d'organiser sa survie dans le cœur de Camille. Sa disparition physique ne signifiait nullement qu'il renonçait à son statut d'amant ; et puis, d'une certaine façon, ne demeurerait-il pas vivant tant qu'elle l'aimerait ? Il ne désirait pas d'autre existence posthume et, pour s'en assurer, entendait ne rien laisser au hasard.

Conscient de la fragilité de sa position quand il tomberait en putréfaction sous une stèle, le Zèbre avait prévu un calendrier d'actions post-mortem afin de poursuivre son entreprise de séduction auprès de sa femme. Il redoutait particulièrement la concurrence déloyale des mâles vivants et, pour s'en prémunir, avait la ferme intention d'accaparer sans relâche les pensées de Camille.

— Je dois courtiser ma veuve, comprends-tu ? murmura-t-il avec conviction à Alphonse.

Gaspard s'imaginait déjà dans la peau d'un deus ex machina tirant les ficelles de l'au-delà. Certes, la mort lui inspirait de l'effroi mais elle ajoutait une dimension tragique à leur histoire et il y était sensible, tel un auteur soucieux de la dramaturgie de son œuvre. Mais pour réaliser son projet, il avait besoin d'un complice ici-bas. Faute de quoi, il craignait que sa passion conjugale ne connût cette décadence contre laquelle il s'était toujours insurgé. La mort ne l'inquiétait vraiment que parce qu'elle lui confisquait son pouvoir sur la femme de sa vie. S'il parvenait à en conserver une partie, même par délégation, alors il expirerait l'âme tranquille.

— Alphonse, donne-moi cette paix, deviens mon correspondant sur terre..., chuchota-t-il, étendu sur son lit et calé par des coussins.

Alphonse avait déjà secondé le Zèbre, à l'époque où il se cachait derrière la plume de l'Inconnu, en recopiant les lettres de son écriture scolaire pour que Camille ne reconnût pas celle de son mari. Il les envoyait parfois de la poste de Laval, notamment lorsque le notaire était allé festoyer avec ses confrères à Toulouse. C'était également lui qui avait décrit la robe de Camille dans une lettre de l'Inconnu, pour brouiller les pistes; mais ce que Gaspard lui réclamait à présent était d'une tout autre nature. Ses réticences venaient de son affection pour Camille. Il hésitait à rendre plus douloureux encore son deuil à venir.

— Tu ne vas pas me lâcher maintenant ? haleta le Zèbre en le fixant de ses yeux atones.

Bouleversé, Alphonse déféra à ses exigences et jura d'exécuter à la lettre la machination ourdie par Gaspard. Leur amitié avait atteint ce point ultime où l'un continuerait à vivre non plus seulement pour son compte mais aussi pour celui de l'autre. Alphonse serait désormais dépositaire des dernières volontés de son frère de rêve. Lourde procuration qu'il accepta à la fois de grand cœur et de mauvaise grâce. Sans l'avoir voulu, il pénétrait dans les arcanes du cœur de son ami, troublé de se savoir le fantôme de l'un des plus surprenants amants de ce siècle.

Le Zèbre lui remit le dossier contenant ses instructions ainsi que les documents nécessaires pour s'acquitter de sa mission ; puis il lui confia la lettre rédigée à l'intention de ses enfants.

— Tu remettras ça à la Tulipe et à Natacha le moment venu, murmura-t-il.

Les quinze derniers jours du Zèbre furent une seconde lune de miel pour Camille. Gaspard cessait enfin de la manipuler et osait paraître tendre. Ses attentions ne connaissaient aucun répit. Il savait qu'il ne devait pas être distrait sous peine de partir à l'improviste.

Camille dut tempêter contre les infirmières gradées et se colleter durement avec les médecins qui tenaient à le consigner dans leurs mouroirs ; mais elle obtint gain de cause.

Le Zèbre installa définitivement ses quartiers dans la Maison des Mirobolants. Il souffrait de partout et riait de grand cœur, comme si la proximité de sa mort le soulageait.

Un après-midi qu'il apprenait à Natacha à s'émerveiller en écoutant du jazz, sur un antique tourne-disques, Camille pénétra dans le salon. Sans transition, le Zèbre la serra dans ses bras maigres et la fit valser, tourbillonner sur un air démodé. Natacha ne sut jamais pourquoi un frisson de gêne la parcourut lorsque ses parents se mirent à pleurer l'un contre l'autre. Elle sortit, troublée d'avoir surpris une telle intimité entre deux êtres.

169

Quand ses forces l'autorisaient, Gaspard allait avec Camille respirer la campagne et embrasser l'automne des yeux. Un soir, ils se retrouvèrent dans la lumière du crépuscule, au bord de la rivière qui borde leur jardin, assis sur des rochers. Le Zèbre saisit la main de Camille et la serra longuement, en silence, les yeux mi-clos.

— Donne-moi un peu de vie, avait-il soudain murmuré de crainte que la vie ne s'épuisât en lui.

La douceur retrouvée du Zèbre ne l'empêchait pas de jouer avec le peu d'existence qui lui restait. C'est ainsi qu'il jeta, dans ses derniers jours, les bases d'un antidote capable, prétendait-il, de guérir les épouses allergiques à leur mari. Le remède était composé de décoctions de fleurs sauvages. Natacha participa à la cueillette et à la mise au point de l'ultime appareil issu du cerveau bizarre du notaire : une machine à applaudir composée de deux mains en bois, reliées à la base par une solide charnière. On pouvait ainsi les battre à tire-larigot pour acclamer les comédiens au théâtre sans s'échauffer les paumes. Camille confectionna une paire de gants de velours, afin d'habiller ces menottes de bois les soirs de gala. Aux dires du Zèbre, l'appareil aurait également pu rendre quelques services aux ecclésiastiques, en tant que machine à prier. Deux mains jointes, gantées de velours violet...

De son exil londonien, la Tulipe envoya une seconde lettre à son père, pour lui dire que son sang ne s'était point attiédi en descendant jusqu'à lui.

Dans son épître, il informait son père qu'il serait un jour le premier chef d'Etat de l'Europe des temps modernes, rien que ça. La sincérité de son annonce venait de ce qu'il savait son père insensible à l'impossible. Il avait bien réfléchi : les métiers que lui avait proposés l'orientateur de son lycée lui paraissaient trop étriqués. Accéder à la profession de chef comptable le chagrinait. Il voulait « faire Empereur » et, puisque le trône d'Europe occidentale était délaissé, il ne voyait aucun inconvénient à ceindre la couronne de Charlemagne. Au bas de la lettre, Gaspard put lire : « Papa, je réussirai parce que je me sens ton fils. »

Cette missive produisit sur le notaire un effet considérable ; non que la perspective de voir la Tulipe présider aux destinées du continent lui fît plaisir. Il s'en moquait ; d'autant qu'il ne serait plus de ce monde. Mais que son fiston se fût autorisé à franchir les bornes du raisonnable le plongeait dans une indicible félicité. La Tulipe ne serait pas de ceux qui renoncent. Du haut de ses quinze ans, il avait déjà la sagesse de prendre ses rêves au sérieux et de s'insurger contre ce que les lâches nomment « la réalité ». Sa vie serait faite de l'étoffe de ses désirs.

— J'ai un fils ! hurlait Gaspard à qui voulait l'entendre.

Par ce cri, le Zèbre disait son bonheur d'avoir un héritier spirituel. Lui aussi s'était efforcé, tout au long de son existence, de désobéir à la force des choses ; quel qu'en fût le prix à payer. Son refus du déclin de sa passion conjugale et son cancer l'attestaient. Il était fier d'avoir transmis l'essentiel à un rejeton. Peu importait, à la limite, qu'il fût porteur de ses gènes. Il laisserait derrière lui un frère d'esprit, presque un disciple.

Gaspard ameuta Camille, Alphonse, Marie-Louise et le malingre Grégoire pour leur donner lecture de cette lettre ; bien que la Tulipe eût expressément demandé à son père de conserver le secret. Il était incapable d'endiguer son allégresse.

Le destin orchestrait bien son départ. Les instants qui précèdent la mort de certains êtres sont parfois étranges. Les pièces majeures du puzzle d'une vie viennent mystérieusement s'agencer, comme pour terminer le jeu. Le Zèbre avait droit à ces hasards qui n'en sont pas.

Camille dût se rendre à Paris pour régler des affaires de famille. Un oncle octogénaire venait de rendre l'âme au Bon Dieu, auquel il n'avait jamais cru. Ledit oncle devait une réputation d'homme d'esprit à son répertoire humoristique qui comptait une dizaine de gauloiseries héritées de son séjour imaginaire aux armées.

Qu'on se rassure, la France n'avait point perdu là l'un de ses citoyens les plus décorés. Albert, puisque tel était son nom, avait été jugé inapte à l'incorporation sous les drapeaux en 1913, en raison d'une cage thoracique aussi développée que celle d'un moineau. N'ayant guère supporté de boire du thé de 1914 à 1918, pendant que ses camarades exposaient leur poitrine musclée à la mitraille, le chétif Albert avait commencé par truquer ses états de service. Bientôt, il se mit à mentir effrontément.

— Ah, Verdun..., murmurait-il vers 1920, d'un air entendu, aux danseuses de charleston qui se pâmaient devant son héroïsme imaginaire.

Habile, il mettait l'absence de rosette à sa boutonnière sur le compte de sa modestie, stigmatisant avec mépris le manque d'humilité des gueulescassées et autres unijambistes qui, à l'entendre, passaient le plus clair de leur temps à se pavaner sur les boulevards en arborant leurs médailles.

Au fil du temps, son cas s'était aggravé. Depuis une décennie, il croyait fermement avoir moisi pendant quatre ans dans les tranchées de la Somme et exigeait qu'on lui donnât du « Commandant Albert ». Comme obligé par sa légende, il vous entreprenait dès le petit déjeuner sur les actions d'éclat qui faisaient l'orgueil de sa biographie fictive. Il était intarissable.

— L'odeur du sang, ça vous reste...

— Mais enfin, monsieur Albert, lui rétorquait sa vieille bonne, à l'époque vous étiez à Cannes.

— C'est juste ; dans un sanatorium... une sale blessure, reçue au Chemin des Dames ! Au bas-ventre.

Et il déboutonnait sur-le-champ son pantalon pour vous montrer la cicatrice de son opération de l'appendicite.

Aujourd'hui, Albert n'était plus et, ne laissant ni femme ni enfant, il léguait à sa nièce la totalité de son patrimoine : quelques dettes, une valise d'emprunts russes et, surtout, ses papiers militaires contrefaits prouvant ses actes glorieux ainsi que sa fausse Légion d'honneur ; car pour ses vieux jours, il s'était offert une rosette. Les dimanches où ses rhumatismes ne le clouaient pas au lit, il paradait même dans le métro pendant deux heures, rien que pour la montrer, en bombant son maigre torse.

Touchée, Camille avait accepté cet héritage pitoyable. Le rendez-vous était pris avec le notaire de feu le Commandant Albert. Un aller et retour à Paris suffirait à boucler cette affaire.

174

Lorsque Camille voulut se rendre à la gare, le Zèbre se mit en tête de l'escorter. Elle essaya de lui faire entendre raison, sa grande faiblesse n'autorisant aucun périple ; mais il obtint, car l'heure tournait, de l'accompagner jusqu'à la station de chemin de fer.

Alphonse les conduisit, avec mission de ramener aussitôt le notaire dans son lit. Camille l'embrassa sur le parvis de la gare, ne le laissa pas sortir de la voiture et fila s'installer dans un wagon où elle s'isola en fermant les yeux. Depuis des semaines le Zèbre avait accaparé son attention, l'avait distraite d'elle-même. Elle avait besoin d'y voir clair et de donner libre cours aux sentiments qui l'agitaient.

Une certitude illumina son esprit : son amour pour Gaspard ne souffrait plus aucune remise en cause. Aveuglée par sa foi en lui, Camille voulait croire que la guérison ne tarderait pas et, comme égarée, elle commença à murmurer des prières retrouvées dans sa mémoire. Les mots remontaient sans difficulté à la surface de sa conscience. Jamais elle n'avait songé depuis son enfance à ces pratiques très catholiques.

Arrivée à Paris, au milieu du fleuve de visages qui se déversait sur le quai, elle aperçut avec stupeur le Zèbre qui l'attendait en tête de la rame, les bras chargés de fleurs. Il était monté dans le train, lui aussi, et semblait flotter dans ses vêtements désormais trop grands. Il était hâve et frêle.

— Ma chérie, articula-t-il en esquissant un sourire, bon anniversaire !

Camille s'abandonna dans ses bras et l'étreignit doucement, par crainte de le briser. Combien

175

d'amoureux ordinaires aurait-il fallu fondre ensemble pour arriver à un tel amant ? se demandait-elle, blottie contre sa poitrine.

La date de son propre anniversaire n'avait pas retenu l'attention de Camille. C'est dire qu'elle était devenue presque une autre à ses propres yeux ; comme si en se prodiguant jour après jour au chevet du Zèbre, elle avait dissipé son être, trouvant dans cette absence la ressource de continuer.

Camille se ressaisit et essaya de lui faire entendre combien il avait été imprudent de s'engager dans ce voyage, sans s'apercevoir que, loin de le ramener à la raison, elle ne faisait qu'augmenter sa joie en peignant les risques qu'il était prêt à encourir pour embellir leur amour. Quand elle eut achevé sa diatribe, il lui révéla que sa venue à Paris avait un autre but que de lui offrir une gerbe de fleurs au bout d'un quai. Son idée était d'aller fêter la naissance de la femme de sa vie sur les lieux de la naissance de leur passion.

— En faisant quoi ? s'enquit-elle en cédant un pouce de terrain.

— En rejouant dans le décor d'origine notre première rencontre, murmura-t-il de sa voix grêle.

Camille se demanda toujours, par la suite, comment elle avait pu accepter de se prêter à une telle mise en scène, alors que le Zèbre feignait manifestement de paraître ce qu'il n'était plus.

Avant de gagner l'immeuble où ils avaient été voisins sans le savoir, à l'époque où ils ne s'étaient pas encore trouvés, Camille dut passer chez le notaire du Commandant Albert. Elle prit livraison des papiers militaires contrefaits et de la fausse Légion d'honneur ; puis elle abrégea le rendez-vous pour ne pas trop faire patienter Gaspard qui trépignait dans la salle d'attente.

Alors que leur taxi dépassait le Palais Galliera, vaste bâtisse blanche aux proportions divines, le Zèbre chuchota à Camille qu'il était creux, sans étage. A l'entendre, Galliera n'était qu'une spacieuse chambre à coucher, construite au siècle dernier par un prince vénitien désireux d'y faire l'amour avec une danseuse. Camille apprit plus tard qu'hélas le Palais Galliera avait été conçu dès l'origine pour abriter des expositions ; mais elle continua à divulguer la version du Zèbre par plaisir, alléguant qu'elle tenait l'information d'un architecte versé dans l'histoire des vieilles pierres de la capitale.

Le taxi s'arrêta devant le 122 rue d'Assas, adresse de leurs débuts amoureux. Ils en sortirent et demeurèrent longtemps silencieux, main dans la main. Gaspard se souvint alors d'une phrase tirée de l'une des premières lettres de Camille : « J'aime Dieu de t'avoir créé. » Ces mots avaient l'âge de leurs enfants et traduisaient encore avec justesse la flamme qui les dévorait.

Ils pénétrèrent dans l'immeuble et, s'appuyant sur Camille, le Zèbre se traîna dans les escaliers jusqu'au dernier palier. Ses poumons le trahissaient. Comme asphyxié, il la pria de redescendre quelques étages pour simuler son arrivée. Camille fit volte-face et s'éclipsa dans la cage d'escalier.

Lorsqu'elle réapparut, un miracle s'était opéré. A l'idée de reconstituer leur rencontre et de se glisser dans la peau du jeune homme qu'il avait été, Gaspard avait reverdi de l'intérieur. Son corps décharné était toujours boursouflé de métastases, mais son port de tête, la brillance de son regard et la vivacité de sa physionomie étaient ceux d'un garçon de vingt ans.

Retrouvant l'étudiant dans son mari, Camille attaqua sa première tirade avec fougue. Cette métamorphose lui insufflait de l'énergie, tandis que le Zèbre se prodiguait, tel un élève-comédien au concours du Conservatoire d'Art dramatique, sans se soucier des ressources qu'il brûlait. Tout à coup, vers la quinzième réplique, il eut un vertige. Sa voix dérailla. Il s'effondra dans les escaliers. Camille se précipita. Secoué par de violents spasmes, Gaspard se mit à vomir comme on rend l'âme. Les habitants de l'immeuble surgirent sur le pas de leur porte. Qu'est-ce que c'est que ce bruit ? Oh, relevez-lui la tête. Je vais bien. Non, ne le touchez pas. Jean, rentre le chat. Ecartez-vous, il a besoin d'air. C'est mon mari. Jacqueline, va coucher les enfants. On appelle un prêtre ? Non, va chercher de l'eau. Camille fit appeler une ambulance.

L'infirmier voulut se débarrasser de sa cargaison dans un hôpital parisien ; mais le Zèbre exigea d'être rapatrié sur ses terres, alléguant que son malaise était passager. Un gros billet que Camille eut l'esprit de glisser dans la poche du chauffeur acheva de le convaincre du bien-fondé de cet argument.

Le voyage sembla interminable à Camille qui se gourmandait de ne pas avoir ramené le Zèbre plus tôt et d'avoir présumé de ses forces. Quand il aperçut ses tilleuls, dont l'allée courait en ligne droite du portail jusqu'à la Maison des Mirobolants, il se trouva moins souffrant, comme s'il eût revu d'anciens compagnons. On le transporta dans son lit, sous les yeux remplis d'inquiétude de Natacha,

178

accourue dès qu'elle eut remarqué l'ambulance garée dans la cour. Débordée, Camille la renvoya chez Marie-Louise.

— Papa a besoin de repos...

Le Zèbre dessina un demi-sourire sur ses lèvres desséchées, pour faire bonne figure devant sa fille, et tenta de la rassurer par des serrements de main presque convulsifs. Il surprit une ombre dans le regard songeur de Natacha. Elle embrassa son père, se sauva et ne trouva qu'une phrase pour s'expliquer lorsque Marie-Louise lut son inquiétude sur son front plissé :

— Papa n'a pas l'air frais.

L'infirmier prit congé de Camille. Elle se trouva enfin seule avec le Zèbre. Agité par une fièvre opiniâtre, il ne parvenait plus à dissimuler sa grande faiblesse. Touchée, Camille eut le courage de le dorloter jusqu'à dix heures du soir où, rompue, elle se retira dans sa chambre pour ne pas choir sur le plancher. Elle n'était plus que fatigue.

Etendue sur son lit défait, Camille demeura comme anéantie à somnoler, des heures durant. Elle ne pouvait chasser de son esprit le souvenir des instants d'extase qu'ils avaient connus dans la cellule du monastère d'Aubigny. D'autres mises en scène fomentées par le Zèbre lui revinrent en vrac. Les lettres de l'Inconnu, la chambre sept de l'hôtel miteux, la métamorphose en vieux couple, sa fausse maîtresse... et ce matin de novembre où elle avait cru que Gaspard la quittait. Pour la première fois, elle repensait à ces moments avec une certaine tendresse. Dieu qu'il s'était épuisé le cerveau à inventer des stratagèmes. Elle éprouva une pointe de fierté à ne pas être de ceux dont l'ennui matrimonial fait périr la passion. Elle était amoureuse. Oui, elle l'aimait aujourd'hui avec des transports plus vifs encore que dans les débuts de leur liaison. Le Zèbre avait gagné son défi. Elle s'en réjouissait. Ils ne finiraient pas comme un couple fossile.

Resté seul, Gaspard s'avisa du drôle de tour que sa vie lui jouait. Alors qu'il avait toujours redouté que la mort ne le séparât de Camille, elle les rapprochait à présent ; car c'était bien sa maladie qui lui avait rendu sa femme.

A mi-chemin entre la vie et l'au-delà, il entra dans la vérité des choses : « Ah, pourquoi ne me suis-je pas montré plus tôt, avec mes craintes et mes espoirs, songea-t-il, plutôt que de me cacher derrière un personnage théâtral. J'ai réussi, Camille m'aime ; mais je m'éteins. Si seulement j'avais laissé paraître ce que je suis... Au fond, les couples meurent de silence. L'usure du temps n'est qu'un alibi. Pourquoi ne me suis-je ouvert qu'une fois, lors de son départ, au dernier moment, beaucoup trop tard ? Ah, si quelqu'un pouvait écrire ma biographie... Cela donnerait au moins un exemple à ne pas suivre aux amoureux de longue date... »

En dépit de ces réflexions, Gaspard estima qu'il n'avait pas fait totalement fausse route. Même si le prix de sa victoire était élevé, il avait touché son rêve du bout des doigts. Et puis, aurait-il pu agir différemment ? Il ne se sentait exister que lorsqu'il substituait à la réalité sommeillante une autre réalité presque fictive, plus intense, moins asphyxiante pour l'âme. Aussi était-il résolu à mettre en scène son trépas qu'il sentait proche. Il voulait éprouver de la ferveur jusqu'au dernier souffle et partir en héros romantique. Il en allait de la perfection dramatique de leur histoire.

Comme une heure du matin sonnait, Camille distingua des bruits dans le couloir. Les craquements qui suivirent vinrent confirmer ce qu'elle craignait. Bien qu'il pût à peine se soutenir, le Zèbre s'était relevé pour réveiller chez sa femme l'envie de chair. Il fit quelques pas en pesant sur les lattes disjointes du plancher. Il voulait demeurer Amant, même crépusculaire. Epouvantée, Camille sentit son corps s'émouvoir contre son gré. Les grincements aiguillonnaient son désir, comme par le passé, malgré l'horreur des circonstances ; quand soudain elle entendit Gaspard trébucher et chuter.

Affolée, Camille se jeta hors du lit et courut dans le corridor. Le Zèbre gisait sur le sol, baigné d'une sueur tiède. Elle le serra contre son sein. Déjà ses yeux retournés regardaient vers l'au-delà et ses lèvres pincées, comme usées par la souffrance, ne semblaient rester ouvertes que pour prononcer le mot de la fin, celui qu'il avait mûri depuis des semaines.

« Ne me quitte pas... » furent les dernières paroles qu'il put chuchoter.

Puis une ineffable paix se peignit sur son visage.

Hébétée, Camille songea alors que la postérité de Gaspard ne dépendait plus que de l'amour qu'elle lui porterait.

Elle ignorait encore la machination fomentée par le Zèbre. « Je courtiserai ma veuve », avait-il murmuré à Alphonse.

III

*Il n'y a pas d'autre mort que
l'absence d'amour.*

RENÉ BARJAVEL

Le cadavre fut long à roidir. L'esprit aussi vide qu'un œuf gobé, Camille traîna le Zèbre jusqu'à son lit encore tiède, s'étendit sur sa poitrine et enfouit son visage dans son cou. Elle le couvrit de baisers, frotta vigoureusement ses mains, lutta fébrilement contre le froid des ténèbres qui gagnait ses membres gourds. Des mots tendres s'échappaient de ses lèvres, psaume d'amour murmuré, cantique passionné et improvisé.

De douleur, aucune trace. Trop tôt. Seule une légère brise de folie soufflait dans ses pensées. Courant d'air qui, dans l'obscurité, s'enfla, devint un vent qui lui chamboula l'entendement le temps d'une nuit, de leur ultime nuit. Camille ôta son chemisier et vint se couler contre la dépouille de Gaspard. Mi-nue, elle s'allongea sur son torse que nulle respiration n'animait plus, tenta de réchauffer sa peau qui déjà se parcheminait. Elle frôlait ses mains qui ne viendraient plus arpenter ses seins ni souligner ses hanches, humait son odeur, la fixait dans sa mémoire pour plus tard... quand elle se réveillerait veuve.

Lorsque le corps fut glacial et les yeux révulsés,

Camille s'arracha à son amant, enfila son chemisier et quitta la chambre sans une larme; puis elle descendit marcher dans le jardin. Elle erra ainsi jusqu'au matin et, harassée de n'avoir pu pleurer, s'endormit dans le Pavillon d'Amour.

Le soleil la tira du sommeil vers neuf heures. Autour d'elle, parmi les outils d'ébénisterie du Zèbre, s'étalaient ses inventions : la machine à applaudir, la machine à fumer... vestiges d'une époque révolue en l'espace d'une nuit.

Dans sa chambre, elle retrouva ce qui n'était déjà plus le Zèbre. Son visage n'était pas vraiment le sien, ni celui d'un autre, mais celui de personne. La figure du néant, on aurait dit. Si impassible, si calme. Imaginez une mer sans vagues, ce ne serait plus une mer. Eh bien Gaspard n'était plus là. Manquait le mouvement.

Camille éprouva un chagrin qui la transperça; car c'était précisément le mouvement qui caractérisait le Zèbre. Cette immobilité soudaine la plongea dans une douleur d'autant plus aiguë qu'elle se sentait brutalement amputée de sa force de vie. Gaspard ne serait désormais plus là pour l'éperonner chaque jour.

Tout à coup, la figure baignée de larmes, Camille s'aperçut que le Zèbre ne portait plus ses vêtements de la veille mais son habit de mariage, conservé au grenier. Stupéfaite, elle comprit alors en un éclair que cette soi-disant agonie n'était qu'un stratagème de plus ourdi par Gaspard pour attiser leur passion ! Il avait dû absorber une drogue afin d'abaisser sa température et son rythme cardiaque et, dans la nuit, revêtir son frac de noces pour quelque obscure raison tenant à son plan. Il revint à Camille que, dans Roméo et Juliette, Shakespeare fait absorber à Juliette un tel élixir. Dans la pièce, chacun sait que l'affaire tourne mal ; sans doute le Zèbre avait-il souhaité que leur Roméo et Juliette conjugal trouvât une issue moins sinistre. Oui, son sang allait se décongeler. Il allait se réveiller, l'étreindre et l'embrasser, lui chuchoter que tout ceci n'était qu'une mise en scène.

Encore sous le choc de sa découverte, Camille sécha ses yeux rougis par les pleurs et le secoua doucement, puis sans ménagement.

— Allez, réveille-toi ! lança-t-elle au Zèbre avec aplomb.

Mais il tardait à sortir de sa torpeur. Ses mains étaient froides et son visage manquait singulièrement d'âme. Camille ne s'en aperçut pas, ou plutôt ne voulut pas s'en apercevoir, occupée à fourbir les injures qu'elle entendait lui assener dès qu'il ouvrirait les yeux. A-t-on idée de se jouer de sa femme à ce point ? Ah, cette fois-ci, il ne s'en tirerait pas à si bon compte ! Les lèvres frémissantes de rage, elle attendait son premier tressaillement pour le chapitrer ; quand elle entendit la voix fluette de Natacha, dans son dos :

— Je lui ai mis son beau costume pour qu'il soit chic à la messe d'enterrement.

Alors Camille éprouva qu'il n'est de pire souffrance que de voir s'éteindre un amant pour la seconde fois. Ses traits s'éteignirent. Elle pleura.

Natacha était venue au petit matin et, de son propre chef, avait décidé d'habiller élégamment son père cadavre. A force de fureter dans le cimetière municipal, la mort lui était devenue familière. Devant ce grand corps froid qui avait appartenu à son Papa, une seule pensée lui était venue à l'esprit, jugulant son désespoir : que va devenir Maman ? Je dois la secourir.

— Ne le regarde pas, ce n'est plus lui, murmura-t-elle.

Comme sa mère ne quittait pas des yeux la dépouille, Natacha ajouta dans un élan de compassion :

— Tu veux que je lui mette son masque de Mickey ?

— ... de Mickey ? répéta Camille ahurie, entre deux sanglots.

Le jour même, Camille fit revenir la Tulipe d'Angleterre sous un faux prétexte. Le téléphone communique trop mal les vraies nouvelles. Imperfection d'un appareil qui oublie les regards et ne transmet que les paroles.

Quand la Tulipe pénétra dans la Maison des Mirobolants, sa mère se tenait au bout du vestibule. Elle pensa si fort qu'il comprit tout de suite que la Providence venait de lui confisquer son adolescence. A l'intérieur de cette maison silencieuse, tout lui disait d'oublier ses quinze ans.

Dans ses traits, Camille reconnut le Zèbre. Même regard en liberté, même port de tête d'insoumis. Ils avaient tous deux l'air rebelle aux pressions du destin. Bêtement, Camille le crut solide. Des mots instinctifs sortirent du fond d'elle-même, de sa solitude :

— Tu es maintenant le chef de famille.

Paroles de plomb qui tombèrent sur les frêles épaules de la Tulipe et assassinèrent le petit garçon qui se prélassait encore en lui. D'un coup, la Tulipe porta le deuil de son père et de son enfance. Il sourit à sa mère, embrassa tendrement Natacha soudainement apparue, et sut à cet instant que s'il ne se relevait pas incontinent, sa vie ne serait qu'un long échec. Alors il se promit de devenir un jour Président des Etats-Unis d'Europe et, pour distraire sa peine, hasarda une anecdote :

— Vous connaissez l'histoire du petit garçon qui a perdu sa mère ? Il la cherche partout, dans la rue, dans les magasins, et comme il ne la trouve pas, il demande à un flic : « Pardon, m'sieur, vous n'auriez pas vu une maman sans moi ? »

L'histoire dérida Natacha. Camille demeura interloquée, tandis que la Tulipe pensait : « Pardon, m'sieur, vous n'auriez pas vu un père sans moi ? »

Son chagrin se dilata ensuite ; quand il fut sans témoin. Isolé, il ferma les yeux et vit toute l'étendue du sinistre qui le frappait ; mais déjà, pour surnager, son esprit lui procurait des alibis : « Il est naturel qu'un père disparaisse avant son fils... J'ai de la chance, il m'aurait fait de l'ombre... » Que ne se ferait-on croire pour continuer à exister ?

La messe d'enterrement eut des allures de retour en arrière. Camille vit l'église se remplir des visages de ceux qui avaient traversé son existence. Le vétérinaire du Zèbre, Honoré Vertuchou, était venu, flanqué de son épouse. Anna, qui l'avait rendue folle de jalousie, était également là, suspendue au bras de Grégoire qui, pour une fois, dérogeait à sa réserve coutumière. Humide de larmes, il donnait le sentiment de se noyer à chaque respiration. Dissimulé derrière un pilier, Camille distingua le patron du petit hôtel dans lequel elle avait trompé Gaspard avec lui-même. Non loin, elle aperçut une délégation de sa classe de mathématiques, ainsi que Cravache, l'énergique proviseur du lycée Ambroise Paré. Elle reconnut Benjamin avec qui elle avait cru faire l'amour si délicieusement. Il paraissait prier pour le défunt, ignorant l'avoir cocufié dans l'esprit de Camille.

Sur le dernier banc, blottis l'un contre l'autre, se trouvaient les Claque-Mâchoires. Piqué par leur présence, Alphonse susurra à Camille que ces rampants avaient voulu s'assurer de visu du décès du Zèbre. Elle songea alors que le soi-disant couple maléfique n'avait jamais dû être venimeux que dans l'imagination de Gaspard.

Ne manquait plus qu'un moine du monastère d'Aubigny pour compléter le tableau. Même Malbuse s'était dérangé, histoire de participer à la tristesse générale. L'ensemble des fidèles formait une macédoine de culs-terreux, de culs-bénis et de faux-culs, tous venus se regarder dans la mort d'un autre. On s'était déplacé des communes voisines pour les funérailles de celui qui, depuis quinze ans, était la fable du bourg de Sancy. Les paysans locaux étaient presque tous là, encadrés par la poignée de notables que comptait le village. Bouffi d'un orgueil tout républicain, Monsieur le Maire se pavanait en bombant son torse ceint d'une écharpe d'élu du peuple. Sans vergogne, il bouscula deux veuves fossiles qui tentaient de s'accrocher au banc du premier rang et, une fois bien en vue, on le vit verser quelques larmes de circonstance.

Les frères du notaire avaient tenu à ce qu'il y eût un service religieux en bonne et due forme. Camille ne s'était occupée de rien, sinon de son chagrin. La Belette et Melchior firent office de chefs de famille au cours de la cérémonie, tandis qu'Alphonse et Marie-Louise veillaient sur le moral de la Tulipe et Natacha.

Camille faisait mine d'être présente. Un seul événement la sortit de la souffrance dans laquelle elle s'engluait : au fond du panier de la quête, elle distingua l'une des fausses pièces de cinq francs fondues par le Zèbre.

— Pique la grosse pièce, murmura-t-elle soudain à la Tulipe.

Interloqué, ce dernier demeura quelques

secondes sans réaction. Dévaliser les troncs des églises n'était pas dans ses habitudes ; quand il reconnut la pièce de plomb. Il la subtilisa et, peu après, ne put réprimer ses pleurs. Ce clin d'œil de son père, à son propre enterrement, avait brutalement avivé sa douleur.

Seul Alphonse savait que c'était lui qui avait déposé la fausse monnaie dans le panier. Agenouillé en bout de banc, il implorait le Bon Dieu de lui procurer assez de foi pour conduire à son terme le plan post-mortem du Zèbre.

Après avoir béni le cercueil, Camille et les siens durent essuyer les assauts de compassion de l'assistance. La Tulipe songea un instant que ces dizaines de mains serrées avec une ferveur tout électorale présageaient bien de sa carrière politique. Au creux de lui-même, il remercia son père de lui fournir si tôt un premier entraînement.

Au sortir de l'église de Sancy, Grégoire aborda Camille et, dans un flot de sanglots, lui avoua ne s'être jamais enfilé dans le rectum les deux litres d'eau prescrits par le Zèbre quand il le sommait de s'administrer un lavement.

— Je m'enfermais dans mon bureau et je les buvais..., lâcha-t-il en rencognant une larme.

On chargea le cercueil dans un corbillard et, peu après, le cortège pénétra dans le cimetière municipal décoré, ou plutôt déshonoré, par de vilains monuments funéraires. Le maire improvisa un discours d'adieu au « notaire » qui faisait la fierté de Sancy » et le curé, de complexion chétive, s'égosilla pour rappeler à ses ouailles qu'ils n'étaient que poussière destinée à retourner à la poussière.

Camille eut un serrement de cœur. Tout ceci ressemblait si peu au Zèbre. Pas un des orateurs n'avait évoqué l'amoureux qu'il avait été. Non, on n'enterrait pas un notaire mais un amant. Son véritable métier était d'aimer sa femme.

Le curé ordonna que le cercueil fût élingué dans la fosse; mais à la surprise générale, on s'aperçut que le trou était légèrement trop étroit, comme si le Zèbre renâclait à se faire enterrer. Alphonse resta un instant stupéfait. Cet incident n'avait pas été prémédité par la mort. Dans les rangs, on commença à stigmatiser l'incurie de Malbuse, le fossoyeur.

Alors Camille regarda Natacha et la Tulipe; et tous trois partirent d'un éclat de rire. Seuls Alphonse, Marie-Louise et un paroissien au rire hennissant leur emboîtèrent le pas; les autres demeurèrent un moment cois, par crainte d'offusquer la famille Sauvage; mais très vite, la cérémonie tourna au déchaînement d'hilarité. Enfin les obsèques du Zèbre lui ressemblaient.

On se souvint longtemps à Sancy de l'inhumation de ce notaire qui rechignait à se laisser mettre en terre.

La nuit suivante, seule dans le lit à deux places qu'ils avaient fait grincer mille fois, Camille ne pensait pas à un visage mais à une absence. Un sentiment de vide l'envahissait et, comme elle tentait de retrouver les contours du nez et de la bouche du Zèbre, elle se mit à craindre qu'ils quittassent sa mémoire. Déjà ils s'estompaient et, malgré ses efforts, la vision précise de sa figure lui échappait. Elle ne parvint qu'à se souvenir de sa silhouette et de ses traits les plus saillants. Soudain un bruit ténu retint son attention et lui arracha un petit cri d'effroi.

Du couloir venaient des craquements, comme si les lattes du plancher gémissaient à nouveau. Le cœur cognant, Camille se redressa. Oui, c'était Lui. Elle reconnaissait son pas, sa façon de susciter son trouble par des allées et venues interminables. Il était de retour pour lui annoncer la fin du cauchemar.

Un sourire illumina les traits chiffonnés de Camille. Elle se leva, tremblante, étendit la main et ouvrit la porte. L'obscurité devait le dissimuler. Elle fit jaillir la lumière. Elle était seule, désespérément seule. Camille déglutit et ravala sa douleur. Tout à coup elle comprit la cause de sa déconvenue : les grincements ne venaient pas du plancher mais de la charpente qui jouait sous l'effet du vent.

Abattue, Camille claqua la porte et s'écroula sur son lit, le visage noyé dans un oreiller et les membres épars. La certitude que le Zèbre avait sabordé sa santé pour elle aurait pu la réconforter ; mais Camille se demandait si elle se complaisait dans cette idée ou si Gaspard avait effectivement appelé de ses vœux la maladie qui l'avait emporté.

Transpercée de doutes, elle chercha le sommeil pour prendre congé de la réalité et fuir la tentation du suicide. Quand la mort vous tend les bras... Recrue de chagrin, elle s'enferma dans une songerie opaque où Gaspard vint la rejoindre.

Elle le vit pénétrer dans la chambre, s'asseoir à ses côtés et lui sourire. Félicité d'une souffrance qui s'évanouit, soif de présence soudain étanchée. Elle sut alors très exactement ce que le mot paix tente de dire.

Haletante et baignée de sueur, Camille se réveilla en sursaut à l'instant où il lui baisait les lèvres. Brusquement tirée de son rêve, elle n'eut de cesse de vouloir y replonger afin de retrouver le goût de sa bouche. Elle ne doutait plus désormais que ses rêveries eussent plus de réalité que le monde sensible ; quand un mouvement salutaire lui restitua sens et jugement. Camille prit alors conscience du danger qu'il y avait à se laisser glisser sur cette pente et, rassemblant ce qui lui restait de volonté, elle alluma sa lampe de chevet et s'astreignit à veiller, malgré la fatigue.

Le sommeil eût été un bonheur si elle n'avait pas

appréhendé de rencontrer le Zèbre en songe. Les yeux grands ouverts, elle se mit alors à tisonner sa mémoire, histoire d'apaiser provisoirement son envie de le voir, tout en se répétant que rêves et réalités sont deux illusions à ne pas confondre.

Le regard rivé sur le néant, Camille se promenait dans le jardin secret où dormait leur passé commun, se dérobait à son chagrin en se saoulant de souvenirs. Elle se le représenta lors de leur unique séjour en Afrique, au Sénégal, dans un palace interdit aux pauvres. Gaspard n'avait consenti à entreprendre ce déplacement, ô combien périlleux dans son idée, qu'à la condition expresse de faire expédier à l'avance des centaines de litres d'eau minérale — du Vichy Célestins — à l'établissement dans lequel ils devaient descendre, pour qu'il pût boire, se frotter les dents et se laver au Vichy Célestins, en toute quiétude. Camille s'était conformée à ses exigences. Le périple n'en avait pas été pour autant une sinécure.

Dans l'avion qu'il prenait pour la première fois, n'ayant pas réussi à se faire placer près de la queue, malgré ses glapissements, le Zèbre resta debout sur ses jambes grêles à l'arrière, dans les allées. Camille s'efforça en vain de le ramener à plus de raison. Sa terreur d'un accident aérien le rendait inflexible. Il tenait pour plus sûr le fond de l'appareil qui, selon ses estimations, devait échapper à la destruction en cas de catastrophe. Contrarié par une hôtesse de l'air qui le sommait poliment de regagner son siège, il vociféra, la traita de grue empaillée et se retrancha dans les toilettes où il se barricada pendant le reste du vol, en dépit des suppliques et des menaces du personnel navigant ; ce qui dérangea

197

quelque peu les autres voyageurs, car bientôt certains eurent besoin de soulager leur vessie.

Calée par des oreillers, toujours étendue sur son lit, Camille songea à la honte qu'elle avait éprouvée et se surprit à sourire ; et comme la suite de ces événements africains se déroulait dans son esprit, elle se laissa aller à rire.

Agressé par un moustique dès son arrivée à Dakar, le Zèbre conçut illico une phobie à l'endroit des insectes tropicaux. Claquemuré dans l'hôtel climatisé, il ne se résigna à risquer quelques sorties que protégé par un parapluie autour duquel il avait fixé des moustiquaires. Tel un animal rose sous une cloche à fromage, il vagabondait ainsi à travers les marchés nègres, sans prêter attention aux sarcasmes et quolibets des nuées d'enfants qui l'accompagnaient.

Leurs tribulations africaines devaient s'étaler sur quinze jours, elles n'en durèrent que deux. Au bout de quarante-huit heures, le Zèbre tomba en catalepsie, foudroyé par une urticaire géante et galopante qui lui dévorait la gorge. Rapatrié de toute urgence en France, il recouvra la santé sitôt le pied posé sur ses terres de Mayenne. Un lavement infligé à Grégoire acheva de le ragaillardir, d'éteindre son eczéma et trois chopines de bourgogne suffirent à le lancer dans un récit de ses aventures sénégalaises aussi apocryphe que fulgurant, destiné à faire rêver son ami Alphonse. A l'entendre, sa villégiature sédentaire et touristique tenait des équipées cauchemardesques de Savorgnan de Brazza.

Et Camille de se laisser pleurer en songeant qu'un Zèbre de ce calibre ne se croise pas deux fois dans une existence. Des collègues du lycée avaient déjà

198

prononcé ces mots terribles : « Refais ta vie » ; mais aux yeux de Camille, se remarier équivalait à se lancer dans l'adultère ; et puis, elle ne voulait pas tuer Gaspard une seconde fois en gommant son nom de sa carte d'identité. Roulée dans son lit, Camille eut soudain peur de changer d'idée et de se consoler de son deuil. Se déprendre du Zèbre ? Cette éventualité l'épouvantait. Elle s'en voulut d'être humaine et donc sujette à l'inconstance.

Plus elle y pensait, plus l'outrance de Gaspard lui paraissait sage. Oui, il avait eu raison de faire feu de tout bois pour réchauffer leur passion. Oui, il y avait urgence. Oui, la mort était pour demain ; car elle est toujours en avance. Oui, il faut cesser de ne pas s'aimer à la folie. Oui, les lunes de miel sont un rêve trop fugace ; chaque jour doit en être une, oublions l'infect conditionnel. Impossible ? Oui, et alors ? Oui, il est raisonnable de ne pas l'être ; les ténèbres nous talonnent de trop près.

Apaisée, Camille pensa à la mort comme à une amie qui détriste la vie.

De mémoire de fossoyeur, on n'avait jamais vu pareil sacrilège. Malbuse pâlit en foulant la terre très chrétienne de ce qu'il regardait comme « son » cimetière. Immobile, il embrassa du regard toute l'étendue du désastre. Ce qui lui tenait lieu de sens esthétique en était offensé. Un sentiment de révolte gronda dans sa poitrine, s'enfla et lui tira un filet de bave qui vint couler le long de sa lippe inférieure, frémissante de colère.

— La garce..., murmura-t-il en y mettant une intention vengeresse.

Les tombes, toutes les tombes, avaient été dévalisées de leurs fleurs. Plus une couronne, plus un géranium. La petite Sauvage, Natacha, avait encore frappé, c'était certain, sans le moindre respect pour les défunts les plus honorés. Il l'incrimina séance tenante. Nul autre paroissien ne s'intéressait à la flore de ce cimetière.

Malbuse l'avait dans le collimateur depuis qu'elle s'était mis en tête de répartir les couronnes mortuaires et les bouquets sur les sépultures. Cette velléité de communisme funéraire le dérangeait dans ses opinions conservatrices. « Voilà où mène le marxisme, au nivellement par le bas ! » songea-t-il en contemplant les dalles dépouillées de leurs gerbes ; par quoi l'on voit que Malbuse était rompu aux spéculations intellectuelles les plus fines. Mais il demeura perplexe car Natacha n'avait pas coutume d'escamoter les bouquets. D'ordinaire, elle se contentait de les redistribuer.

Déconcerté, Malbuse parcourut les allées de son domaine pour s'assurer que toutes les tombes avaient bien été nettoyées par la petite fille. Tel était le cas. En proie à une indicible fureur, écumant, il se jura de l'admonester vigoureusement. Peut-être même la calotterait-il. Cette idée lui vint à l'esprit lorsqu'il s'avisa non sans contentement, que son notaire de père n'était plus de ce monde pour la protéger ; quand soudain, au détour d'un caveau, il aperçut la tombe du notaire.

Autour de la dalle de pierre étaient disposées toutes les fleurs du cimetière, rassemblées, serrées, ordonnées. De nouveau blême, Malbuse s'approcha et lut, incisé dans le granit :

CI-GÎT
GASPARD SAUVAGE
dit LE ZÈBRE
1934-1980

Plus bas était gravée l'épitaphe :

IL N'Y A PAS D'AUTRE MORT
QUE L'ABSENCE D'AMOUR

201

Malbuse essuya une larme et, pour n'être pas surpris dans son émotion, s'éloigna en sifflotant.

Il n'était plus question de réprimander Natacha.

Sur son répondeur téléphonique, Camille entendit un message qui lui coupa le souffle. Cette voix était bien la sienne, oui, celle de Gaspard. Elle aurait distingué entre mille son timbre voilé, presque rauque, et cette façon qui lui était propre de ponctuer ses phrases pour mieux faire rebondir les mots saillants.

Prisonnière de la bande magnétique, sa voix disait :

« Mon amour, viens demain matin... à dix heures... derrière la cascade, dans la forêt de la Navale... tu y trouveras la preuve que je vis encore. Je t'aime. Je t'aime. »

Ahurie, Camille repassa le message à plusieurs reprises, ne sachant soudain plus quoi penser. Son cœur cognait. Elle était perdue au milieu des interrogations qui se pressaient dans son esprit. Avait-il effectivement rendu l'âme ou son décès était-il une nouvelle feinte ? Il était capable de tout, surtout du plus déconcertant. La plupart des gens morts le sont et ont tendance à le demeurer ; mais avec le Zèbre, Camille s'attendait à toutes les surprises. Quelle folie avait-il encore manigancée ?

Elle était éreintée par cette comédie de faux-semblants où l'amour véritable se perd. Elle aurait tant voulu, à cet instant, se déprendre de lui ; mais il était trop tard. On ne se sépare pas d'un mort, hélas, surtout quand il vous inspire le plus vif attachement.

Dans une grande confusion de sentiments, Camille réécouta la bande une dernière fois : « Mon amour, viens demain matin... tu y trouveras la preuve que je vis encore. Je t'aime. Je t'aime... » Sa voix ne provenait pas d'outre-tombe. Elle était pleine d'allant. Nul doute, Gaspard était encore vivant, toujours occupé à respirer, le diable.

Une bouffée de bonheur fit tressaillir Camille. Le brouillard s'estompait ainsi que cette douleur constante qui lui étreignait le crâne depuis les obsèques. Ah, il avait dû se gausser de l'assistance à son propre enterrement ! Elle l'imagina, se faufilant derrière les colonnes de l'église. Ou peut-être s'était-il dissimulé près de l'orgue.

— Le salaud tout de même..., murmura Camille en laissant un sourire se dessiner sur ses lèvres.

Elle s'étira, comme pour mieux se réveiller de ce cauchemar, et descendit dans le jardin respirer l'air du mois d'août. Dieu qu'il faisait beau soudain, malgré les nuages qui pesaient sur l'horizon. Une immense félicité se peignit sur sa figure.

Sur la plus haute branche d'un tilleul, un oiseau chantait la partition de son espèce. Le vent frôlait le visage de Camille et, au loin, une cloche appelait les fidèles au culte. C'était comme si le monde lui avait déclaré la paix.

A dîner, Camille ne souffla mot à leurs enfants de sa découverte. Elle ne voulait pas qu'ils pussent mettre en doute le non-décès du Zèbre. Ils apprendraient la Nouvelle quand leur père franchirait à nouveau le seuil de cette maison.

Le soir, douillettement lovée dans son lit, Camille médita sur ce que pouvait être la preuve évoquée par Gaspard dans son message téléphonique. Viendrait-il lui-même témoigner de la non-interruption de sa vie ou avait-il eu l'idée d'une justification moins directe ? Impatiente, elle avait conscience d'être manipulée par le Zèbre ; mais pour la première fois, elle se laissait gouverner de son plein gré.

Elle se le figura, apparaissant derrière la cascade. Tendrement, il lui prendrait le bras, puis la main qu'il baiserait du bout des lèvres avant de l'enlacer.

Quelques détails tarabustaient Camille : Comment avait-il pu simuler son trépas, se faire délivrer un certificat de décès et obtenir le silence de l'entrepreneur des pompes funèbres ? Mais elle éluda bien vite ces interrogations. L'important n'était-il pas que le cœur du Zèbre fût encore en activité ?

Le lendemain, elle s'éveilla dans le bien-être, tout sourire, radieuse. Elle ne voulait plus douter, plus lutter. Il était vivant ; et le soleil brillait pour Lui en cette matinée d'été.

Camille se leva et, comme dix heures approchaient, partit en direction de la forêt de la Navale. Sur le chemin, elle rencontra Alphonse qui s'en retournait du marché. Elle se garda bien de lui révéler l'objet de sa soi-disant promenade. Alphonse avait déjà bien du mal à admettre la résurrection du Christ ; alors celle du Zèbre... Il n'aurait pas ri, oh non, il était trop affectueux pour se conduire comme un cornichon avec Camille ; mais il l'aurait prise pour une veuve qui s'illusionne, histoire de se donner un peu de répit dans le malheur.

Camille ignorait encore de quelle mission Alphonse était investi. Dieu qu'il lui avait fallu d'amour pour le Zèbre lorsqu'il avait juré de se conformer à ses instructions ; car c'était naturellement Alphonse qui avait glissé la bande magnétique préenregistrée dans le répondeur téléphonique. Cette voix qui avait dupé Camille n'était que l'écho de celle de Gaspard, dont la gorge roidie ne produisait plus aucun son. Son cancer était mort avec lui.

Le cœur serré, Alphonse regarda Camille s'en aller vers ce rendez-vous mystérieux. Lui seul savait. Assailli de remords, il se demanda pour la millième fois de quel droit il la privait d'un deuil paisible. A présent que le Zèbre n'était plus, que signifiait de prolonger cette comédie ? Mais n'était-ce pas un double crime de briser le rêve d'un amant et de trahir un ami ? Alphonse soupira.

Au fond, se dit-il, Gaspard n'était pas un fou mais un écrivain non pratiquant qui avait choisi de composer son existence au lieu de la subir. Aujourd'hui, à six pieds sous terre, il refusait encore le diktat des ténèbres. Il voulait être plus fort que la mort en demeurant l'homme des pensées de sa femme. Alphonse songea avec émotion à l'hélicoptère en bois qu'ils ne feraient jamais voler ensemble ; et il s'éloigna, les mains dans les poches.

Comme Camille arrivait près de la cascade, à l'orée de la forêt de la Navale, des voix captèrent son attention. Elle s'approcha. Ses lèvres étaient sèches.

Derrière la cascade, elle trouva la Tulipe et Natacha, assis sur un rocher. Une lettre de leur père les avait convoqués à l'heure dite, avec ordre de ne rien dire à leur mère.

D'abord étonnée, Camille prit soudain conscience que leurs enfants étaient la preuve vivante de ce que le Zèbre n'était pas tout à fait mort. Il n'avait pas menti dans son message ; mais elle ne put réprimer un flot de larmes. Il n'en finirait donc jamais de trépasser à ses yeux ; peut-être était-ce justement parce qu'il était réellement en vie dans son cœur. Cette idée la traversa, et bientôt s'imposa à Camille comme une certitude. Oui, il respirait en elle et dans leurs rejetons, tel un fantôme intérieur.

— Maman, ne pleure pas, ça ne lui ferait pas plaisir, murmura Natacha.

Camille exila la Tulipe et Natacha en Bretagne, dans un club de voile, jusqu'à la fin des grandes vacances. Elle avait besoin de solitude ; mais à peine eut-elle bouclé leurs valises qu'une sourde culpabilité commença à la tourmenter. « Mauvaise mère, tu les éloignes alors qu'ils ont besoin de ta chaleur », lui murmurait une conscience marâtre qui, sans indulgence, l'accablait sans relâche. Elle était usée, saturée de douleur, incapable de plus rien donner, ni tendresse, ni attention, ni compassion.

Avant leur départ, Alphonse remit à Natacha et à la Tulipe la lettre testamentaire que leur père leur avait laissée. « Mes chers petits, commençait-il, je meurs de n'avoir pas su tromper votre mère... » Ils s'en furent avec la lettre, sans en dire mot à Camille et sans avoir vraiment saisi de quelle étoffe était faite la sagesse de leur père.

Assez vite, Camille se heurta à des problèmes d'argent. L'apurement des dettes du Zèbre paraissait insurmontable. Brusquement saisie de toutes parts par des créanciers peu concernés par les difficultés d'un veuvage tout neuf, elle ne voyait comment garder la Maison des Mirobolants.

208

L'un des frères du Zèbre, Melchior, accourut in extremis et, grand seigneur, endossa la plus grande part du passif de Gaspard. Bouleversée, Camille voulut lui témoigner sa gratitude. Affreusement embarrassé par cette effusion, il coupa court en poussant force rugissements. Dans son emportement, il piqua même une colère.

Melchior avait la folie du Zèbre, doublée d'un tempérament éruptif et généreux. Sa laideur intéressante et la puissance qui émanait de son visage produisaient un effet considérable sur quiconque le rencontrait. Il ne se sentait exister que lorsque son cerveau entrait en ébullition ; ce qui était fréquent. Sa bonté se manifestait toujours comme un flot d'amour à vif. Il haïssait qu'on le remerciât. C'était en quelque sorte un saint défroqué, un aventurier au naturel combustible. Avant d'embrasser la profession de notaire, à l'instar de ses frères, il avait été tenté par la soutane, s'était lancé dans l'élevage d'alligators en Guyane et, finalement, était revenu s'établir au pays de Rabelais.

Melchior apaisa l'incendie des finances de Camille plus efficacement que le soi-disant trésor des Mirobolants. Rassurée sur ce front, Camille se décida à mettre un peu d'ordre dans les effets personnels du Zèbre.

Deux semaines s'écoulèrent entre sa résolution et le début des rangements. A vivre parmi les affaires de Gaspard qui traînaient çà et là, un paquet de cigarettes sur le linteau de la cheminée, son écharpe sur le dossier d'un fauteuil du salon, il lui semblait qu'il s'était absenté pour faire pipi dans le jardin ou vider un verre avec Alphonse. Camille redoutait l'instant où il lui faudrait disperser ces petits objets qui sont beaucoup quand tout fout le camp. Elle se retrouverait alors vraiment veuve.

Pour ne pas déplacer sa montre arrêtée, toujours posée sur la table de nuit de son lit de mort, dans la position où il l'avait laissée en appareillant pour l'au-delà, elle se répétait qu'une montre aux aiguilles immobiles donne l'heure exacte deux fois par jour. Tout était bon, alibis et justifications surréalistes, afin de ne rien bouger, rien qui pût agacer sa douleur.

Mais au bout de quinze jours, Camille se surprit parlant à Gaspard, comme s'il se trouvait dans la pièce contiguë; elle s'entendit et comprit qu'elle était près de verser dans la démence. Mettre un peu d'ordre dans la Maison des Mirobolants devenait une nécessité.

Les placards furent ouverts et vidés. Camille donna des ballots de linge à Alphonse qui reçut les effets du Zèbre comme des reliques. Elle conserva les pull-overs imprégnés de son odeur. Bientôt les effluves de son corps les abandonneraient. Elle aurait voulu les extraire et les faire analyser pour connaître les arômes qui les composaient, afin de pouvoir reconstituer le Parfum du Zèbre. Quel plus joli parfum une femme peut-elle porter que celui de la peau de son amant ?

Camille ne bouscula pas le désordre de l'atelier du Pavillon d'Amour. Ce lieu appartenait autant aux mains de la Tulipe qu'à celles de son père. Sa gorge se noua quand elle découvrit au fond d'un placard les preuves de la passion du Zèbre : des paquets de photos d'elle, des centaines de fragments d'ongles, des boucles de ses cheveux, des bas qu'elle croyait disparus... Il lui avait une fois parlé de ce stock, se souvint-elle, émue devant ces gages de la vénération qu'il avait eue pour elle. Son trouble augmenta encore lorsqu'elle aperçut, posé sur un établi, le moulage en plomb de leurs mains enlacées. Le diable, il avait tout fomenté pour qu'elle ne guérît jamais de sa mort.

Recrue d'affliction, Camille s'imaginait avoir atteint le bout du chemin de croix de leur passion.

Un matin, Camille reçut un billet de « l'Inconnu ». L'écriture était bien celle derrière laquelle se dissimulait Gaspard à l'époque où il lui envoyait des lettres anonymes. Il lui donnait rendez-vous le lendemain dans la chambre sept de l'hôtel borgne où, deux ans auparavant, elle l'avait cocufié avec lui-même.

Camille sentit une oppressante émotion l'envahir. Le Zèbre avait beau faire mine d'exister sous les traits de l'Inconnu, elle le savait irrémédiablement mort ; ou plutôt elle ne voulait plus en douter. Ne pas se rendre à ce rendez-vous lui aurait épargné un calvaire supplémentaire ; mais elle craignait de manquer le message qu'il tenterait probablement de lui communiquer, Dieu sait par quel moyen, à cette occasion.

Camille se prit de colère d'être ainsi manipulée. En la convoquant ainsi, le Zèbre ne lui laissait guère de choix. Sans vergogne, il profitait de son décès pour l'obliger à se conformer à son dessein. Naturellement, Camille était prête à tout pour obtenir une miette de lui ; et il le savait ; du moins avait-il pu sans mal l'imaginer lorsqu'il était encore vivant.

212

À l'heure dite, le lendemain, Camille poussa la porte de l'hôtel. Le standing de l'établissement n'avait guère empiré et le patron ruisselait toujours d'une sueur aigrelette.

Camille gravit les marches jusqu'au premier étage en s'appuyant sur la rampe poisseuse. Il lui semblait se fondre avec sa mémoire et monter les escaliers comme dans un souvenir. Le temps aboli estompait soudain la réalité de la mort du Zèbre. Sa disparition parut à Camille un événement futur, prévisible certes, mais non inéluctable.

Cette sensation de temps retrouvé se dissipa dès que lui parvinrent, dans le couloir, les halètements des clients qui, derrière les portes, bramaient leur plaisir.

Camille se reprit et pénétra dans la fameuse chambre numéro sept. Elle était vide, hormis quelques meubles. Qu'était-elle venue chercher dans cette galère? Camille s'obligea à demeurer calme et s'assit sur le lit. Si Gaspard l'avait attirée sur les lieux de leur liaison clandestine, du temps où il portait la double casquette de mari et d'amant, c'était nécessairement pour lui signifier quelque chose.

Trente minutes de silence s'écoulèrent. Les nerfs à vif, elle se mit alors à rire de sa naïveté et à se vilipender d'avoir pu croire qu'un mort pouvait encore agir. Tout à coup des pas retentirent dans le corridor, des pas qui annonçaient un homme seul.

Camille tressaillit et tendit l'oreille. On frappa à la porte. Blême, elle ouvrit la bouche. Aucun son ne voulut sortir de sa gorge. Elle se fit violence et parvint à articuler le mot « entrez ».

La porte grinça et s'ouvrit. Dans l'embrasure, Il apparut, masqué par la même cagoule utilisée deux ans auparavant, vêtu des mêmes habits amples et ganté pareillement. Déguisé en Inconnu, Il était de retour, là, devant elle.

Camille fut prise d'un vertige, manqua de défaillir et soudain se ressaisit.

— Enlevez votre masque ! lança-t-elle.

L'Inconnu recula et, comme elle se levait pour arracher sa cagoule, s'enfuit. Camille le poursuivit jusqu'au bout du couloir et brusquement s'arrêta. Cette démarche, elle la reconnaissait.

— Alphonse..., murmura-t-elle tremblante.

Ce ne pouvait être que lui. Jamais le Zèbre n'aurait confié à quelqu'un d'autre une telle mission. Elle le subodorait depuis le début ; mais à présent ses soupçons prenaient la couleur de la certitude. Ils étaient donc compères jusque dans la mort.

Ebranlée, Camille quitta l'hôtel en se demandant comment Alphonse, si doux, avait pu accepter de se prêter à une mise en scène aussi cruelle. Elle eut un mouvement de rage contre lui ; mais elle n'alla pas le trouver.

Enjoindre à Alphonse de mettre fin à ce manège lui aurait donné le sentiment de tuer Gaspard encore une fois. Elle préférait endurer mille souffrances et voir se dérouler le plan du Zèbre jusqu'à son terme ; car si ces manigances la transperçaient de douleur, elles constituaient également des preuves de la survie de leur amour.

Camille était donc prête à tout supporter plutôt que d'avancer le jour où Alphonse cesserait de la tourmenter; et puis, la raison de ce rendez-vous dans la chambre sept demeurait opaque. Elle était pressée d'éclaircir ce mystère.

« Mon amour, que voulais-tu me dire ? Quelle sotte ai-je été de te brusquer... », songea-t-elle.

Le lendemain, Camille reçut une lettre de Gaspard, postée dans une enveloppe frappée du sigle de leur banque, comme s'il s'était agi d'un relevé bancaire. Etonnée, elle ne saisit pas tout de suite l'idée qui avait poussé le Zèbre à choisir une telle enveloppe.

Elle déplia la lettre et lut :

> « Camille,
>
> « Tu m'as attendu une demi-heure, hier, dans la chambre sept. As-tu ressenti la ferveur qui naît de l'attente ? As-tu éprouvé la volupté qui naît de l'espérance ? Mon amour, je voudrais que tu ne sois plus qu'impatience et que tu goûtes cette impatience. Je voudrais te convaincre de m'attendre pour m'attendre et non pour me retrouver.
>
> « Aujourd'hui je suis heureux. Tu espères mes lettres comme une amante de seize ans. J'étais invivable, me disais-tu. Essayons d'apprendre à vivre notre passion dans la mort.
>
> « Je t'aime,
>
> « Ton Zèbre. »

La missive qui suivit, une carte postale représentant un ciel nuageux, était glissée dans une enveloppe sur laquelle était imprimé le logotype de leur compagnie d'assurance. Au dos de la carte était écrit :

> « Le paradis c'est bien ; mais Rockefeller serait déçu.
>
> « Ton Zèbre. »

Au premier coup d'œil, considérant l'enveloppe, Camille avait songé que son courtier en assurances lui écrivait ; et pour la seconde fois, l'apparence de l'enveloppe l'avait induite en erreur.

Camille ne comprit la raison de ces bizarreries répétées que le lendemain, après que le facteur lui eût remis son courrier du matin. Elle décacheta toutes les lettres avec religiosité, espérant à chaque fois découvrir un mot du Zèbre dissimulé dans une enveloppe d'aspect trompeur. Telle était bien l'intention de Gaspard : la faire palpiter dès qu'elle ouvrirait une facture d'électricité, un pli publicitaire ou un avis d'imposition ! Il souhaitait susciter en elle le maximum d'attente.

Deviner les visées du Zèbre procurait à Camille une certaine satisfaction. Il lui semblait alors que leur passion conjugale n'était pas tout à fait liquidée. Aussi ne s'ingénia-t-elle pas à le contrarier, comme par le passé. Elle continua à éplucher son courrier quotidien avec ferveur, en se réjouissant de ce qu'il la manipulât encore. La mort de Gaspard avait eu cet effet de la rendre consentante à ce qui, autrefois, lui eût inspiré un sentiment de révolte.

Leur vie commune en était considérablement facilitée.

Camille demeura dans l'expectative plusieurs semaines, guettant le facteur, décachetant fébrilement le flot des lettres de condoléances, polies et encore plus insignifiantes, qui continuaient de lui parvenir. Plus Pénélope que la vraie, elle préparait son cœur, priant pour qu'une lettre de son amant vînt la soulager ; quand un matin arriva un colis de taille modeste. Camille l'éventra avec précipitation et trouva une cassette vidéo.

Le magnétoscope fit surgir le visage de Gaspard sur l'écran de télévision. Il s'était filmé, assis sur un tabouret dans le Pavillon d'Amour, au milieu des machines de sa fabrication. Après un bref préambule, il entra dans le vif de son propos :

— Mon amour, comprends bien que nous avons toujours formé un ménage à trois, toi, la mort et moi. Hier je te regardais comme si chaque jour devait être le dernier. Aujourd'hui les ténèbres sont toujours là, dans notre couple. Rien n'a vraiment changé entre nous.

Le Zèbre poursuivit son étrange monologue en avouant brutalement l'autre raison pour laquelle il s'était épuisé à fomenter des stratagèmes. Il parla de l'ambition qu'il nourrissait en secret depuis son adolescence et du cruel sentiment d'échec qu'il avait éprouvé en s'avisant qu'à quarante-cinq ans, âge auquel la plupart des grandes destinées se dessinent, s'accomplissent ou s'interrompent, il n'était ni Shakespeare, ni Beethoven, ni Gandhi. Gaspard s'expliquait à présent sans fard ; le ridicule ne touche plus quand on dort sous une dalle. Alors, plutôt que de se mortifier et, constatant avec déso-

218

lation que la nature ne l'avait pourvu d'aucun talent particulier, il avait formé le dessein de composer leur amour et de faire de leur existence conjugale son chef-d'œuvre, un opéra in vivo, une symphonie permanente, un roman quotidien. A défaut de charmer l'humanité en peignant la Joconde, il se consolerait en créant une œuvre immatérielle qui ressemblerait à la vie, pour les yeux de sa femme.

— Pour tes yeux, répéta-t-il dans le tube cathodique.

Il lui annonça ensuite que cette apparition serait la dernière. Il ne lui écrirait plus et cesserait de la tourmenter.

— Approche-toi, lui demanda-t-il avec douceur.

Comme hypnotisée, Camille s'avança vers la télévision.

— Embrasse-moi, murmura-t-il.

Sur l'écran, leurs lèvres se joignirent ; puis l'image devint noire.

Le lendemain, Camille s'éveilla avec le sentiment d'avoir rêvé cette rencontre vidéo avec Gaspard. Les traces de rouge à lèvres qui maculaient l'écran de télévision eurent tôt fait de lui prouver la réalité des événements de la veille.

D'ailleurs les prédictions du Zèbre se révélèrent exactes. Camille ne reçut plus rien de lui, sinon une brassée de roses, livrée furtivement par un fleuriste qui ne laissa pas la carte de visite de l'expéditeur. Elle comprit.

Un jour qu'elle partageait le repas de Marie-Louise et d'Alphonse, ce dernier commit un impair en faisant allusion à la mission que lui avait confiée le Zèbre. Trahi par la poignée de mots qui lui avaient échappé, et sous la pression du regard de Camille, il reconnut les faits par un simple « Eh oui », en accompagnant son aveu d'un haussement d'épaules fataliste.

Tout semblait dit, mais Marie-Louise ajouta :

— Les roses, ce n'était pas prévu. C'était une idée à moi ; parce que si j'avais été à votre place, j'aurais aimé qu'Alphonse m'envoie des roses rouges.

Alphonse conclut par « c'était mon ami », en guise de justification ; et l'on n'en parla plus.

Les enfants revinrent de Bretagne avec cette gravité qui ne les quitterait plus, même dans leurs éclats de rire. La Tulipe était devenu boulimique de vie, déjà si Zèbre et pourtant tellement lui-même. Natacha renonça à fréquenter le cimetière de Sancy.

L'école reprit, pour tous. Camille infligea de nouveau ses cours de mathématiques à ses élèves. Plongée dans une hébétude nostalgique, elle dérivait sur un fleuve de chagrin, troublé de temps à autre par des remous de révolte contre le Zèbre.

Alors, pour rompre et passer à travers le miroir sans tain du souvenir, Camille se résolut à coucher sur le papier leur aventure conjugale. Elle divulguerait ainsi l'œuvre immatérielle de Gaspard, comme il l'aurait souhaité. Ce livre devait paraître coûte que coûte.

En faisant tomber leur histoire dans le domaine public, Camille eut l'idée de rédiger un roman-vrai que les amants bagués ou non s'offriraient comme on dit : « Mon amour, fais-moi rêver encore », un livre qui donnerait envie de se remarier avec sa femme, de se la prendre à soi-même, un ouvrage qu'on ne pourrait refermer sans entraîner sa moitié ébaubie dans le premier train pour Venise afin de refaire son voyage de noces.

Camille prit la plume, respira et songea que ce récit serait leur dernière lune de miel.

Paris, le 26 avril 1988.

DU MÊME AUTEUR

Aux Éditions Gallimard

BILLE EN TÊTE, *roman*. Prix du premier roman 1986 («Folio», n° 1919).

LE ZÈBRE, *roman*. Prix Femina 1988 («Folio», n° 2185). Édition revue et corrigée par l'auteur en 1990.

LE PETIT SAUVAGE, *roman. Illustrations de François Place* («Folio», n° 2652).

L'ÎLE DES GAUCHERS, *roman* («Folio», n° 2912).

LE ZUBIAL, *roman* («Folio», n° 3206).

AUTOBIOGRAPHIE D'UN AMOUR, *roman*. Édition révisée par l'auteur en 2001 («Folio», n° 3523).

MADEMOISELLE LIBERTÉ, *roman* («Folio», n° 3886).

LES COLORIÉS, *roman* («Folio», n° 4214).

Dans la collection «Écoutez lire»

LES COLORIÉS (2 CD).

Aux Éditions Gallimard Jeunesse

CYBERMAMAN.

LA RÉVOLTE DES COLORIÉS. Sans adultes, I. *Illustrations d'Ingrid Moncky. Prologue de l'auteur.*

LE SECRET DES COLORIÉS. Sans adultes, II. *Illustrations d'Ingrid Moncky.*

Aux Éditions Flammarion

FANFAN, *roman* («Folio», n° 2373).

Aux Éditions Grasset

1 + 1 + 1..., *essai.*

LE ROMAN DES JARDIN.

Impression Novoprint
à Barcelone, le 3 juillet 2006
Dépôt légal : juillet 2006
Premier dépôt légal dans la collection: août 1990

ISBN 2-07-038275-3./Imprimé en Espagne.

145479